Kunst-Reiseführer in der Reihe DuMont Dokumente

Zur schnellen Orientierung – die wichtigsten Orte des Elsaß auf einen Blick:

(Auszug aus dem ausführlichen Ortsregister S. 313–319)

Altdorf	104	Markirch	289
Altkirch	266	Maursmünster	109
Ammerschweier	231	Molsheim	106
Andlau	178	Mülhausen	260
Avolsheim	108	Münster	272
Barr	177	Murbach	239
Bergheim	218	Neuweiler	61
Börsch	139	Niederhaslach	131
Buchsweiler	59	Niedermünster	140
Colmar	192	Oberehnheim	137
Dambach	180	Obersteigen	131
Dompeter	109	Odilienberg	13, 141
Drei-Ähren	272	Ottmarsheim	262
Ebersmünster	188	Pfaffenheim	233
Egisheim	231	Pfirt	264
Ensisheim	259	Rappoltsweiler	220
Epfig	179	Reichenweier	224
Eschau	190	Rosheim	134
Feldbach	265	Rufach	235
Geberschweier	233	Schlettstadt	183
Gebweiler	240	Sigolsheim	228
Girbaden	133, 306	St. Johann bei Zabern	129
Hagenau	56	Straßburg	84
Hohandlau	177	Sulz	258
Hohbarr	130, 305	Sulzmatt	236
Hohenburg	81	Surburg	54
Hohkönigsburg	182	Thann	266
Hunaweier	221	Thierenbach	258
Kaysersberg	229	Türkheim	231
Landsberg	141	Vogesen	269, 304
Lautenbach	237	Walburg	55
Lichtenberg	83	Weißenburg	52
Lützelstein	63	Zabern	111

In der vorderen Umschlagklappe: Übersichtskarte mit Rheinübergängen und den wichtigsten Straßenverbindungen (Orte nach amtlicher Bezeichnung)

In der hinteren Umschlagklappe: Karte

Karlheinz Ebert

Das Elsaß

Wegzeichen europäischer Kultur und Geschichte
zwischen Oberrhein und Vogesen

DuMont Buchverlag Köln

Umschlagvorderseite: Gasse in Egisheim (Foto: ZEFA / G. Marche)
Umschlagrückseite: Wirtshausschild (Foto: K. Francke, Hamburg)
Umschlaginnenklappe vorn: Straßburg, Münster, Detail der Westfassade (Foto: W. Neumeister)
Frontispiz S. 2: Thann, Münster und Tor. Nach Golbéry/Schweighaeuser, Antiquités de l'Alsace, Mülhausen 1828

© 1979 DuMont Buchverlag, Köln
Alle Rechte vorbehalten
8., durchgesehene Auflage 1984
Satz und Druck: Rasch, Bramsche, und Boss-Druck, Kleve
Buchbinderische Verarbeitung: Boss-Druck, Kleve

Printed in Germany   ISBN 3-7701-0852-3

Inhalt

Vorbemerkung 8

Blick in die Geschichte 10

Kunst im Elsaß 22

Hanauer Land und Wasgenwald 51
   Weißenburg 52
   Surburg 54
   Walburg 55
   Hagenau 56
   Buchsweiler 59
   Neuweiler 61
   Lützelstein 63
   Domfessel 64
   Burgen im Wasgenwald 64
   Variationen zum Thema 83

Straßburg – die wunderschöne Stadt 84
   Das Münster Unserer Lieben Frau 86
   Notre-Dame – Der Innenraum 89
   Im Schatten des Münsters 92
   Szenerien an der Ill 94
   St. Thomas 97
   Klein-Frankreich 99
   Wieder ins Zentrum 100
   Jung-St. Peter-Kirche 101
   Die Neustadt 102

Glanzpunkte der Romanik 104
   Altdorf 104
   Molsheim 106
   Avolsheim und Dompeter 108
   Maursmünster 109
   Zabern 111
   St. Johann bei Zabern 129
   Hohbarr 130
   Obersteigen 131
   Niederhaslach 131
   Girbaden auf Wanderwegen und Rosenweiler 133
   Rosheim 134

Zum heiligen Berg des Elsaß 137
   Oberehnheim 137
   Börsch 139
   Niedermünster 140
   Burgruine Landsberg 141
   Odilienberg 141
   Barr mit Hohandlau 177
   Andlau 178
   Epfig 179
   Dambach 180
   Kinzheim 181
   Hohkönigsburg 182
   Schlettstadt 183
   Ebersmünster 188
   Eschau 190

Colmar – im Versteck aufgespürt 192

Romantische Städtchen haufenweise 218
   Bergheim 218
   Rappoltsweiler und seine Burgen 220
   Hunaweier 221
   Reichenweier 224
   Sigolsheim 228
   Kienzheim und Kaysersberg 229
   Ammerschweier und Türkheim 231
   Egisheim 231

Geberschweier und Pfaffenheim	233
Rufach	235
Sulzmatt	236
Lautenbach	237
Bühl	238
Murbach	239
Gebweiler	240
Sulz, Thierenbach und Ensisheim	258

Zwischen Vogesen und Jura – der Sundgau 260

Mülhausen	260
Ottmarsheim	262
Buchsweiler	264
Pfirt	264
Feldbach	265
Altkirch	266
Thann	266

Mit Kunstbegleitung zu Vogesengipfeln 269

Die Vogesenstraße	269
Die Route des Crêtes	270
Drei-Ähren – Sulzbach – Münster – Pairis – Markirch	272

Ortsverzeichnis französisch-deutsch	292
Erläuterung von Fachbegriffen der Architektur	293
Literaturverzeichnis (Auswahl)	295
Fotonachweis	296

Praktische Reisehinweise 297

Allgemeine Auskünfte	297
Und mit der Eisenbahn	298
Die Anreise	298
Eine Handvoll nützlicher Tips	298
Hotels	300
Essen und Trinken	300
Öffnungszeiten der Museen	303
Permanente Veranstaltungen	304
Einige Wandervorschläge	304

Register 313

Vorbemerkung

Der Erinnerung an meinen Vater,
der mich das Elsaß lieben lehrte

Wenn zwei Autoren auf begrenztem Raum über das eine Thema ›Kunst im Elsaß‹ zu schreiben hätten, wären beide genötigt, aus einer kaum überschaubaren Fülle von Kunstdenkmälern das Wichtige vom weniger Wichtigen zu sondern. Die Auswahl, die sie träfen, unterschiede sich gewiß in vielen Einzelheiten und wäre ebenso gewiß auch von persönlichen Vorlieben beeinflußt. Die Schwerpunkte jedoch, auf die es entscheidend ankommt, wenn es um einen verläßlichen Überblick auf das Ganze geht, wären in beiden Fällen wohl die gleichen. Der Leser möge sich dieser Überlegung immer wieder erinnern, wenn er in unserem Buch ein ihm vielleicht schon vertrautes Einzelthema vermißt oder ein anderes für überflüssig hält.

Der beschreibende Teil des Reiseführers gliedert das Elsaß recht willkürlich in kleine, überschaubare Regionen auf, die mit den politischen Strukturen nichts zu tun haben, sondern einzig unter dem Gesichtspunkt so zusammengefaßt wurden, daß sie jeweils Pensum einer Tagestour sein können. Wobei in voller Absicht von ›können‹ die Rede ist, nicht von ›müssen‹, denn selbstverständlich wird der Gewinn an Kenntnis und Erfahrung um so größer, je mehr sich jemand Zeit für das Einsammeln läßt.

Die vorgeschlagenen Fahrtrouten decken nahezu nahtlos das ganze Gebiet zwischen Vogesen, Jura und Oberrhein ab. Sie können nach Belieben untereinander verbunden und in Anbetracht der verhältnismäßig kleinen Entfernungen auch abschnittsweise jeweils von einem günstig gewählten mittleren Standort aus angefahren werden. Als solche Standorte kommen nicht nur größere Städte mit ihrem entsprechend vielseitigen Hotelangebot in Betracht. Man findet sie auch in den Vogesen, ja gerade hier, wo sich ein mit tageweisen Exkursionen angereicherter erholsamer Ferienaufenthalt förmlich aufdrängt. Doch hat auch der Urlauber, der sich im badischen Nachbarland diesseits des Schwarzwaldhauptkamms eingemietet hat, dank der zahlreichen Rheinübergänge von überall her leicht Anschluß an unsere Reisewege im Elsaß.

Grundsätzlich wurde im Text von den deutschen Ortsbezeichnungen ausgegangen und die amtliche französische bei der ersten Nennung jeweils nur dort hinzugefügt, wo sich die Zusammengehörigkeit der beiden Bezeichnungen nicht von selbst versteht. Wir meinen für dieses Vorgehen gute Gründe zu haben, hinter denen niemand eine Äußerung nationaler Ressentiments wittern sollte. Auch heute noch ist die amtliche Benennung des überwiegenden Teils der elsässischen Gemeinden identisch mit den alten deutschen Ortsnamen, und wo diese – aus welchen Gründen auch immer – verändert wurden, handelt es sich in vielen Fällen nur um eine Angleichung der französischen Schreibweise an den deutschen Sprachlaut, wenn nicht gleich an die landesübliche alemannische Mundart. Wenn Orte wie Ammerschweier, Mittelweier, Bennweier und ähnliche amtlich Ammerschwihr, Mittelwihr, Bennwihr usw. heißen, deckt sich das ziemlich genau mit der mundartlichen Benennung durch die eingesessene Bevölkerung. Das gleiche gilt beispielsweise für die Umdeutung der Endung -weiler in -willer (Rosenweiler = Rosenwiller; Scherweiler = Scherwiller).

Auch das *französisch-deutsche Ortsverzeichnis* im Anhang beschränkt sich folgerichtig auf solche Orte, deren heutige amtliche Bezeichnung so stark vom ursprünglichen Namen abweicht, daß der Zusammenhang nicht mehr ohne weiteres erkennbar ist.

Die dem Hauptteil vorangestellten geschichtlichen und kunsthistorischen Überblicke sind, wie der Autor von vornherein einräumt, viel mehr ein Ergebnis des Weglassens und Vereinfachens, als einer auch nur annähernd vollständigen Zusammenfassung. Doch wird der Text hoffentlich deutlich machen, warum das anders gar nicht sein kann in Anbetracht der vielgesichtigen Rolle, die das Elsaß in dem jahrtausendlangen, auch heute noch nicht abgeschlossenen Prozeß der Selbstfindung Europas spielte. Hinzu kommt, daß nicht einmal die Fakten und Daten, die unser Reiseführer in Kürze mitteilt, unter elsaßkundigen Historikern und Kunsthistorikern durchweg unumstritten sind. In den meisten dieser Zweifelsfälle hielt sich der Autor an das Handbuch der Kunstdenkmäler in Elsaß-Lothringen von Walter Hotz, das in der Nachfolge Dehios das aktuelle Standardwerk für die vollständige kunsttopographische Bearbeitung dieses Gebietes ist.

Andererseits war auch zu bedenken, daß für das Vertrautwerden mit dem Elsaß nicht eine Anhäufung von Geschichte und deren Fixierung auf Jahr und Tag genau der wichtigste Gesichtspunkt zu sein hatte, sondern viel mehr die Frage, was den Gast in diesem Lande hier und heute bewegt, auf welche Weise er sich betroffen fühlt angesichts der ehrwürdigen Zeugen einer Vergangenheit, die seine und unser aller kulturelle Heimat ist. Wenn etwas von diesem persönlichen Betroffensein auch in unserem Buch zum Vorschein käme, hätte es zumindest dieses eine Ziel erreicht.

Blick in die Geschichte

Im Elsaß gibt es einen Punkt, der wie kaum ein anderer berührt wurde vom Gang einer jahrtausendelangen Geschichte und von dem aus sich alle Herrlichkeit einer gesegneten Landschaft dem Schauenden zu Füßen legt. Doch dem heiligen Berg des Elsaß, dem die Herzogstochter Odilia ihren Namen gab, kommt einer ganz nahe wohl erst, wenn die sommerlichen Touristenströme verebbt sind und Stille wieder die betenden Pilger umfängt. Im späten Herbst also oder gar in einer der Heiligen Nächte, wenn unter dem funkelnden Gewirk des Sternenhimmels ein lichter Dunst die Ebene deckt und die schneebedeckten Waldhänge, die bereiften Fichten und Tannen im milden Nachtlicht herüberleuchten zum Kloster der Schutzpatronin dieses Landes.

Wie verloren in der Unendlichkeit und doch unendlich geborgen in der kleinen heilen Welt der frommen Frauen kommt sich der Fremde in einer solchen Stunde vor. Er ahnt dann wohl auch, warum dieser Ort bis heute, wenn schon Touristen von weit her, so erst recht die Menschen des Elsaß wie mit magischen Kräften immer wieder zu sich holt und sich ihnen anbietet als eine der noch unversiegten Kraftquellen religiösen Lebens.

Doch an dem nämlichen Ort häufen sich auch die Zeugnisse aus frühester vorchristlicher Zeit, die mit jeder neuen Entdeckung immer weiter in eine nicht mehr verläßlich überlieferte Vergangenheit zurückzureichen scheint. Funde belegen die Anwesenheit des Menschen schon in der Stein- und Bronzezeit, und sie machen wahrscheinlich, daß sich um das Jahr 3000 v. Chr. bereits eine Bauernbevölkerung im Elsaß seßhaft gemacht hatte.

Als erstes geschichtlich bestimmbares Volk nahmen im ersten vorchristlichen Jahrtausend die Kelten von diesem Land Besitz. Nach allem, was wir heute wissen und rekonstruieren können, müssen sie es auch gewesen sein, die im zweiten oder dritten Jahrhundert vor der Zeitenwende, zu einigen Teilen vielleicht noch früher, die mehr als zehn Kilometer lange Heidenmauer um den Odilienberg errichteten – eine Fluchtburg von riesigen Ausmaßen und eines der bedeutendsten frühgeschichtlichen Denkmäler Europas (Abb. 77). Eine zumindest irritierende Vorstellung ist es, daß an der Stelle und im Umkreis des Odilienklosters einmal Heiligtümer standen, in denen die Kelten ihrem blutigen Druidenkult nachgingen.

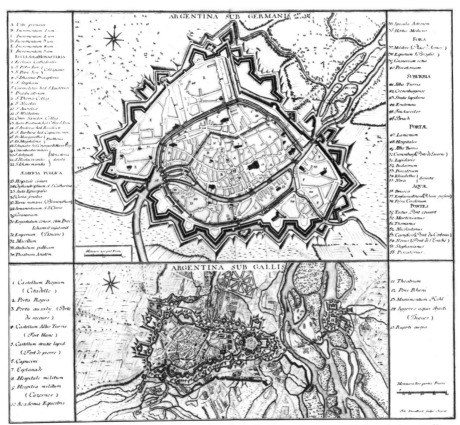

Straßburg zur Zeit der ›Germanen‹ (gemeint sind die Deutschen vor 1681) und der ›Gallier‹ (Franzosen). Nach Johann Daniel Schöpflin, Alsatia illustrata, Colmar 1761

Zurückgeblieben aus jener keltischen Zeit ist möglicherweise auch der Name Elsaß. Zumindest ist dies von den noch umstrittenen Deutungen eine der einfachsten und unmittelbar einleuchtenden: die ersten Elsässer wären hiernach Al- oder El-sassen gewesen, das heißt in heutiger Sprache: die an der Ill Sitzenden. Tatsächlich muß sich das fruchtbare Land beiderseits der Ill, die das Elsaß vom äußersten Süden bis über Straßburg hinaus parallel zum Rheinstrom durchfließt, einer bäuerlichen Besiedlung förmlich aufgedrängt haben. Manche Forscher leiten die Bezeichnung Elsaß indessen auch vom alemannischen Alisaz oder Elisaza ab, was einmal so viel wie ›Sitz in der Fremde‹ bedeutete.

Die Triboker, ein germanischer Volksstamm, unternahmen vom Norden her einen ersten Vorstoß ins Elsaß und drängten die Kelten zurück. Doch dann wurde eine Gruppe germanischer Sueben, die sich unter der Führung ihres Fürsten Ariovist eben-

BLICK IN DIE GESCHICHTE

falls des Landes bemächtigen wollte, im Jahr 58 v. Chr. von Julius Cäsar in der Gegend von Mülhausen-Sennheim/Cernay entscheidend geschlagen. Nachdem sechs Jahre später auch der letzte Aufstand der von dem Keltenfürsten Vercingetorix geführten Gallier zusammengebrochen war, kam das Elsaß für eine lange Zeit als Teil der Provinz Germania superior unter römische Herrschaft. Um sich gegen das rechtsrheinische Germanien abzusichern, erbauten die Römer das Kastell Argentoratum, das heutige Straßburg, und besetzten es mit 6000 Legionären.

Siebzehn Jahre vor der Zeitenwende verkündete Kaiser Augustus den als Pax Romana oder Pax Augusta in die Geschichte eingegangenen ›Weltfrieden‹, der für mehr als vier Jahrhunderte den römisch besetzten Gebieten am Oberrhein Ruhe und Sicherheit gab. Die Kastelle und Garnisonen weiteten sich zu bürgerlichen Siedlungen und kleinstädtischen Gemeinwesen aus, Straßen und Handelsplätze wurden angelegt, Kunst, eine in diesen nördlichen Regionen bis dahin unbekannte Lebensart und mit ihr verbunden eine hochentwickelte gastronomische Kultur verbreitet. Im Zuge dieser auch rechtsrheinisch vordringenden römischen Kolonisation wurden Wasserleitungen und Tempel gebaut, komfortable Bäder eingerichtet sowie jene Thermen entdeckt und erschlossen, von deren Weltruf heute zahlreiche Heilbäder zu beiden Seiten des Rheins profitieren. Und nicht zu vergessen: mit den Römern ins Land kam auch der Wein, dessen Anbau und Pflege heute ein beträchtlicher Teil der elsässischen Landbevölkerung – wie der badischen auf der anderen Rheinseite – die wirtschaftliche Existenz verdankt.

Mit dieser Zeit des Aufschwungs und einer kulturellen Hochblüte im Schutz des Kaiserfriedens, der das Elsaß wichtige Grundlagen seiner ferneren Kultur zu verdanken hat, endete die römische Herrschaft angesichts des stürmischen Vordringens junger, unverbrauchter Völker. Zweimal hatten die Römer sich ihres Ansturms erwehren und ihren Besitzstand wahren können, 357 nördlich von Straßburg, 378 in der Nähe von Colmar. Im fünften Jahrhundert wichen sie endgültig vor den Alemannen zurück, die von nun an dem Land zwischen Schwarzwald und Vogesenkamm, im Süden begrenzt durch die Jurahöhen, ihre Eigenart aufprägten. Ihre Stämme besiedelten das Elsaß bis zum Hagenauer Forst; weiter nördlich setzten sich die Franken fest. Damit war – wie übrigens auch rechtsrheinisch etwa auf der Höhe des Murg- und Oostales – jene Stammes-Trennlinie gezogen, die sich heute noch an der Physiognomie der Landschaft und ihrer Menschen ablesen läßt.

Die Auseinandersetzungen zwischen den beiden Nachbarn beendete fürs erste der Frankenkönig Chlodwig mit seinem epochemachenden Sieg über die Alemannen im Jahr 496. Das Elsaß wurde ein Teil des fränkischen Reiches und blieb es auch, als das rechtsrheinische alemannische Gebiet unter den Merowingern des 6. und 7. Jahrhunderts schon wieder nahezu unabhängig von der fränkischen Herrschaft geworden war. Die anhaltende Schwächung der Merowingerkönige begünstigte jedoch die machtvolle Entwicklung eines elsässischen Herzogtums im 7. Jahrhundert. Von dieser Zeit an steht denn auch der Name Elsaß – ganz gleich, auf welchen Ursprung er zurückgehen mag – für eine geographische und politische Einheit.

Die Heilige Odilia. Holzschnitt aus einem der bebilderten Gebetbücher, die man Hortulus animae nannte, erschienen 1509 bei Johannes Knoblouch in Straßburg

Eine herausragende Gestalt unter den Landesherren jener Zeit, von der das Herzogshaus auch seinen Namen erhielt, war Attich oder Eticho, Vater jener Odilia, die auf dem heutigen Odilienberg, der damaligen ›Hohenburg‹, das erste elsässische Frauenkloster gründete und ihm als Äbtissin vorstand. Das Kloster also an der Stelle eines Etichonensitzes, die Burg wiederum an dem Ort, an dem zu Zeiten Diocletians eine römische Festung erbaut worden war – und dies alles umschlossen von der schon erwähnten gewaltigen Heidenmauer: man sieht, wie viele Wege der elsässischen Geschichte immer wieder auf den Odilienberg zu und auf ihn zurückliefen.

Kulturell waren für das Elsaß entscheidende Anstöße aus der seit dem 5. Jahrhundert einsetzenden Christianisierung gekommen. Zwischen den nach und nach entstehenden Klöstern, besonders den frühen geistlichen Zentren wie Murbach, St. Odilien, Maursmünster bei Zabern und Weißenburg ganz im Norden, um nur einige der wichtigsten zu nennen, spannte sich ein Netz enger Beziehungen, das dieses Land in der geistlichen wie in der politischen Verwaltung gleichermaßen fest einte und ihm auch wichtige Impulse von außen her vermittelte. Einflüsse etwa aus der im Bodensee gelegenen Insel Reichenau oder aus St. Gallen wurden im Elsaß kulturell ungemein fruchtbar. Andererseits förderte später der einem elsässischen Grafengeschlecht entstammende Papst Leo IX. nachhaltig die Ausbreitung der im burgundischen Cluny begonnenen Kloster- und Kirchenreformen.

Im 8. Jahrhundert faßten die karolingischen Hausmeier die Gebiete des fränkischen Reiches erneut kraftvoll zusammen und gliederten ihnen auch die verlorengegangenen alemannischen Teile rechts des Rheins wieder ein. Das Herzogshaus wie auch die geistliche Macht im Elsaß stützten diese Politik und sahen darin eine Aufgabe, mit deren Erfüllung das Herzogtum gleichsam wieder an seine Anfänge zurückkehrte; letztlich war es ja als Antwort auf die nachlassende Kraft und Integrationsfähigkeit der Merowinger entstanden.

Die Karolinger selbst nahmen sich nun des Landes und seiner politischen Geschicke an, wiesen aber elsässischen Familien aus der weiten Verwandtschaft der Etichonen nach wie vor einflußreiche Funktionen im Rahmen des karolingischen Grafenamtes zu. Karl der Große hatte sich Pfalzen in Colmar und Brumath eingerichtet, feierte 775 das Weihnachtsfest in Schlettstadt und übernahm für fast zwei Jahre selbst die Leitung der Abtei Murbach. Sein Reich allerdings, das er bis zur Elbe und nach Wien ausgedehnt hatte, überdauerte schon die nächste Generation nicht mehr. Seine Enkel kämpften 833 auf dem Lügenfeld bei Colmar gegen den eigenen Vater, Kaiser Ludwig den Frommen, zwangen ihn zur Abdankung und setzten ihn in Marlenheim gefangen, und zwar deshalb, weil er die ursprünglich beabsichtigte Aufteilung des Reiches unter seinen Söhnen Lothar, Pippin und Ludwig zu Gunsten seines Sohnes aus zweiter Ehe, Karls des Kahlen, wieder umgestoßen hatte.

Karl der Kahle und Ludwig der Deutsche einigten sich 842 im Vertrag von Straßburg, den Karl in altfranzösischer, Ludwig in althochdeutscher Sprache abgefaßt hatte. Seit diesen ›Straßburger Eiden‹, mit denen sich die beiden Vertragspartner und ihre Heere gegenseitig der Treue versicherten, gibt es die Trennung der beiden Sprachen und sonderte sich ein französisches Volkstum vom alemannisch-fränkischen ab. Im wesentlichen wurde der Hauptkamm der Vogesen zur Sprachengrenze – ausgenommen einige wenige Flußtäler der dem Elsaß zugewandten Seite, in deren Ursprungsbereich seit jeher französisch gesprochen wird.

Die Benachteiligten bei dieser faktischen Reichsteilung, vor allem Lothar, drängten auf eine neue Lösung. Sie wurde 843 mit dem Vertrag von Verdun besiegelt und begründete ein Zwischenreich, das von Italien bis zur Nordsee reichte und Lotharingen genannt wurde. Nach dem Tode von Lothar I. und Lothar II. teilten Karl der Kahle und Ludwig der Deutsche 870 im Vertrag von Meersen dieses Zwischenreich unter sich auf; das Elsaß fiel endgültig Ludwig zu und war damit ein Teil des Deutschen Reiches geworden. Zwar versuchten die westfränkischen Könige in den Auseinandersetzungen, die das Ende der deutschen Karolinger im Jahre 911 begleiteten, das Elsaß an sich zu bringen, doch die vorübergehende Unsicherheit endete damit, daß sowohl Lothringen als auch das Elsaß die Herrschaft des Sachsen Heinrich I. anerkannten.

Das zur Karolingerzeit verschwundene elsässische Herzogtum war in die beiden Grafschaften Nordgau und Sundgau aufgeteilt worden. Grafen des Sundgaus, des südlichen Teils also, wurden die Habsburger. Die Nordgaugrafen hatten ihren Hauptsitz zunächst in den Mittelvogesen auf der Burg Girbaden, verlagerten ihre Macht später jedoch mehr und mehr zum Oberelsaß hin und nannten sich nun Grafen von Egisheim, aus deren Haus der schon erwähnte Papst Leo IX. stammte.

Heinrich I. vereinigte das Elsaß 921 mit dem Herzogtum Alemannien zum Herzogtum ›Schwaben und Elsaß‹ und unterstellte beide Gaugrafen dieser neuen Regentschaft. Damit war der Grund gelegt für die unvergleichliche Rolle, die das Elsaß in der den Ottonen und Saliern folgenden Stauferzeit spielen sollte. Die schwäbischen Hohenstaufen waren von 1079 bis 1268 Herzöge im Elsaß, das ihnen als Kaiser- und Kernland des Reiches galt, nachdem sie 1138 die Kaiserwürde erlangt hatten. Allerdings entzog sich in der ersten Hälfte des 12. Jahrhunderts der Habsburg-Pfirter Raum im

Titelblatt zum Kaiserlichen Land- und Lehensrecht von Mathias Hupfuff zu Straßburg, 1505

Sundgau noch der staufischen Macht, aber Schritt für Schritt wurde er ihr zugewonnen, nachdem Friedrich I. Beatrix von Burgund geheiratet hatte und damit die Reichsgewalt auch in diesem Gebiet wieder auflebte.

Mit den Staufern hatte die glanzvollste Periode in der langen elsässischen Geschichte begonnen, eine Zeit kulturellen Aufschwungs, in der sich auch Wirtschaft und Handel mächtig entwickelten. Die Städte blühten auf und entfalteten sich zu selbstbewußter Eigenständigkeit, Kirchen über Kirchen wurden gebaut, vor denen wir heute bewundernd stehen, und Burgen schossen wie die Pilze nach einem warmen Sommerregen aus dem Boden. Von einem der Hohenstaufen, Friedrich dem Einäugigen, behauptete sein Bruder, er führe stets eine Burg am Schweif seines Pferdes mit sich, wenn er durchs Land reite.

BLICK IN DIE GESCHICHTE

Von Weißenburg über den Hagenauer Forst bis nach Schlettstadt erstreckte sich das Zentrum staufischer Macht- und Prachtentfaltung. Kaiser Friedrich I. Barbarossa, der sich übrigens sehr nachhaltig um den baulichen Bestand, die Privilegien und die Zucht des Klosters Hohenburg kümmerte und mit der Berufung seiner Nichte Relindis zur Äbtissin die Hoch-Zeit klösterlichen und kulturellen Lebens auf dem Odilienberg einleitete, hatte die Burg in Hagenau zu einer prunkvollen Pfalz erweitert. Ihre Marmorbauten, die zur Zeit Ludwigs XIV. zerstört wurden, waren weltberühmt; in der Pfalzkapelle wurden für längere Zeit die Reichsinsignien aufbewahrt. Friedrich II. erwählte sich Hagenau ebenfalls zu seiner Lieblingsresidenz, wenn er sich im nördlich der Alpen gelegenen Teil seines bis Sizilien ausgedehnten Reiches aufhielt.

Zur Stauferzeit kamen im Elsaß neue Herrschaften auf wie etwa die von Fleckenstein, Geroldseck oder Lichtenberg im Norden oder die aus der Reichsritterschaft hervorgegangenen Adelsfamilien derer von Andlau, Landsberg oder Berckheim – um nur einige zu nennen – im mittleren Elsaß, hier im besonderen aber auch die Grafen von Werd, die Landgrafen im Unterelsaß wurden, bis ihr Landgrafenamt nach Erlöschen der Linie im 14. Jahrhundert an den Bischof von Straßburg kam. Es sind dies vielfach Namen, die dem Reisenden im Elsaß immer wieder begegnen werden. Noch weiter im Süden hatten sich u. a. die Herrschaften Rappoltstein und Horburg-Reichenweier, die 1324 an die Grafen von Württemberg fielen, entwickelt. Den Besitz der Grafen von Egisheim und Egisheim-Dagsburg, deren Geschlecht 1225 ausstarb, sicherte sich wiederum der Bischof von Straßburg, während andererseits die Habsburger, die nach wie vor über den größten Teil des Oberelsaß geboten, im 14. Jahrhundert ihren Herrschaftsbereich bis nach Belfort ausdehnten.

Man sieht bereits, wie unübersichtlich im Detail sich die Besitzverhältnisse im Elsaß, je länger, desto mehr gestalteten, und es kann auch gar nicht das Ziel unseres Überblicks sein, diese Entwicklung im einzelnen nachzuzeichnen. An dem hier erreichten Punkt der Geschichte bleibt jedenfalls so viel festzuhalten, daß das Elsaß ungeachtet der politischen Händel, die seinetwegen noch entbrennen sollten, ein alemannisch-fränkisches und damit ein deutsches Kulturland war und in seinen Grundgegebenheiten immer noch ist – so unumstößlich und selbstverständlich wie uns andererseits in der jüngsten Vergangenheit seine Zugehörigkeit zum französischen Staatsverband wurde.

Mit dem Zerfall der staufischen Reichsmacht brach für das Elsaß eine Zeit der Unruhe an, der Hoffnung allerdings auch, in Rudolf von Habsburg könnte ihm eine neue, einigende Kraft erwachsen sein. Tatsächlich hatte der Habsburger im Sinn, auf den Resten und dem verbliebenen Zusammenhalt des alten ein neues Herzogtum Elsaß zu gründen und zu befestigen. Aber mit der Königswürde, die ihm 1273 verliehen wurde, banden ihn seine Interessen nicht mehr so stark wie vordem an den Oberrhein. Daß auch nach Rudolf kein Herrscher mehr kam, der die Kraft gehabt hätte, dem Elsaß Einheit auch nach außen zu geben, wurde diesem Land zum schicksalhaften Verhängnis.

Streit im Kleinen, der Übermut eines zu wohlhabend gewordenen Adels, seine vielen Fehden aus geringfügigem Anlaß, der Zerfall des Landes in immer mehr und immer kleinere Herrschaften, das Aufkommen sozialer Mißstände setzten alarmierende Zeichen der Schwäche. Eine der Reaktionen darauf war der um so festere Zusammenschluß der Bürgerschaften und der Zünfte in den Städten, die sich nun ihrer Macht neben Adel und Kirche bewußt wurden. Als erste Stadt im Reich gab sich Straßburg 1332 eine demokratische Verfassung.

Andere Städte folgten mit republikanischen Grundordnungen dem Beispiel Straßburgs, das sich 1262 in der Schlacht bei Hausbergen der bischöflichen Macht entledigt hatte und als Freie Reichsstadt fast wie ein selbständiger Stadtstaat zu europäischer Geltung aufgestiegen war. Es blieb auch außerhalb, als Kaiser Karl IV. 1354 die elsässischen Reichsstädte zu einem Zehnstädtebund unter Führung des Landvogts von Hagenau zusammenschloß. Ihm gehörten Weißenburg, Hagenau, Rosheim, Oberehnheim, Schlettstadt, Kaysersberg, Türkheim, Münster, Colmar und das heute pfälzische Landau an. Mülhausen und auch einige andere Städte verbündeten sich dieser Dekapolis für kürzere oder längere Zeit.

Inzwischen regte sich im Westen, wo das französische Königtum zunehmend seiner Kraft und Macht inne wurde, ein neuer Drang zum Oberrhein, ja mehr noch: der Gedanke, das alte Gallien wiederherzustellen. Zunächst war Frankreich jedoch noch zu sehr mit England beschäftigt, als daß es gegen das Elsaß hin hätte aktiv werden können. Statt dessen kam ein erster Vorstoß aus Burgund, wo Philipp der Kühne die Freigrafschaft erworben hatte und damit in unmittelbare Nachbarschaft des Elsaß gekommen war.

Söldnertruppen aus Frankreich, wie sie schon im 14. Jahrhundert – durch Unterbrechungen in dem hundertjährigen Krieg gegen England zeitweise ›arbeitslos‹ geworden – mehrfach ins Elsaß eingefallen waren, zogen nach dem 1435 geschlossenen Frieden von Arras erneut raubend und plündernd durchs Land. Daß Kaiser Friedrich III. diese ›Armagnaken‹ oder ›armen Gecken‹, wie sie der Volksmund nannte, gar noch zur Hilfe rief, damit sie ihm beistanden in seiner Auseinandersetzung mit den Eidgenossen, war einer jener kurzsichtigen Entschlüsse, wie sie der Geschichte schon des öfteren eine unvermutete Wendung gaben.

In diesem Fall blieb die dem Dauphin und späteren König Ludwig von Frankreich in die Hand gespielte Gelegenheit, einmal zu probieren, ob sich auf diese Weise vielleicht am Oberrhein Fuß fassen ließe, noch folgenlos. Ausschlaggebend dafür war der entschiedene Widerstand der Straßburger. Das Reich aber hatte in dieser kritischen Situation versagt.

Jetzt trat einer der Nachfolger Philipps des Kühnen von Burgund, Karl der Kühne, auf den Plan und versuchte, sich ein burgundisches Königreich vom Mittelmeer bis zur Scheldemündung zu erobern. Es scheiterte mit dieser Absicht und mußte für sie 1477 in einer letzten Schlacht mit dem Leben bezahlen. Neue Erschütterungen brachte dem Elsaß 1493 der erste Aufstand der im ›Bundschuh‹ seit den dreißiger Jahren zusammengeschlossenen Bauern. Ein zweiter Aufstand wurde 1525 von Herzog Anton von Lothringen niedergeschlagen. Zehn Jahre vorher hatte Mülhausen den Zehnstädtebund

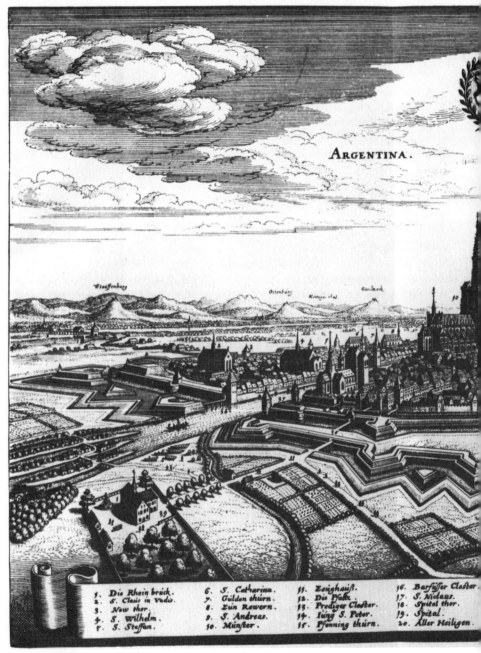

Blick auf Straßburg. Nach Merian, Topographia Alsatiae 1663

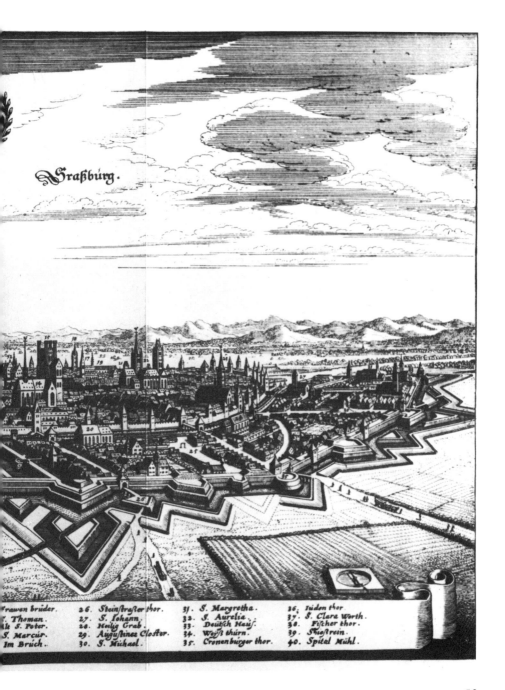

verlassen, um sich der Eidgenossenschaft anzuschließen. Das Land, so schien es, sollte nicht mehr zur Ruhe kommen.

Dessenungeachtet hatte sich während des ganzen Mittelalters das religiöse Leben im Elsaß reich entfaltet und auch zu zahlreichen neuen Klostergründungen geführt. Die Gliederung der kirchlichen Verwaltung in zwei Bistümer, von denen Straßburg für das Unterelsaß, Basel für das Oberelsaß zuständig war, blieb bis zur Französischen Revolution erhalten.

Mittlerweile erlebten aber auch Humanismus und Reformation im Elsaß eine Blütezeit, für die es andernorts wenig Vergleichbares gibt. Und wieder spielte Straßburg, wo übrigens Gutenberg zwischen 1434 und 1444 an seiner epochemachenden Erfindung des Buchdrucks mit beweglichen Lettern gearbeitet hatte, seine besondere Rolle: Neben Zürich wurde es bald die führende Stadt der Reformation im Südwesten des Reiches. Mehrere Reichsstädte und viele Adelsfamilien schlossen sich ihm an und vertrauten auf den politisch tonangebenden Kopf der reformatorischen Bewegung, Jakob Sturm. Dieser war auch maßgebend beteiligt an einem Zusammenschluß der protestantischen Stände, wie er sich 1531 in dem sogenannten ›Schmalkaldischen Bund‹ formierte. Sturm war 1524 zu dem führenden Dreigestirn der Reformation im Elsaß gestoßen, das der Badener Caspar Hedio, der Dominikaner Martin Bucer aus Schlettstadt und Wolfgang Capito aus Hagenau gebildet hatten.

Zum Haupt der Mitte der sechziger Jahre einsetzenden Gegenreformation, mit der sich die katholische Kirche zu reorganisieren versuchte, wurde der Franziskaner Thomas Murner aus Oberehnheim, der mit bitterer Satire gegen den oder die ›großen lutherischen Narren‹ polemisierte. Mittelpunkt der gegenreformatorischen Bewegung war Molsheim, wo 1582 ein Jesuitenkolleg gegründet wurde. Papst Paul V. erhob dieses Kolleg 1617 zur Universität. Sie blieb bis 1702 in Molsheim und wurde dann nach Straßburg verlegt.

Mit Humanismus und Reformation war die mittelalterliche Entwicklung des Elsaß und seines Zentrums Straßburg abgeschlossen. Was jetzt folgte, war Teil und Ausschnitt der großen und schmerzvollen Auseinandersetzungen um das künftige Europa, in denen das französische Königtum zum Rhein drängte und das Haus Habsburg sich in seinen Versuchen, das Gesicht Europas nach seinem Willen zu gestalten, mehr und mehr in der Defensive sah. Es mag genügen, diesen jüngeren und wohl auch bekannteren Teil der Historie nur mit wenigen Strichen zu skizzieren.

Im 17. Jahrhundert bot sich Frankreich die lange erhoffte Gelegenheit, seine Grenze gegen Osten vorzuschieben, nachdem der Dreißigjährige Krieg das Reich entscheidend geschwächt, ausgeblutet und zersplittert hatte. Im Westfälischen Frieden (1648) wurden die habsburgischen Besitzungen und die Vogtei über die verbündeten elsässischen Reichsstädte Frankreich zugesprochen. Den Versuch, sie noch einmal zurückzugewinnen, machte Marschall Turenne zunichte. Der Vertrag von Nimwegen bestätigt 1679 die Abtretung. 1681 muß sich auch Straßburg zur Anerkennung der Souveränität Frankreichs bequemen, und was jetzt noch an Rechten der deutschen Reichsstände ver-

Das alte Lauterburg. Nach Johann Daniel Schöpflin, Alsatia illustrata, Colmar 1761

blieben war, wird 1789 mit der Französischen Revolution annulliert. Ein knappes Jahrzehnt später schließt sich das einst vom Zehnstädtebund zur Eidgenossenschaft übergegangene Mülhausen der französischen Republik an. Die Verwaltung des Elsaß wird in die noch heute bestehenden beiden Departements Haut-Rhin und Bas-Rhin gegliedert.

Noch einmal folgt ein deutsches Zwischenspiel von einem knappen halben Jahrhundert Dauer: Nach seiner Niederlage von 1870/71 muß Frankreich das Elsaß zusammen mit dem Ostteil Lothringens herausgeben. Das so entstandene Reichsland Elsaß-Lothringen wird dem Deutschen Reich eingegliedert und verbleibt hier, bis der Vertrag von Versailles 1919 den Besitzwechsel erneut rückgängig machen wird.

Grenzland also mit dem Schicksal der vielen, die hier wie anderswo ohne eigene Schuld zum Objekt kühl berechnender Machtpolitik wurden. Land der Begegnung aber auch, in dem heute mehr denn je die Hoffnung lebt und wirkt, es habe ein für allemal ein Ende mit dem unseligen Bruderstreit, und die Grenze bleibe in alle Zukunft so offen, wie sie ist, wenn sie schon nicht ganz fallen mag. Eine Grenze, die nicht abwehrt, sondern einlädt, dieses herrliche Land zwischen Gebirge und Strom mit seiner alten Kultur, seinen liebenswerten Menschen und ihrer heiter-gelassenen Lebensart auch wirklich lieben zu lernen. Es belohnt jeden reich, der dieser Einladung folgt.

Kunst im Elsaß

Wie es wohl komme, daß durch die ganze Kultur- und Kunstentwicklung des Elsaß Merkmale wahrzunehmen seien, die sich sowohl in den edelsten Schöpfungen wie auch bisweilen in den bescheidensten Werken der Volkskunst gleichblieben, fragte einer der gründlichsten Kunstkenner im Lande, der Straßburger Museumsdirektor Hans Haug. Seine Antwort: »Die einzige Erklärung bleibt der Einfluß des gesegneten, zugleich eng begrenzten und nach allen Richtungen offenen Landes zwischen Rhein und Vogesen mit seiner fruchtbaren Ebene, seinen Rebhügeln und den nordsüdwärts ununterbrochenen Gebirgswäldern. Sogar der Städter blieb – und bleibt meist noch – mit der Natur verbunden. Kunst und Literatur, woher sie auch im Laufe der Jahrhunderte beeinflußt waren, kehrten immer wieder zu ihr zurück als einer Quelle alles Lebendigen und Bodenständigen.«

Wenn nun dennoch ›Kunst im Elsaß‹ nicht ohne Vorbehalt gleichzusetzen ist mit einer ›Elsässischen Kunst‹, so vor allem nicht in dem Sinne, daß es sich dabei um eine durch und durch einheitliche Erscheinung von unverwechselbarer Eigenart handelte. Andererseits decken sich aber die beiden Begriffe weitgehend, sobald man in Betracht zieht, wie hier eine Landschaft und ihre Menschen im Schnittpunkt des germanischen und des romanischen Kulturkreises die verschiedenartigsten Einflüsse aufgenommen, mit eigener Individualität angereichert und in eine künstlerische Ausdrucksweise umgesetzt haben, deren Vokabular zwar seine Herkunft nie verleugnet, die nun aber doch durchaus als ›elsässisch‹ zu verstehen ist. Ob man dies sogar bis zurück zur Römerzeit gelten lassen will, mag offenbleiben. Haug jedenfalls wies solche Zusammenhänge nicht ohne weiteres von der Hand und hob zur Untermauerung dessen u. a. auf eine römische Steinplastik ab, die ihm fast wie ein Vorspiel zu den im gleichen roten oder gelben Vogesensandstein gehauenen Figuren des gotischen Mittelalters vorgekommen sei.

Abgesehen von Waffen- und Schmuckfunden wie auch von vereinzelten Beispielen bildnerischer Arbeit bleibt die Geschichte der Kunst im Elsaß in nachrömischer Zeit lange im Dunkel. Ohnehin war, wie fast überall in Europa, diese Zeit des Umbruchs und der neu sich formierenden Machtverhältnisse zu künstlerischer Produktivität wenig angetan, so daß also auch die Wahrscheinlichkeit von vornherein gering blieb, es könnte aus einer großen Menge von Kunstwerken wenigstens ein kleiner, aber doch nennenswerter Teil überdauert haben.

Auch die ersten Kloster- und Kirchenbauten, die vom 7. Jahrhundert an entstanden und von deren Existenz wir recht genaue Kunde haben, sind wieder untergegangen, was sich aus ihrer anfänglichen Bauweise in Holz leicht erklären läßt. Geblieben sind dagegen Zeugnisse der literarischen Arbeit, der sich die Mönche widmeten. Zu ihnen gehört u. a. der ›Krist‹, eines der ersten Werke der deutschen Literatur überhaupt, eine Übertragung der Evangelien in Verse mit Endreimen in der deutschen Volkssprache. Der Mönch Otfried von Weißenburg verfaßte sie im 9. Jahrhundert.

Doch nicht einmal die karolingische Epoche hat im Elsaß ein größeres Baudenkmal hinterlassen, es sei denn, man wolle ihr als eine späte Nachempfindung noch die kurz nach der ersten Jahrtausendwende in Ottmarsheim errichtete Klosterkirche zurechnen, der als Vorbild die Aachener Pfalzkapelle Karls des Großen diente (Abb. 137–139). Die Ottmarsheimer Klostergründung geht auf den Habsburger Rudolf von Altenburg zurück.

Aus dem Habsburgerhaus stammte auch Bischof Werinher, der 1015 den Neubau des Straßburger Münsters begann. Von dessen karolingischer Vorläuferkirche vermittelt nur ein Lobgedicht Ermolds des Schwarzen auf Ludwig den Frommen aus dem Jahr 826 einige Kenntnisse; als einzige Reste gefunden wurden 1896 ein Estrich und ein Pfeilersockel der karolingischen Krypta. Die neue Krypta unter dem Werinher-Münster ist nun wiederum von diesem Neubau der einzige Teil geworden, der bis heute erhalten blieb.

Das Jahr 1000 kann als der zeitliche Markierungspunkt für ein allgemeines Aufblühen romanischer Baukunst im Elsaß angesehen werden. Neben Ottmarsheim treten spätottonische Pfeilerbasiliken wie in Eschau, Feldbach (Abb. 142, 143) oder Avolsheim (Dompeter) (Abb. 56), kleinere Zentralanlagen wie die Margarethenkapelle in Epfig (Abb. 91) und die Ulrichskapelle in Avolsheim (Farbt. 12), aber auch der kraftvoll schöne Bau der Abteikirche Surburg (Abb. 6) ins Bild.

Es hatte eine Entwicklung eingesetzt, die unaufhaltsam einem Höhepunkt und einer ganzen Serie einzigartiger Meisterwerke zusteuerte. Sie erstehen in der glanzvollsten und glücklichsten Zeit des Elsaß, die mit der Erinnerung an die Herrschaft der Stauferherzöge und Stauferkaiser verbunden ist. Hier schließt sich zum erstenmal auch, was vorher noch keine klar geprägte Richtung hatte, zu einem eigenen elsässischen Stil in dem eingangs schon erläuterten Sinne zusammen. Elsässische Baumeister, denen Schweizer Bauhütten die lombardische Technik vermittelten, verbinden karolingische und ottonische Überlieferung mit südfranzösischen und burgundischen Anregungen zu einer neuen, im höchsten Grade aufregenden Kunst, die nirgendwo mit einer Attitüde des ›Kaiserlichen‹ zu imponieren versucht, sondern, wie Helma Konow es treffend formulierte, ganz aus dem Lande zu wachsen scheint, ohne im ›Ländlichen‹ zu bleiben. Es ist dies letztlich der Schlüssel zur Eigenart und Schönheit aller staufisch-elsässischen Kunst. Doch wenn auch im Kirchenbau jener Zeit ein architektonisches Glanzstück neben dem anderen erscheint, so waren dessenungeachtet die Staufer nur zum kleineren, wenn auch gewiß nicht unbedeutenden Teil die unmittelbaren Auftraggeber oder Stifter. Ihr

Hauptinteresse galt den Profanbauten, den Städten, Pfalzen und vor allem den Burgen, mit denen sie das Land förmlich überzogen. Es ist ja auch bezeichnend, daß Kaiser Barbarossas größtes Bauprojekt im Elsaß kein Kloster und keine Kirche, sondern seine Pfalz in Hagenau war. In dieser Orientierung kündigt sich bereits ein über das Mittelalter hinausweisender Geist an.

Wenn es also nicht in erster Linie die Herzöge und Kaiser selbst waren, die auf direktem Wege den unvergleichlichen Aufschwung auch der sakralen Baukunst im Lande beflügelten, so doch das von ihnen vermittelte neue Lebensgefühl, eine Kraft, die das ganze Reich erfaßt hatte, ein Stürmen und Drängen, das immerzu neuen Ufern zustrebte. Dies nachzuempfinden, gehört zu den unvergeßlichen Eindrücken einer heutigen Kunstreise ins Elsaß, auf der Murbach und Lautenbach, St. Leodegar in Gebweiler, der alte Chor der Pfarrkirche in Pfaffenheim, Kaysersberg, Sigolsheim und St. Fides in Schlettstadt, Andlau, Rosheim und Altdorf, Maursmünster, St. Adelphi in Neuweiler sowie St. Peter und Paul am gleichen Ort zu den ›Pflichtstücken‹ erster Ordnung aus staufischer Zeit gehören. Erst recht gilt dies für das Straßburger Münster, dessen Ostteile den größten Schöpfungen der Epoche zuzurechnen sind, kaum weniger für St. Thomas in Straßburg.

Die Ausstrahlung der elsässisch-staufischen Kunst reichte weit über das Land am Oberrhein hinaus bis nach Bamberg und Magdeburg, viel mehr noch zu dem näheren Worms, zu dessen Dom-Neubau – etwa gleichzeitig mit Straßburg – ein Baumeister aus dem Elsaß berufen wurde. Sein Werk sind die Ostteile des Wormser Doms. Auch als er abtreten mußte, blieb die spezifisch elsässische Komponente im Plan des Ganzen erhalten und geriet im Westchor zur wohl alles andere überragenden Manifestation der deutschen Architektur jener Zeit.

Doch das Schöpferische war keineswegs auf die Baukunst beschränkt geblieben, entfaltete sich vielmehr auch in einer emsigen literarischen Tätigkeit, die sich ihre Themen sowohl aus dem geistlichen wie aus dem profanen Bereich holte. Zu den berühmtesten und eigenartigsten Literaturdokumenten, die damals entstanden, gehört der ›Hortus deliciarum‹, das ›Lustgärtlein‹ der Herrad von Landsberg, die Äbtissin des Klosters Hohenburg auf dem Odilienberg war und um 1196 starb.

Herrad hatte fast zwanzig Jahre lang an ihrer Bilderhandschrift gearbeitet, die als Sammelwerk geistlicher Bildung mit eigenen Gedichten und einem Selbstbildnis eine überaus geistvolle Persönlichkeit bezeugt. Der ›Hortus deliciarum‹ ist 1870 in Straßburg verbrannt, doch können wir uns dank einiger kopierter Teile, die erhalten geblieben sind, eine recht gute Vorstellung von dieser Enzyklopädie damaligen Wissens und Glaubens machen. »Dieses Buch, Lustgarten genannt, habe ich kleine Biene unter Gottes Antrieb aus verschiedenen Blüten der Heiligen Schrift und der menschlichen Weisheit zusammengestellt und aus Liebe zu euch sie zu einem Honigkuchen gebildet«: so Herrad in ihrer Einleitung.

Die weltliche Literatur war ausgegangen von Dichtungen und Liedern der Minnesänger wie Heinrich der Glichezaere mit seiner Tiergeschichte vom Reinhart (Reinecke)

Meister Gottfried von Straßburg beim Vortrag einer Dichtung. Aus der Manessischen Handschrift, der bedeutendsten Sammelhandschrift mittelhochdeutscher Minnelyrik, die sich in der Heidelberger Universitätsbibliothek befindet.

Fuchs, Reinmar der Alte, den Gottfried von Straßburg die ›Nachtigall von Hagenau‹ nannte, oder Conrad Puller von Hohenburg. Der berühmteste unter ihnen war eben jener Gottfried, dessen Epos ›Tristan und Isolde‹ als eines der bedeutendsten Werke der mittelalterlichen Literatur gilt.

Noch steht Friedrich II., der letzte der Staufenkaiser, auf der Höhe seiner Macht, da zucken, wenn man das einmal in einem solchen Bilde fassen darf, die ersten Blitze in dem Spannungsfeld künstlerischer Gegensätze zwischen staufischer Romanik im Osten und französischer Gotik im Westen und bahnen Ausgleich durch Annäherung und Integration an. Das Straßburger Münster öffnet sich gotischer Plastik und gewinnt sich

KUNST IM ELSASS

gleich auf Anhieb eine Reihe von Werken, die die Kunstgeschichte den erhabensten Schöpfungen des christlichen Abendlandes zuzählt: den Engelspfeiler (Farbt. 1, Abb. 26), das Hochrelief des Marientodes (Abb. 29), die Standbilder der Ecclesia und der Synagoge (Abb. 25).

Eine Gruppe von Steinmetzen war zwischen 1225 und 1230 aus Chartres und Sens nach Straßburg gekommen, mit ihnen ein Mann, der Bildhauer und Architekt zugleich gewesen sein muß, und den man den Ecclesiameister nennt. Ihm gelang das schier Unmögliche, den Raum des südlichen Querhausarmes auf eine durchaus gotische Weise zu wölben, aber doch so, daß dies mit keinem Gedanken als eine wie immer geartete ›Überwindung‹ des Staufischen zu empfinden ist, sondern im Gegenteil als Respekterweis eines Meisters, der über einer neuen Formensprache nicht die Würde des an diesem Ort Überlieferten zu verletzen gesonnen war.

Ein behutsamer Beginn noch – doch das Zeitalter der Gotik im Elsaß war damit endgültig eingeläutet. Den Weiterbau und die Ausstattung des Straßburger Münsters beeinflußte der neue Stil so beherrschend, daß dieses Gotteshaus heute allgemein als Hauptwerk der elsässischen Gotik bewundert wird und vielen auch nur als solches bekannt ist. Wie mancher Fremde, der in diesem Sinne ›vorprogrammiert‹ hierher kam, mag sich schon gewundert haben, wenn er zum erstenmal die ganze bauliche Vielfalt dieses in Jahrhunderten entstandenen architektonischen Wunderwerks und die in ihm wirkende Kraft zur Synthese bemerkte und in ihrer Bedeutung ermaß!

Für drei Jahrhunderte blieb Straßburg ein Zentrum und einzigartiges Lehrstück der monumentalen Plastik. Doch vergleichbare Kostbarkeiten findet man auch draußen im Lande. Wenn man die Elsässer heute wie ehedem gelegentlich sagen hört: »'s Schtroßburger Münschter isch's höchscht, 's Friburger 's dickscht, awer 's Thanner 's fienscht« – so mag man ihnen und ihrem Gefühl für das Feine nicht einmal widersprechen. Doch neben dem Münster in Thann (Abb. 144–148) am Südrand der Vogesen sind andere gotische Neu-, Um- und Anbauten kaum weniger bemerkenswert, in Weißenburg etwa, in Neuweiler, Hagenau, Niederhaslach, Schlettstadt, Colmar und Rufach, um nur einige der wichtigsten zu nennen. Eine heimische Tradition entwickelte sich auf der Grundlage dessen, was die französische Gotik der Baukunst im Elsaß an neuem Impuls vermittelt hatte.

Noch ein weiteres Mal, im 15. Jahrhundert, bricht für das Elsaß und wiederum im besonderen für Straßburg eine Hoch-Zeit der Plastik an. Jetzt sind es vor allem hölzerne, bemalte und vergoldete Bildwerke, die den Ruhm dieser Epoche begründen. Die Dangolsheimer Madonna, die heute zu den Beständen der Stiftung Preußischer Kulturbesitz in Berlin gehört, eröffnet eine lange Reihe schöner Madonnen im weichen Stil. Andererseits erscheint 1463 für die Dauer einiger Jahre mit Nikolaus Gerhaert von Leyen (Abb. 34) eine der stärksten Bildhauer-Persönlichkeiten des Mittelalters in

◁ Das Straßburger Münster. Nach einem Stahlstich aus Principaux Monuments de Strasbourg, Straßburg um 1850

KUNST IM ELSASS

Straßburg. Er ist nicht nur der seine Zeitgenossen überragende Bildner des Grabdenkmals für einen Domherrn in der Johanneskapelle des Münsters sowie der Büsten eines Propheten und einer Sibylle (nach alter Überlieferung des Grafen Jakob von Lichtenberg und seiner Freundin Bärbel von Ottenheim) für das Kanzleiportal, von denen die erstgenannte sich heute im Straßburger Frauenhaus befindet, die andere im Frankfurter Städel; Gerhaert wird auch zu einem der großen Anreger, ohne den die letzte Straßburger Münsterplastik, Kanzel (Abb. 30) und Laurentiusportal, ebensowenig denkbar wäre wie das Schaffen eines Tilman Riemenschneider, eines Veit Stoß oder der weniger allgemeinbekannten Meister aus dem Elsaß, die da u. a. Nikolaus Hagenauer, Veit Wagner oder Hans von Colmar hießen.

Der aus Burgund herübergekommene weiche Stil prägt zunächst auch die Malerei jener Zeit im Elsaß, orientiert sich dann aber mit Caspar Isenmann, Hans Hirtz und

Titelblatt zu Sebastian Brants ›Narrenschiff‹, das 1494 von Johannes Grüninger gedruckt wurde. ▷ In Holzschnitten und Texten schildert es den Menschen, seine Eigenschaften, seine Arbeit, seine Torheiten und Laster

Liebesgarten. Kupferstich des namentlich nicht bekannten Meisters E. S.

KUNST IM ELSASS

Holzschnitt von Hans Baldung gen. Grien zum ›Buch Granatapfel‹ des Straßburger Münsterpredigers Geiler von Kaysersberg (1511)

Titelholzschnitt zu
Geiler von Kaysersberg ›Der Eschen
Grüdel‹. Straßburg,
Mathias Schürer
1510. Von Meister HO

anderen mehr zum niederländischen Realismus hin, dem wiederum Martin Schongauer, der Maler der Colmarer ›Maria im Rosenhag‹ (Abb. 101) die oberrheinisch-elsässische Note gibt. Der schon in einer reichen Tradition stehenden elsässischen Glasmalerei wachsen um jene Zeit eine Reihe bedeutender Meister zu, unter denen vor allem Peter von Andlau Ruhm weit über seine Heimat hinaus erlangt.

Neu tritt jetzt die Graphik ins Bild. Im ›gelobten Land des frühen Kupferstichs‹, wie Hans Haug seine Heimat in diesem Zusammenhang einmal nannte, werden der ›Meister der Spielkarten‹, der Meister E S und wiederum Martin Schongauer in Colmar tätig, während das mit Holzschnitten illustrierte Buch von Straßburg aus Schule macht.

In dieser ungemein lebendigen, kulturell fruchtbaren Zeit, in der, wenn auch mit ganz neuen Schwerpunkten, der Glanz der lange vergangenen Stauferepoche wiederaufzuleben scheint, steht auch das Geistesleben in hoher Blüte. Die Humanistenschule von Schlettstadt ist sein Kristallisationspunkt. Aus ihr gehen die meisten elsässischen Humanisten hervor, auch jener Jakob Wimpfeling, der als einer der berühmtesten unter ihnen alte griechische und lateinische Texte neu herausgab. Sebastian Brant wird mit seinem ›Narrenschiff‹ bekannt, Geiler von Kaysersberg mit seinen Predigten und Thomas Murner, Franziskaner, Magister artium, Doktor der Theologie und der Rechte, mit seiner Vergil-Übersetzung, Lehrbüchern der Logik, der Metrik und Rechtswissenschaften sowie mit gepfefferten Moralsatiren.

Im zweiten Jahrzehnt des 16. Jahrhunderts ereignet sich dann inmitten dieser so vielfältigen geistigen, religiösen und künstlerischen Aktivitäten jenes Bildwerk, das zum in der ganzen Welt berühmtesten Kunstdenkmal des Elsaß – in dieser Beziehung sogar die Straßburger Münsterplastik noch übertreffend – werden sollte: des Mathias Grünewald Isenheimer Altar, zu dem heute Jahr für Jahr ungezählte Menschen ins Colmarer Unterlinden-Museum kunstwallfahrten (Farbt. 16, 17).

Einen anderen Künstler gibt es, der, Grünewald an Bedeutung durchaus vergleichbar, das Gedankengut des Humanismus auf- und in die neuen Ausdrucksweisen der Renaissance hineinnahm: Hans Baldung Grien. Er, der neben etlichen Altären und vielen religiösen Bildern mittleren Formats zwischen 1515 und 1517 den Freiburger Hochaltar geschaffen hatte, spürte sehr wohl, wie die Bewegung der Reformation den Künstler mehr und mehr einengte, soweit er sich religiösen Themen zuwenden wollte, wie jetzt aber andererseits der Profankunst ein um so weiteres Feld eröffnet war. Der Maler Hans Baldung bestellte es mit zahlreichen mythologischen und allegorischen Darstellungen, in denen einerseits Todesmotive, andererseits sehr erotische Themen eine bevorzugte Rolle spielen und auch eine ganz neue Freude am nackten menschlichen Körper zum Ausdruck kommt. Bedeutend sind ebenso seine Bildnisse, seine Holzschnitte und Zeichnungen. Er hatte sich nach seiner Lehrzeit bei Dürer in Straßburg niedergelassen und starb hier 1545.

Die Renaissance im Elsaß hat vor allem in den Städten, den kleinen wie den großen, ihre Spur hinterlassen und ihnen vielfach jenes Gesamtbild aufgeprägt, das uns noch heute entgegentritt. Es entstehen repräsentative Gebäude, Rathäuser, Fruchthallen, Patriziersitze und schöne Brunnen – zu denken etwa an die heutige Handelskammer (Abb. 46) oder das Historische Museum, die frühere ›Große Metzig‹ in Straßburg, das Frauenhaus und das Kammerzellsche Haus (Abb. 40, 43) am gleichen Ort, die Rathäuser in Molsheim, Oberehnheim, Mülhausen (Abb. 133, 134), Rufach (Abb. 120) und Ensisheim (Abb. 122), das ›Kopfhus‹ in Colmar (Abb. 100), die Sechseimerbrunnen in Oberehnheim und Börsch (Abb. 76, Farbt. 11), aber auch die Molsheimer Jesuitenkirche (Farbt. 5, 6, Abb. 51–54).

Im 18. Jahrhundert setzt sich immer mehr der klassische französische Stil durch. Zu seinen schönsten Leistungen zählen das Rohan-Schloß in Straßburg (Abb. 37, 39) und das ebenfalls für die Straßburger Fürstbischöfe gebaute Schloß in Zabern (Abb. 63). Bürgerhäuser, Stadtwohnungen und Landsitze des Adels, die dem gleichen Stil nachempfunden wurden, sind heute neben der Renaissancearchitektur die andere Komponente, die das Gesicht des gebauten Elsaß zu wesentlichen Teilen mitbestimmt.

Andererseits kamen von Bayern aus auch Anregungen des Barock ins Land. Ihnen verdanken zahlreiche Kirchen ihre Zwiebelkuppeln, die große, von Peter Thumb errichtete Abteikirche von Ebersmünster (Abb. 95, 96) bei Schlettstadt den Rang eines Meisterwerks der Vorarlberger Schule und die Liebfrauenkirche Gebweiler (Abb. 127)

1 Vorgebirgslandschaft bei Zellenberg nahe Reichenweier

2 WEISSENBURG Handwerkerhäuser an der Lauter

3 WEISSENBURG   Ehemalige Abteikirche St. Peter und Paul, Mittelschiff

4   WEISSENBURG   Salzhaus mit dem Rathaus im Hintergrund

5   WEISSENBURG   Kreuzgang an St. Peter und Paul

6   SURBURG   Ehemalige Abteikirche, Langhausarkaden

8 HAGENAU St. Georg, Inneres gegen Osten
7 WALBURG Ehemalige Abteikirche

9 HAGENAU St. Georg

10 HAGENAU St. Nikolaus, Heiliges Grab   11 BUCHSWEILER Renaissanceportal am Rathaus

12, 13 NEUWEILER Ehemalige Abteikirche, nördliches Querhaus und Vierungsturm; Taufstein

14, 15 NEUWEILER Ehemalige Abteikirche, nördliches Seitenschiffportal; Portal am Querhaus

16/17 NEUWEILER Ehemalige Abteikirche, Bekrönung des Adelphi-Grabes; Heiliges Grab

18/19 NEUWEILER Innenraum der Adelphi-Kirche; Außenansicht
20 NEUWEILER Ehem. Abteikirche, Kapitelle am Querhaus   21 Ruine HOHENBURG, Portal ▷

23 STRASSBURG Münster, mittleres Westportal

24 STRASSBURG Münster, Ausschnitt aus dem Tympanon des Westportals ▷

◁ 22 Ruine LICHTENBERG, ehemaliges Stammschloß der Herren von Lichtenberg

25 STRASSBURG Münster, Standbild der Synagoge am Südportal

das Vorrecht, den Besucher mit einem der schönsten Innenräume zu überraschen.

Während Malerei und Plastik zu jener Zeit mehr die Domäne französischer Künstler sind und es andererseits die fähigsten Elsässer eher nach Paris und noch weiter ins Ausland zieht, floriert das einheimische Kunsthandwerk beachtlich, die Goldschmiedekunst vor allem, die Straßburger Fayence und der Zeugdruck im Oberelsaß, der im Mülhauser Stoffdruckmuseum (Abb. 135, 136) mit sehr schönen Beispielen aus alter und neuerer Zeit belegt wird. Literatur und Wissenschaften haben ebenfalls mehr als nur regional Bedeutendes vorzuweisen: der Historiker Daniel Schöpflin (›Alsatia illustrata‹; ›Alsatia diplomatica‹) ist hier zu erwähnen, ferner der Mathematiker, Physiker und Philosoph Heinrich Lambert (Lambertsches Theorem zur Berechnung von Kometenbahnen; ›Neues Organon oder Gedanken über die Erforschung und Bezeichnung des Wahren und dessen Unterscheidung von Irrtum und Schein‹). Lambert, der ein Lebenswerk von ungewöhnlicher Vielfalt und Gedankentiefe hinterließ, wurde zu einer der glänzendsten Erscheinungen in der Berliner Akademie Friedrichs des Großen.

Alles in allem macht die Entwicklung einer Doppelkultur im Elsaß, je länger, desto mehr Fortschritte. Französische Sprache und Lebensform, Mode und darstellende Kunst, französische Denkweise und eine leichtere Art, zu empfinden, sich mit dem Leben auseinanderzusetzen, durchdringen das angestammte elsässische Wesen immer stärker und führen es vollends zu jener Mittlerrolle zwischen Deutschland und Frankreich, die jetzt endlich, nach zwei sinnlosen Weltkriegen, zu einem friedlichen Nebeneinander und fruchtbaren Miteinander führte.

Freilich: diese Mittlerrolle fordert auch ihren Tribut, das Offensein nach beiden Seiten einen Verlust an Eigenständigkeit. Zwar gab es im 19. Jahrhundert und in der ersten Hälfte des unseren nach wie vor recht achtbare, zum Teil sogar bedeutende künstlerische Talente im Elsaß, aber nur noch wenige, deren Namen in die große Welt hinausgedrungen sind. Und es gibt auch keine lokalen oder regionalen Schulen mehr, in deren Wirken sich das Nachwachsen einer spezifisch elsässischen Kunst von europäischem Rang wie früher erkennen ließe – etwa die Kunst eines Malers wie des bisher noch nicht erwähnten, in der ersten Hälfte des 17. Jahrhunderts schaffenden Straßburgers Sebastian Stoßkopf mit seinen seltsam schönen allegorischen, in ein geheimnisvoll faustisches Hell-Dunkel entrückten ›stillstehenden Sachen‹, die man heute schlicht Stilleben nennt. Oder eines Baumeisters, der heutzutage über eine moderne Allerwelts-Architektur (was schon wenig genug zu besagen hätte) oder über ein getreuliches, die Überlieferung und die Landschaft achtendes Wiederaufrichten von Zerstörtem (was schon sehr viel bedeuten kann) hinausgekommen wäre. Es scheint in der Tat so, als habe sich das Schöpferisch-Elsässische in einer enorm langen Fruchtbarkeitsperiode verausgabt und als sei es auch dadurch vollends gelähmt worden, daß der französische Zentralismus das Elsaß für eine lange Zeit ins provinzielle Abseits drängte. Doch gerade dies hat sich in den letzten Jahren nachhaltig geändert: Straßburg und das Elsaß haben die Rolle eines großen Schaufensters nach Osten zugewiesen bekommen, und dabei wird auch, ungeachtet des von Paris ausgeübten Einflusses auf das Kulturleben, das eigenständig Elsässische heute wieder mehr gefördert als nur geduldet. Hierzu gehört nicht zuletzt das im vergangenen Jahrhundert gegründete Elsässische Mundart-Theater, hierzu gehört überhaupt das Elsässisch-Alemannische als die im ganzen Land verbreitete Volkssprache, die wohl auch in Zukunft nicht aussterben wird.

Hierzu gehört vor allem aber der Elsässer – doch ihn mag man am besten kennen lernen auf der Reise durch sein schönes Land. Bei der zufälligen Begegnung unterwegs bedarf es oft nur eines freundlichen Wortes, um mit ihm ins Gespräch zu kommen, und in den Weinstuben der Städte oder im ländlichen Gasthaus genügt es, sich mit an einen Tisch zu setzen, an dem andere, offenkundig Einheimische bereits sitzen. Die fällige Lektion über den Elsässer wird dann nicht lange auf sich warten lassen ...

Hanauer Land und Wasgenwald

Weißenburg/Wissembourg – Surburg (19 km) – Walburg (7 km) – Hagenau (11 km) – Pfaffenhofen (14 km) – Buchsweiler/Bouxwiller (11 km) – Neuweiler/Neuwiller-lès-Saverne (7 km) – Lützelstein/La Petite-Pierre (10 km) – Domfessel (21 km) – Bitsch/Bitche (27 km) – Obersteinbach (22 km) – Niedersteinbach (2 km) – Burg Fleckenstein (10 km) – Weißenburg/Wissembourg (28 km). Insgesamt 189 km.

Unsere erste Rundreise führt von Weißenburg aus durch eine heitere Parklandschaft, wie sie schon Ludwig XIV. bewunderte, als er sie von der Zaberner Steige aus zum erstenmal erblickte und ausgerufen haben soll: »Welch ein schöner Garten!«

Dieses Hanauer Land, das sich übrigens zu beiden Seiten des Rheins erstreckt, trägt seinen Namen nach den Grafen von Hanau-Lichtenberg, die es von 1480 bis 1736 von der elsässischen Stammburg der Herren von Lichtenberg aus beherrschten. Es ist eine Landschaft, die von der Rheinaue her mit sanften Hügeln, Feldern und Wiesen sich langsam gegen das höhere Gebirge hin vortastet und deren Bild auch durch kleine und größere Wälder immer wieder anmutig belebt wird. Im Hagenauer Forst mit seinen

Wegweisung zu den Sehenswürdigkeiten im Nordelsaß

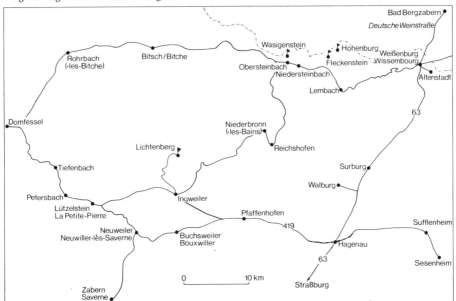

fast 14000 Hektar Ausdehnung erreicht der Wald sogar kolossale Dimensionen, und ohnedies geht er nach Westen und Norden in den zwischen Pfalz und Elsaß brüderlich geteilten Wasgenwald über. Hier wie dort: ein Land der Stille, das allzu sehr bekannt zu machen, fast ein wenig Überwindung kostet. Das Gefühl der Geborgenheit in sich selbst, das von ihm ausgeht, mag den einen oder anderen langweilen; viele aber werden hier schon verloren Geglaubtes wiederfinden und glücklich darüber sein, und wäre es auch nur für einen oder zwei Ferientage.

Weißenburg

Geborgenheit vermittelt, wenngleich auf ihre besondere Weise, auch die erste Station unserer Rundreise: Weißenburg, hautnah an der deutsch-pfälzischen Grenze gelegen. Eine Stadt dem Namen und allen Attributen nach, die sie nicht ohne gesunden bürgerlichen Stolz zur Schau trägt. Und doch vielleicht eher ein zu groß geratenes Dorf – so kommt es einem vor, wenn man abseits der Hauptstraße in den Gassen und stillen Winkeln ihre wohltuende Heimeligkeit erfährt.

Ein Benediktinerkloster, das 631/32 unter der Herrschaft von König Dagobert I. gegründet wurde, steht am Anfang der Geschichte Weißenburgs. Es ist jene später reichsunmittelbare Abtei, in der, wie schon einleitend bemerkt, der Mönch Otfried zwischen 865 und 870 den ›Krist‹ schrieb.

Die Siedlung, die sich im Umkreis dieses Klosters entwickelte, wird 1178 zum erstenmal erwähnt. Von den Staufern privilegiert, seit 1254 dem Rheinischen Städtebund zugehörig, von 1354 an den zehn elsässischen Reichsstädten verbunden, zog Weißenburg das besondere Interesse der Kurpfalz auf sich, die die Abtei mit Reformmönchen zu besetzen und die Stadt an sich zu bringen versuchte. Sie wurde 1469 im ›Weißenburger Krieg‹ vergeblich belagert. 1524 wandelte Papst Clemens VII. die Abtei in ein weltliches Kollegialstift um. Würde und Amt des Propstes waren von 1545 an dem Amt des jeweiligen Bischofs von Speyer verbunden. In der Revolution wurde das Stift aufgehoben.

Der Stadt bereiteten die nie abreißenden kleinen und großen Auseinandersetzungen zwischen weltlichen und geistlichen Herren ein bis in die jüngste Vergangenheit wechsel- und leidvolles Schicksal. Sie sah Franzosen und Österreicher, königliche Württemberger und kaiserliche Deutsche als Eroberer und Verlierer in ihren Mauern. Ihre heutigen ›Besatzer‹ aber sind nur mehr friedliche Touristen, für die sie sich adrett herausgeputzt hat.

Das *Rathaus*, ein repräsentativer klassizistischer Neubau von 1741/52 nach den Plänen des Straßburger Bistumsarchitekten Joseph Massol, steht an der Stelle des 1677 verbrannten mittelalterlichen Baues (s. Abb. 4). Von hier ist es nur ein kurzes Stück Wegs zur ›Salzbrücke‹ über die Lauter, vor der sich links an der Straße das *Salzhaus* mit seinem gewaltigen dreigeschossigen und ein wenig windschief gewordenen Dach erhebt (Abb. 4). Es war 1448 als Spital erbaut worden und diente später als Salzlager. Zur Rechten erstreckt sich längs des hier durchfließenden Armes der Lauter eine gepflegte, blumengeschmückte Grünanlage, die von einer malerischen Häuserzeile begleitet wird, darin das Haus ›Zur alten Krone‹ aus dem Jahr 1491 und das palaisartige *Haus Vogelsberger,* dessen Erbauer, der Landsknechtoberst Bastian Vogelsberger, 1548 auf Befehl Karls V. in Augsburg enthauptet wurde, weil er mit zwei Fähnlein Reitern zur Krönung Heinrichs II. nach Reims gezogen war. Sein Bildnis über dem holzgeschnitzten Renaissanceportal erinnert an ihn.

Dann aber erwartet uns Weißenburgs bauliches Prunkstück, die ehemalige Klosterkirche und heutige Pfarrkirche *St. Peter und Paul* (Abb. 3, 5), nach dem Straßburger Münster die größte gotische Kirche des Elsaß. Von der Salzbrücke aus erreichen wir sie entweder direkt mit wenigen Schritten, oder auf einem kleinen, durchaus lohnenden Umweg, links abbiegend und vorbei an der alten Zehntscheuer, der ehemaligen Kammerkomturei des Deutschritterordens, dem Stanislaus-Spital, dem ›Schartenturm‹ der früheren Klosterbefestigung und an dem prächtigen Gebäude der Unterpräfektur, das 1784 als Dechanei des Stiftes errichtet wurde.

Die früheste Kirche an der Stelle von St. Peter und Paul war 985 zerstört worden. 1074 folgte ein romanischer Bau, von dem der Glockenturm in die unter Abt Edelin (1262–93) begonnene, im 14. Jahrhundert vollendete Neuanlage einbezogen ist. Wenn der Begriff des Klassischen Schönheit und ausgewogene Maßverhältnisse meint, dann ist der vor kurzem renovierte gotische Innenraum dieser Kirche im besten Sinne klassisch zu nennen (Abb. 3). Eine Besonderheit der von einem Vierungsturm überkrönten Pfeilerbasilika ist ein zweites verkürztes Seitenschiff an der Südseite, sind aber auch die tief herabgezogenen, jedoch größtenteils verblendeten Obergadenfenster.

Der Größe und dem Adel dieses Raumes ist auch die Qualität seiner Bauplastik angemessen: Kapitelle mit prächtigem Laubwerk und Konsolfiguren an den westlichen Vierungspfeilern, das Relief eines handtuchhaltenden Engels über der Piscina im Chor, an der südlichen Querhauswand eine schöne achtteilige Rose, im südlichen Seitenschiff ein in feingliedriger Architektur aufgeführtes Heiliges Grab, dessen figürliche Teile nur leider noch mehr verstümmelt sind als der Aufbau selbst. Die Christusfigur ist neu.

Die wertvollen Glasmalereien in den Chorfenstern sowie im Rundfenster und der Rose des Querhauses stammen aus dem 12. bis 14. Jahrhundert, die zahlreichen Wandgemälde, darunter ein riesiger Christophorus, aus dem Übergang zum 15. Jahrhundert.

Durch eine unscheinbare Tür im nördlichen Schiff oder, falls diese geschlossen ist, auch über einen Außeneingang erreicht man den nur teilweise noch erhaltenen, aber mit seinen reich ausgeführten Maßwerkfenstern unbedingt sehenswerten Kreuzgang, den Kenner als einen der schönsten seiner Art bezeichnen (Abb. 5).

Vom Kreuzgang ist es nicht weit zu der nordwestlich gelegenen Lauterbrücke, die einen reizvollen Blick auf das altertümliche Bruch-Viertel und den ›Husgenossenturm‹ am oberen Wehr gewährt. Unmittelbar bei der Brücke steht das *Haus des Ami Fritz,* das nach einer Filmaufnahme im Jahr 1932 so benannt wurde. Damals diente der Bau, dessen Erker und Portal gute Beispiele der elsässischen Frührenaissance sind, als Staffage.

Mit der Lauter wieder ein kleines Stück in Richtung Stadtmitte gehend, läßt man das Haus Vogelsberger rechts liegen und gelangt zur protestantischen *Pfarrkirche St. Johann.* Vierung und quadratischer Turm stammen aus staufischer Zeit. Die 1945 bei einem Bombenangriff schwer beschädigte Kirche, ein Saal mit nördlichem gotisch gewölbtem Seitenschiff und südlicher Seitenkapelle hat eine neue Flachdecke erhalten. Das Chorgestühl geht auf 1514 zurück. Freigelegt wurden einige bemerkenswerte Fresken.

Die inzwischen weitgehend erneuerte Kirche erinnert an Martin Bucer, der hier 1523 die Fahne der Reformation erhob. Zweihundert Jahre später, am 22. Juli 1725, verkündete ein Kapuzinerpater von ihrer Kanzel die Heirat Ludwigs XV. mit der polnischen Königstochter Marie Leszczynska, die mit ihrem Vater, Stanislaus Leszczynski, nach dessen Absetzung im Weißenburger Stanislaus-Spital Zuflucht gefunden hatte.

Aus der Johanneskirche heraustretend, mag der Besucher auf eigene Faust die Gassen und Gäßchen der alten Stadt entdecken, doch das *Haus Westercamp* (1535) in der gleich anschließenden Johannesgasse (Rue St. Jean), ehemaliges Zunfthaus der Pfeifer und Winzer, heute Stadtgeschichtliches Museum (mittwochs geschlossen), sollte er wegen seines prachtvollen Fachwerkobergeschosses und der fränkischen Erker ebenso wenig versäumen wie das stattliche Patrizierhaus in der Wollengasse 20 (Rue de la Laine) oder den ›Holtzapfel‹ in der Hauptstraße 13 (Rue de la République), der im 15. Jahrhundert Stadtburg eines kaiserlichen Vogts war und später als Stadtherberge und Pferdepost-Station diente. Zu seinen illustren Gästen zählte auch Napoleon I. Und wen es drängt, bei seinem Rundgang auch einmal einen Blick in einen der schönen, meist blumengeschmückten Innenhöfe zu werfen, der wird in aller Regel freundliche Bereitschaft vorfinden, ihm Tür und Tor zu öffnen.

Surburg

Die ehemalige Abteikirche in der Gemeinde Surburg, die wir von Weißenburg aus auf der Nationalstraße 63 erreichen, ist eines jener elsässischen Baudenkmäler, die zu Unrecht in den Schatten größerer und prominenterer Sakralbauten getreten sind. Die kreuzförmige Basilika im frühromanischen Stil, steinerner Zeuge einer schon im frühen siebenten Jahrhundert hier bestehenden Benediktinerabtei, wurde in der Mitte oder im dritten Viertel des 11. Jahrhunderts errichtet, der dem flachgedeckten Langhaus angegliederte Langchor mit gotischem Kreuzgewölbe im 15. Jahrhundert hinzugefügt.

Die kraftvolle Statur dieses Baus, seine gedrungene Schwere mag primitiv nennen, wer will. In Wahrheit ist sie das Ergebnis einer sehr bewußten Entwicklung zum Einfachen hin, zu einer Gestalt von beispielhafter Klarheit und Einheitlichkeit, in der jedes einzelne architektonische Element auf die Ordnung des Ganzen bezogen ist und vom Betrachter auch so empfunden wird. Die dieser Architektur innewohnende Spannung rührt nicht zuletzt aus dem rhythmischen Wechsel von Pfeiler und Säule her (Abb. 6). Die kräftigen Blendbogen, die den Langchor gliedern, verweisen auf Limburg und Speyer. Was in dieser Kirche schon auf den ersten Blick auffällt, ist das mit äußerster Sorgfalt bearbeitete, kleinsteinige und hammerrechte Mauerwerk, sind die wie geschliffen wirkenden Quader der Arkaden und Vierungspfeiler und die zarten Reliefs der Würfelkapitelle. Klein, aber fein: ein Allerweltswort – doch in Surburg fällt es einem unwillkürlich ein.

Walburg

Vier Kilometer weiter auf der N 63 zweigt rechts ein kleines Sträßchen nach Walburg ab. An diesem Ort war an der Stelle einer seit 1074 eingerichteten Eremitenzelle zu Anfang des 12. Jahrhunderts eine Benediktinerabtei gegründet worden. Sie stand, nachdem Herzog Friedrich von Schwaben, der Vater Kaiser Friedrich Barbarossas, darin seine letzte Ruhestätte gefunden hatte, unter dem besonderen Schutz der Staufer, die sie zu hoher Blüte führten. 1687 kam sie in den Besitz der Bischöfe von Straßburg, die hier ein Priesterseminar einrichteten.

Die Seitenschiffmauern der Kirche gehörten schon zur ursprünglich romanischen Anlage. Der Neubau mit einfachem saalartigem Langhaus und gestrecktem Chor in spätgotischen Formen wurde in der Mitte des 15. Jahrhunderts aufgeführt. Sehr eigenartig wirkt der querrechteckige Turm mit steilem Walmdach, der ziemlich genau in der Mitte des Baukörpers sitzt und den Chor in seiner ganzen Breite überdeckt (Abb. 7).

Der Gesamteindruck dieser Kirche ist schlicht, ihre besondere Schönheit steckt im Detail: in den farbigen Chorfenstern vor allem, von denen die drei mittleren zusammen mit den 1862 im Chor freigelegten Wandmalereien ein theologisches Programm mit Marienleben, Kindheit und Passion Jesu sowie Geschichte Johannes des Täufers darstellen. Die beiden äußeren Fenster zeigen Heiligenfiguren. Der nicht mit Sicherheit bekannte Maler des Fenster-Zyklus wird als ›Walburger Meister von 1461‹ angesprochen und könnte ein Mitarbeiter Peter Hemmels, unter Umständen auch Hemmel selbst gewesen sein.

Zur weiteren Ausstattung, die Beachtung verdient, gehören Figuren eines aus der Zeit der Chorweihe stammenden Altaraufsatzes, die ›Meister Clemens de Badenwiler‹ laut Inschrift 1484 farbig faßte: Muttergottes, Philippus, Jakobus, Benedikt, die Namenspatronin Walburga, Agnes und Barbara. Das Sakramentshäuschen empfiehlt sich als sehr feine, im 19. Jahrhundert restaurierte Arbeit aus der Zeit um 1510. Auf dem Altar der Südseite steht eine in Holz gearbeitete, weiß gefaßte Immaculata (um 1770), die ausgesprochen elegant wirkt. Auch die zwei zu einer Kreuzigung gehörenden Steinfiguren der Maria und des Johannes am Pfarrhaus haben hohe Qualität.

Hagenau

Von Walburg wieder zur N 63 zurückfahrend, erreichen wir in wenigen Minuten Hagenau, die Stadt, auf die einmal aller Glanz des Stauferreichs gefallen war. Wer indessen hofft, dieser großen politischen und künstlerischen Vergangenheit hier an allen Ecken und Enden wiederzubegegnen, den wird die heutige Industrie- und Handelsstadt, ein wirtschaftlich übrigens sehr gesundes Gemeinwesen, enttäuschen müssen. Denn Hagenau wurde im Dreißigjährigen Krieg von Mansfeld gebrandschatzt, 1632 von den Schweden besetzt, 1679 mit den zehn elsässischen Reichsstädten endgültig Frankreich einverleibt. Daß die Franzosen die Befestigungen, die mit 54 Türmen besetzte Stadtmauer schleifen ließen, mag noch verständlich sein. Daß sie darüber hinaus die Stadt vollends niederbrannten und die in aller Welt bewunderte Kaiserpfalz abbrachen, entsprang einer Mentalität, über die erst weitere Jahrhunderte das Gras wachsen ließen, an das heute glücklicherweise keiner mehr rühren möchte.

Hagenau. Nach Johann Daniel Schöpflin, Alsatia illustrata, Colmar 1761

Druckersignet des Thomas Anshelm in Hagenau. Entwurf von Hans Baldung

So also kam es, daß von dem alten Hagenau nur die beiden Kirchen St. Georg und St. Nikolaus, von der Stadtbefestigung der starke *Ritterturm*, das Untergeschoß des *Weißenburger Tors* und am Ausfluß der Moder das *Fischertor*, von den stattlichen Bürgerbauten aus dem 15. und 16. Jahrhundert einige wenige übrigblieben. Sehenswert sind in erster Linie das 1494 von der Stadt erworbene *Kaufhaus* (Douane), dann die *Kanzlei*, der *Fleckensteiner Hof* in der Fleckensteingasse, der ehemalige *Spitalspeicher* in der Spinnergasse (Rue de la Filature) und gewiß auch noch das eine oder andere schöne Haus aus dem 18. Jahrhundert, das dem Besucher bei einem Rundgang von allein auffallen wird. Das um die letzte Jahrhundertwende in kopiertem Renaissance-Stil errichtete, in den letzten Jahren gründlich renovierte *Historische Museum* birgt neben reichhaltigen ortsgeschichtlichen Sammlungen, Hügelgräberfunden, Münzen und Frühdrucken u. a. auch einige Bruchstücke der ehedem zur Kaiserpfalz gehörenden Bauplastik.

Von der 1184, nach einer anderen Lesart 1189 geweihten *Pfarrkirche St. Georg* ist das ursprünglich flachgedeckte, erst 1609/11 hochgewölbte Langhaus als romanisches Kernstück erhalten. Querhaus und Chor wurden in der zweiten Hälfte des 13. Jahrhunderts gotisch hinzugebaut und die Seitenschiffe mit Kreuzrippengewölben versehen. An Qualität sind beide Komponenten, die romanische wie die gotische, einander ebenbürtig. Es fällt jedoch auf, wie relativ schmucklos die Architektur dieses kraftvollen, in seinen Proportionen ausgewogenen Raumes ist, strenger in seiner Wirkung jedenfalls, als man dies von einer spätromanischen elsässischen Kirche erwartete. Tatsächlich steht St. Georg der von Hirsau begründeten romanischen Bautradition Schwabens näher als der gleichzeitigen elsässischen Baukunst (Abb. 8, 9).

Bemerkenswert sind die Steinkanzel von Veit Wagner (1500) mit figürlichen Reliefs der Evangelisten und Kirchenlehrer und einem Relief der St.-Georgs-Legende an der Treppenwange, ferner die geschnitzte Kolossalfigur des gekreuzigten Christus von Clemens von Baden (1488) und ein fast 10 Meter hohes gotisches Sakramentshäuschen, das um 1520 entstand und von Kennern als die beste Steinmetzarbeit dieser Art im Elsaß bezeichnet wird.

Kaiser Friedrich I. Barbarossa ist der Gründer der *Kirche St. Nikolaus*, die ursprünglich Spitalkirche war, 1189 den Prämonstratensern übergeben und 1208 zur Pfarrkirche erhoben wurde. Hiervon erhalten geblieben ist nur noch ein Teil des Turmes. Der gotische Neubau, eine dreischiffige Basilika ohne Querhaus, besticht durch seine reinen Formen und den schlanken Wuchs seiner Architektur. Ein spätgotisches Heiliges Grab im rechten Seitenschiff ist eine erstrangige Bildhauerarbeit (Abb. 10). Bemerkenswert auch der gotische Taufstein in der 1932 neu errichteten Taufkapelle, sowie als prachtvolle Schnitzwerke das Orgelgehäuse, Kanzel und Chorgestühl aus der Ende des 18. Jahrhunderts zerstörten Zisterzienserabtei Neuburg.

Von Hagenau aus ist ein Abstecher möglich zu dem Töpferdorf *Sufflenheim* (14 km) mit seinen verlockenden Angeboten bodenständiger Handwerkskunst und weiter nach *Sesenheim* (6 km), dem Ort der bittersüßen Liebesgeschichte, die sich um Goethe und die Sesenheimer Pfarrerstochter Friederike Brion entspann. Zur Erinnerung an diese Begebenheit wurde die ›Alte Wache‹ zur Goethe-Gedenkstätte umgebaut, und im Gasthaus ›Zum Ochsen‹ hat der Wirt aus eigener Initiative vielerlei Andenken an Goethe und Friederike zu einem liebenswerten kleinen Museum zusammengetragen.

Ein zwar etwas größeres, doch in seinem ganzen Zuschnitt ebenfalls sehr privates Museum liegt, wenn wir vom Sesenheimer Abstecher nach Hagenau zurückgekehrt sind oder von vornherein gleich von hier aus die Weiterfahrt auf der Straße 419 antraten, an

Pfarrhaus und Scheune in Sesenheim. Rötelzeichnung von J. W. von Goethe

Friederike Brion. Silberstiftzeichnung von J. F. A. Tischbein

eben dieser Straße inmitten von *Pfaffenhofen*. Zu sehen ist hier bodenständige, heimatgebundene Kunst, die in einigen Beispielen von Hinterglasmalerei beachtliche Höhe erreicht. In etwa vierteljährlichem Abstand gibt es darüber hinaus kleine Sonderausstellungen, zu denen auch andere Museen und Privatsammler beitragen. Allgemeine Öffnungszeiten sind die Mittwoch-, Samstag- und Sonntagnachmittage, doch wer ein gesteigertes Interesse hat, der wird selten vergeblich beim Notar Dr. Lotz, dem Initiator und spendablen Mäzen dieses Museums, vorsprechen. Sein Haus liegt ein paar hundert Meter weiter geradeaus. Weiter geradeaus führt auch unsere Rundreise, bis nach etwa vier Kilometern links eine Straße nach Buchsweiler abzweigt.

Buchsweiler

Eine biedere, beschauliche Kleinstadt ist Buchsweiler heute. Das war nicht immer so, denn die Vogteiherren von Lichtenberg, die den Ort 1343 zur Stadt erhoben hatten, richteten hier ihre Fürstenresidenz ein. Von dem aufwendigen Schloß, das die Landgrafen von Hessen-Darmstadt im 18. Jahrhundert bauten, und von dem berühmten ›Herrengarten‹ – beides ein Klein-Versailles, wie es die Zeitgenossen nannten – ließ die Revolution nicht mehr viel übrig. Der Rest wurde zu Anfang des 19. Jahrhunderts vollends abgebrochen.

Lange vorbei sind auch die turbulenten Tage des ›Buchsweiler Weiberkriegs‹ (1462), an dem die im kunsthistorischen Überblick bereits erwähnte Bärbel von Ottenheim schuld war. Die schöne Mätresse beherrschte ihren gräflichen Liebhaber Jakob von Lichtenberg so mit Haut und Haaren und forderte durch ihn so viele Opfer von den Untertanen, daß es anläßlich eines wieder einmal ausgerufenen Frontags für die Männer zum Aufstand der Weiber kam. Sie zogen mit Heugabeln und Bratspießen, Äxten und Prügeln vor das Schloß und erreichten, daß Bärbel aus ihm verbannt wurde. Der Hexerei angeklagt, entging sie dem Tod auf dem Scheiterhaufen nur dadurch, daß sie sich im Hagenauer Kerker selbst das Leben nahm.

Geblieben aus früherer Zeit sind in Buchsweiler einige interessante Baudenkmäler, als das bedeutendste unter ihnen die 1658/63 erbaute *Kanzlei,* ein gutes Beispiel für die elsässische Renaissance. Heute dient der Kanzleibau mit seinen prachtvollen Portalen als Rathaus (Abb. 11). Die *Rentkammer* nebenan stammt aus der Mitte des 18. Jahrhunderts. Die langgestreckte *Orangerie* auf der Südseite des Schloßplatzes sowie Teile des ehemaligen Marstalls, die für das Gebäude der Post wiederverwendet wurden, gehören ebenfalls noch zum alten Baubestand, während die an der Stelle des untergegangenen Schlosses errichtete Schule, das heutige Gymnasium, ein Stück historisierende Architektur aus dem Ende des vergangenen Jahrhunderts ist.

Ansonsten bedarf es in Buchsweiler keiner besonderen Führung. Der alte Stadtkern ist so klein beieinander, daß man geruhsam schlendernd und schauend seine reizvollen Straßenbilder, die alten Häuser mit vorkragendem Obergeschoß, geschnitzten Eckbalken und reichem Fachwerk, die schmucken Giebel und gezierten Erker wie auch die zu kurzem Verweilen einladenden stillen Winkel bald entdeckt haben wird. Wer will, mag einen Blick in die evangelische Stadtkirche mit ihren zweistöckigen bemalten Emporen, einer Steinkanzel aus der Zeit um 1615 und einer Silbermann-Orgel in großzügig ausgestattetem Gehäuse werfen. Auch ein reichhaltiges historisches und volkskundliches Museum lohnt einen Besuch.

Über Buchsweiler erhebt sich der 326 Meter hohe, als Hexenberg berüchtigte und von vielen Sagen umwobene Bastberg, in dessen jurassischem Kalkgestein viele Versteinerungen aus früher erdgeschichtlicher Zeit gefunden wurden. Goethe erwähnt ihn ausführlich in seinen Lebenserinnerungen, und dies nicht nur wegen der Fossilien, die er dort fand, und die sein naturwissenschaftliches Interesse geweckt hatten; auch die Aussicht von der kahlen Höhe herab hatte es ihm sehr angetan, und er beschreibt sie in Worten, die der eine oder andere hier vielleicht gern einmal in einer ruhigen Viertelstunde nachempfinden möchte:

»Man steht auf dem letzten Vorgebirge nach dem Lande zu; gegen Norden liegt eine fruchtbare, mit kleinen Wäldchen durchzogene Fläche, von einem ernsten Gebirge begrenzt, das sich gegen Abend nach Zabern hin erstreckt, wo man den bischöflichen Palast und die eine Stunde davon liegende Abtei St. Johann deutlich erkennen mag. Von da verfolgt das Auge die immer mehr schwindende Bergkette der Vogesen bis nach Süden hin. Wendet man sich gegen Nordost, so sieht man das Schloß Lichtenberg auf einem Felsen, und gegen Südost hat das Auge die unendliche Fläche des Elsasses zu durchforschen, die sich in immer mehr abduftenden Landschaftsgründen dem Gesicht entzieht, bis zuletzt die schwäbischen Gebirge schattenweis in den Horizont verfließen.«

Neuweiler

Die Geschichte des kleinen Städtchens Neuweiler, nur wenige Autominuten von Buchsweiler entfernt, ist eng verbunden mit der 726 gegründeten Benediktinerabtei. Es wird vermutet, daß zu diesem Zeitpunkt der Heilige Pirmin die Leitung einer schon bestehenden, älteren Niederlassung übernahm. Als ein Jahrhundert danach die Gebeine des Metzer Bischofs Adelphus nach Neuweiler verbracht wurden, entwickelte sich eine blühende Wallfahrt.

1496 wurde die Abtei in ein weltliches Kollegialstift umgewandelt, dem dann die Französische Revolution ein Ende setzte. Geblieben ist die *Stiftskirche St. Peter und Paul*, ein imponierender Bau, der am Rande eines riesigen, von ehemaligen Stiftsgebäuden umgebenen Platzes ungeschmälert zur Geltung kommt (Abb. 12).

Die Anfänge des heutigen Kirchenkomplexes reichen in die frühsalische Zeit zurück; sie sind etwa in die Mitte des 11. Jahrhunderts zu datieren und in Form der Doppelkapelle erhalten geblieben, die jetzt dem Hauptbau angehängt erscheint. Ihr Untergeschoß ist identisch mit der dreischiffigen Katharinen-Kapelle; die Oberkapelle, eine flachgedeckte Basilika, wurde dem heiligen Sebastian geweiht und überrascht den Besucher mit Würfelkapitellen, die mit Tier- und Pflanzenmotiven überreich geschmückt sind. Hier werden auch vier wertvolle Wandbehänge aufbewahrt, die in farbenfrohen Szenen die Legende des Heiligen Adelphus mit geradezu rührender Naivität erzählen (Farbt. 8, 9). Sie waren gewirkt worden für das Chorgestühl der benachbarten Adelphikirche (wechselnde Besichtigungszeiten, ggf. Anfrage im Pfarrhaus).

Als einer der wenigen Reste karolingischer Baukunst im Elsaß ist im Anschluß an die Doppelkapelle ein tonnengewölbter Raum erhalten geblieben, der unter dem Chor von St. Peter und Paul liegt und sowohl von der Katharinenkapelle wie von der Kirche aus erreichbar ist. Er entstand vermutlich im Zusammenhang mit der Überführung des heiligen Adelphus hierher.

Der kleine Chor, der Vierungsturm, das Querhaus und das erste Langhaus-Doppeljoch der heutigen Abteikirche, die nach einer Zerstörung des Klosters im Jahr 1177 neu erbaut oder der Vorläuferkirche gegenüber zumindest grundlegend verändert wurde, sind romanisch und romanisch-gotischer Übergangsstil, während mit fortschreitender Bauzeit, die bis ins 13. Jahrhundert hinein dauerte, die burgundisch-frühgotischen Bauelemente mehr und mehr das Bild beherrschen. Der allmähliche Übergang läßt sich sehr informativ auch an den beiden Nordportalen ablesen: das ältere Portal am Querhaus steht noch ganz in der romanischen Tradition; die Kapitelle (Abb. 20) seiner flankierenden Säulen sind mit ähnlichen phantastischen Tier- und Menschengestalten besetzt wie die Portalkapitelle anderer romanischer Kirchen im Elsaß, etwa in Lautenbach (Abb. 129) oder Sigolsheim (Abb. 107). Demgegenüber ist das prachtvolle zweite Nordportal am Langhaus – ungeachtet seines Rundbogens mit dem Weltenrichter zwischen Engeln im Bogenfeld – vertikal schon so stark aufgelöst und fein gegliedert, wie es eben nur die Gotik im Sinn haben konnte.

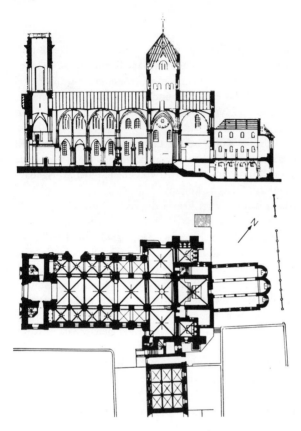

Neuweiler. Stiftskirche St. Peter
und Paul, Schnitt und Grundriß

Gotisch ist im Innern auch das säulengetragene Adelphigrab (Abb. 16), ist ferner ein Heiliges Grab (Abb. 17) an der Stirnwand des linken Seitenschiffs, während der auf seltsamen, sphinxhaften Wesen ruhende Taufstein (Abb. 13) wieder auf die Romanik zurückweist. Bemerkenswert sind eine sitzende Madonna im rechten Querhaus und eine stehende Muttergottes im rechten Nebenchor, beide aus dem 15. Jahrhundert. Auch der üppige Orgelprospekt, eine Bildhauerarbeit ersten Ranges aus den siebziger Jahren des 18. Jahrhunderts, verdient Beachtung. Merkwürdig fremd auf den ersten Blick und bei längerer Betrachtung doch wie selbstverständlich in den Plan des Ganzen sich einfügend wirken Fassade und Turm, die dem Langhaus auf der Westseite zur Barockzeit vorgesetzt wurden, jedoch über den Barock schon wieder hinausweisend frühklassizistisch empfunden sind.

Jenseits der Straße an der Rückfront von St. Peter und Paul öffnet sich ein Platz, an dem der zweite große Kirchenbau Neuweilers steht: die *Adelphikirche*. Das heute protestantische Gotteshaus war als Pfarrkirche erbaut worden und bewahrte ursprünglich die Reliquien des heiligen Adelphus. Erwähnt wird sie zum erstenmal 1147. Der spätromanische Neubau, eine dreischiffige Basilika aus den Jahren zwischen 1220 und 1235, verweist auf die gleiche Bauhütte, die auch an den Ostteilen der Stiftskirche tätig war. Der heutige Baukörper schließt mit dem Querhaus ab; der gotische Hallenchor aus dem 14. Jahrhundert, der den ursprünglichen Drei-Apsiden-Chor ersetzt hatte, stürzte 1822 ein.

Der Innenraum von St. Adelphi wirkt recht wuchtig, fast ein wenig derb (Abb. 18) – ganz im Gegenstück zur Außenansicht mit den beiden schlanken Rundtürmchen, dem Säulenportal und dem darüber liegenden Radfenster (Abb. 19). Eine Nische mit Maßwerkresten im nördlichen Querhaus birgt Figuren der trauernden Maria, des Johannes und eines Stifters, die wohl zu einer Kreuzigung gehörten und der Werkstatt des Conrad Seyfer zugeschrieben werden (um 1490).

Lützelstein

In einer guten Viertelstunde Autofahrt erreicht man von Neuweiler, durch immer waldreicheres Gelände ansteigend, den kleinen Ort und die Burg Lützelstein. Das Städtchen ist ein beliebtes Ferienziel und das Zentrum des Naturparks der Nordvogesen.

Die großenteils im 18. Jahrhundert errichteten Häuser der Hauptstraße, die sich wie die ganze alte Anlage über einen felsigen, ehedem stark befestigten Bergsporn erstreckt, bilden ein malerisches Ensemble. Die Straße führt geradewegs zum Schloß auf der äußersten Felsspitze, das noch bewohnt ist und im übrigen die Forstbehörde beherbergt.

Ursprünglich war die Siedlung der Hauptort der gleichnamigen Grafschaft. Die *Burg* wurde in den Jahren nach 1200 gebaut; aus dieser Zeit sind auch noch einige Bauteile in dem talwärts gelegenen Palas erhalten. Die heute genutzten Gebäude gehen teilweise auf das 16., zum anderen Teil auf das 17. bis 19. Jahrhundert zurück. Von einem Renaissanceportal, einem Treppenturm und einem ornamentierten Brunnentrog abgesehen, ist der bauliche Bestand im einzelnen nicht sonderlich bemerkenswert, wohl aber, wenn man das Ganze dieser ehemaligen Wehrburg betrachtet und es auch im Zusammenhang mit seiner reizvollen landschaftlichen Umgebung erlebt. Dann gewahrt man mit einemmal seinen eigentümlichen rustikalen, ganz und gar friedlichen Charme, der so gar nichts mehr von einer doch recht bewegten Geschichte zu verraten scheint. In ihr spielte, wenngleich mehr am Rande, auch jener Dompropst Burkhard Graf von Lützelstein eine Rolle, der 1393 zum Bischof von Straßburg gewählt wurde, dann jedoch in seinem Amt resignierte, mit päpstlicher Erlaubnis heiratete und zwei Söhne hatte. Diese beiden, die letzten ihres Stammes, verloren 1452 die ganze Grafschaft an die Kurpfalz, von der sie wiederum durch Familienverträge an Pfalz-Zweibrücken und danach an Pfalz-Veldenz-Lützelstein gelangte.

Ein wenig Geschichte hat hier auch eine Episode mit Hans von Sickingen gemacht, der Lützelstein 1522 im Auftrag seines Vaters Franz, des ›letzten deutschen Ritters‹, berannte, mit seiner Attacke jedoch scheiterte. Immerhin hatte er damit den Krieg der Fürsten von Pfalz, Trier und Hessen gegen seinen Vater ausgelöst, in dem dieser sein Leben verlor.

Von der Burg wieder zurückgehend ins ›Städtel‹, wie die Lützelsteiner ihre Altstadt nennen, bliebe noch der *Kirche* ein kurzer Besuch abzustatten. Ihr Chorgewölbe wurde um 1420 mit beachtlicher Kunstfertigkeit ausgemalt, und an der Südwand befindet sich ein Renaissance-Grabmal für den Pfalzgrafen Johann August, das auch in seinem ziemlich heruntergekommenen Zustand noch ahnen läßt, wie prächtig es wohl einmal aussah.

Domfessel

Aus der Zusammenlegung der Herrschaft Lützelstein mit der nassauischen Grafschaft Saarwerden und ihrer Zuordnung zum Département Bas-Rhin ist während der Französischen Revolution ein schmales Stück Elsaß entstanden, das sich wie eine Halbinsel zwischen lothringisches Gebiet schiebt und allgemein das ›Krumme Elsaß‹ genannt wird. Wir durchfahren es ziemlich genau auf einer gedachten Mittellinie, wenn wir uns jetzt von Lützelstein aus nordwestwärts über Petersbach und Tiefenbach nach Domfessel auf den Weg machen. Hier erwartet uns eine der schönsten Dorfkirchen des Elsaß, eine dreischiffige *gotische Basilika* aus dem zweiten Viertel des 14. Jahrhunderts mit interessanten Tierdarstellungen, die die Pfeiler des Strebesystems bekrönen. Bemerkenswert sind auch Bemalung und Gliederung der Südwand im Innern mit Maßwerk und Rosetten sowie das Chorgewölbe. Von der Friedhofbefestigung ist ein gotischer Torturm aus dem 15. Jahrhundert erhalten.

Burgen im Wasgenwald

Ungeachtet noch mancher Sehenswürdigkeit in der nächsten Umgebung von Domfessel, etwa in Mackweiler, Saarunion oder Saarwerden, ist es jetzt doch an der Zeit für den Rückweg, der uns zum Teil durch lothringisches Gebiet führen wird, vorbei an Rohrbach und Bitsch mit seinen Festungsanlagen, bis wir zwischen Stürzelbronn und Obersteinbach wieder elsässisches Gebiet erreicht haben. Wir befinden uns inmitten eines freundlich-heiteren, mäßig hohen Waldgebirges mit vielen anmutigen Tälern und Bachauen – eine Landschaft, die zum Schauen und Wandern einlädt und eigentlich zu schade dafür ist, daß man sie mit dem Auto durcheilt.

Im Wasgenwald reihen sich die Schlösser und Burgen – oder was von ihnen übrig blieb – aneinander wie die Perlen an einer Schnur. Drei von ihnen könnten den Abschluß unserer Rundfahrt bilden, wobei freilich nur der Fleckenstein ohne die unzeitgemäße Mühe der Fortbewegung aus eigener Kraft erreichbar ist.

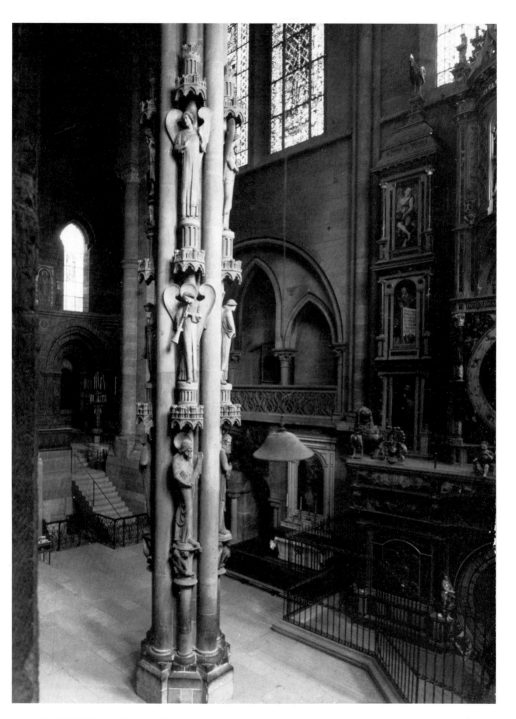

26 STRASSBURG Münster, Engelspfeiler

27 STRASSBURG Münster, Verführer und törichte Jungfrauen am südlichen Westportal

28/29 STRASSBURG Münster, Marienkrönung und Marientod am Südportal

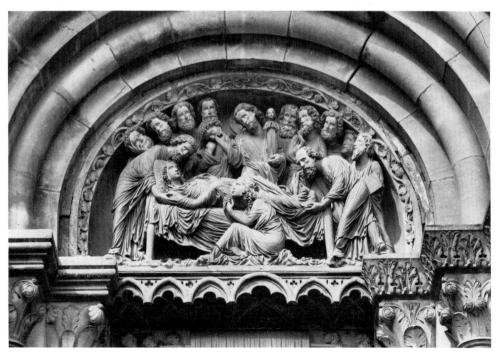

30–33 STRASSBURG Münster, spätgotische Steinkanzel und astronomische Uhr;
König Salomo, Mittelpfeiler des Südportals (im 19. Jh. erneuert) und Kaiserfenster

34/35 STRASSBURG Gerhaert von Leyen, Selbstporträt (?) (Frauenhausmuseum); Die Schöne Straßburgerin, Gemälde von Nicolas de Largillière (Kunstmuseum)

36/37 STRASSBURG Kachelofen-Aufsatz (Elsässisches Museum); Prachtsalon im Rohan-Schloß

38 STRASSBURG Blick über die Gedeckten Brücken auf Stadt und Münster

40 STRASSBURG Haus Kammerzell ▷

39 STRASSBURG Rohan-Schloß aus der Münster-Perspektive

41 STRASSBURG Turm von St. Thomas   42 STRASSBURG St. Thomas, Grabmal des Moritz von Sachsen

43/44 STRASSBURG Details vom Haus Kammerzell und einem Haus in der Krämergasse

46/47 STRASSBURG   Handelskammer und Gutenberg-Denkmal; Opernhaus
◁ 45   STRASSBURG   Klein-Frankreich-Idyll (Gerberviertel)

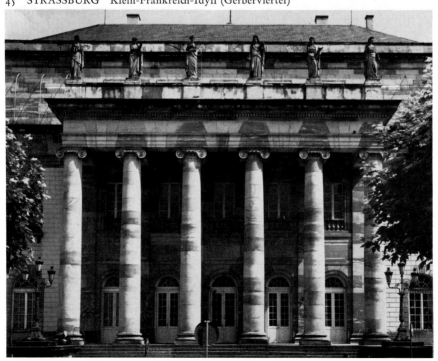

48 ALTDORF Ehemalige Klosterkirche

49/50 ALTDORF Detail am Südportal; Westportal

51 MOLSHEIM Jesuitenkirche

52/53 MOLSHEIM Jesuitenkirche, Figuren an den Säulenbasen der Querhausflügel

54 MOLSHEIM Jesuitenkirche, Taufstein (1624)

55 MOLSHEIM Metzig (jetzt Museum) 56 DOMPETER bei Avolsheim ▷

57/58 MAURSMÜNSTER Ehemalige Abteikirche, Detail der Westfassade und Säulenkapitell in der Vorhalle

59 MAURSMÜNSTER Seltsame Fabelwesen auf der Westfassade der Abteikirche

Von Obersteinbach aus führt ein wenig anstrengender Weg in einer guten Dreiviertelstunde zur Burg *Wasigenstein*, die aber auch noch bequemer zu erreichen ist, wenn wir zunächst in Richtung Niedersteinbach weiterfahren und kurz vor diesem Ort links auf der D 190 zum Klingelfels hinauf abbiegen. Von dort ist es noch eine knappe halbe Stunde Wegs zum Wasigenstein, einer aus zwei Burgen bestehenden Anlage von kühner Großartigkeit, die selbst die Ruine noch ahnen läßt. Die Schlucht zwischen den beiden Felsklötzen Groß- und Kleinwasigenstein war einst der Schauplatz des Kampfes zwischen Walter von Aquitanien und König Gunther von Worms, wie ihn das mittelalterliche Waltharilied schildert.

Zurück nach Niedersteinbach und in der alten Richtung weiter, bis nach etwa fünf Kilometern eine Straße links nach Schönau und von ihr wiederum eine Stichstraße rechts zur Ruine *Fleckenstein* abbiegt. Hier stand eine der gewaltigsten Burgen der Vogesen, deren Räume und Gänge zum großen Teil hineingehauen sind in einen 40 Meter hohen und über 50 Meter langen Sandsteinfelsen auf einem schmalen Felsenriff. Sie ist staufischen Ursprungs aus der zweiten Hälfte des 12. Jahrhunderts. Die staufischen Buckelquader kennzeichnen auch heute noch die ältesten Bauteile und heben sich deutlich ab vom Mauerwerk späterer Erweiterungen. Mit Mauern verblendet war nahezu der ganze Stein, der die Burg bildete. Ein seitwärts alleinstehender Fels wurde als Turm in die Anlage mit einbezogen und innen durch eine Wendeltreppe zugänglich gemacht. Die Festung galt als uneinnehmbar und wurde dennoch 1674 von Vauban im Handstreich ohne Widerstand genommen. Die Truppen des Generals Montclar zerstörten sie 1680.

Die Freiherrn von Fleckenstein waren nach den Grafen von Lichtenberg das mächtigste Adelsgeschlecht im Unterelsaß. Sie hatten Besitz bis zum Rhein hinüber und stellten wiederholt den kaiserlichen Statthalter. 1720 erlosch die Familie, und die Burg kam an das Haus Rohan-Soubise. Sie wurde in neuerer Zeit für Besucher wieder fein gemacht, in Teilen restauriert und ist, auch ihrer Umgebung wegen, ein lohnendes Fahrt- und Wanderziel.

Knapp zwei Kilometer nordöstlich über dem Fleckenstein liegt die *Hohenburg* (Abb. 21). Da auf dem Weg zu ihr 200 Meter Höhenunterschied zu überwinden sind, tut man gut daran, für den Aufstieg eine Dreiviertelstunde anzusetzen. Belohnt wird man dafür mit einer der schönsten Aussichten in den Nordvogesen und außerdem mit dem Einblick in eine mittelalterliche Burganlage, die auch als Ruine noch eindrucksvoll ist. Sie war um einen Felskern herum angelegt worden, und zwar, wie die staufische Ringmauer verrät, auf einem ungefähr fünfeckigen Grundriß. Sie gehörte einer der angesehensten Familien des Landes, die sich Puller von Hohenburg nannte, und deren berühmtestes Mitglied der Minnesänger Konrad Puller von Hohenburg (um 1270) war.

1482 ging die Burg in den Besitz derer von Sickingen über und wurde nach Franz von Sickingens Tod (1523) von dessen Gegnern fast kampflos genommen und zerstört. Die Söhne Sickingens bauten sie im Renaissancestil wieder auf. Da die Familie in späteren Jahren Hohenburg als Wohnsitz aufgab, verfiel der Besitz allmählich und wurde 1680 von dem gleichen Montclar vollends zerstört, der auch dem Fleckenstein den

Fleckenstein. Nach Merian, Topographia Alsatiae

Garaus gemacht hatte. Noch immer lassen aber die Reste der Renaissance-Ausstattung von Hohenburg darauf schließen, daß es sich um ein sehr ansehnliches Besitztum gehandelt haben muß.

Von der Hohenburg gehen wir entweder auf dem gleichen Wege wieder zurück zum Fleckenstein, auf dem wir gekommen waren, oder wir wählen eine etwas längere, aber reizvolle Route über den Gimbelhof und müssen in diesem Falle mit etwa 50 Minuten Gehzeit rechnen. Vom Fleckenstein aus ist in wenigen Minuten wieder die Fahrstraße von Niedersteinbach über Lembach nach Weißenburg erreicht, wo sich der Kreis dieser Fahrt schließt.

Aufmerksam zu machen bleibt noch auf das unmittelbar neben Weißenburg gelegene *Altenstadt* mit einer kleinen romanischen Basilika aus dem 11. Jahrhundert, die im Lauf ihrer Geschichte mehrfach erweitert wurde.

Variationen zum Thema

Bis Neuweiler gehören die meisten Stationen unserer Rundfahrt durch Hanauer Land und Wasgenwald zum eisernen Muß eines Reisenden auf den Fährten der Geschichte und der Kunst im Elsaß. Wer nun hier oder in Lützelstein abbrechen will, erreicht von beiden Orten aus mit wenigen Kilometern Fahrt Zabern (Saverne) und damit Anschluß an die Rundfahrt ›Glanzpunkte der Romanik‹. Wenn jemand indessen abkürzen und sich dennoch den Wasgenwald und einige seiner schönsten Burgen nicht entgehen lassen, ja letztlich auch wieder nach Weißenburg zurück möchte, so ist ihm von Neuweiler oder Lützelstein aus der Weg ins Modertal nach Ingweiler und in nordwestlicher Richtung weiter nach Niederbronn, Reichshofen und Obersteinbach zu empfehlen. In Obersteinbach trifft er wieder auf die um 25 beziehungsweise 35 Kilometer längere Route.

Der durch die Abkürzung erzielte Zeitgewinn ließe sich auch verwenden für einen Besuch der Burgruine *Lichtenberg* (Abb. 22), die man von Ingweiler aus wenige Kilometer talaufwärts und dann rechts abbiegend erreicht. Die um 1205 errichtete Stammburg der Herren von Lichtenberg war zwischen 1570 und 1580 von dem Straßburger Festungsbaumeister Daniel Specklin ausgebaut, später von Vauban vollends zur Festung verstärkt worden und blieb bis 1870 bewohnt. Besonders bemerkenswert ist der an französisch-normannischen Vorbildern orientierte Kernbau mit einem Mittelblock und zwei gerundeten Turmanbauten.

Wer besondere Freude an schönem Fachwerk hat, kommt voll auf seine Kosten, wenn er sich auf dem Weg von Weißenburg nach Surburg in *Sulz unterm Wald / Soultz-sous-Forêts* Zeit für einen Abstecher vier Kilometer westwärts nach *Hofen* nimmt. Er wird dort dem am reinsten erhaltenen Fachwerkdorf des Unterlandes mit einem noch vollkommen geschlossenen Straßenbild begegnen.

Sehr lohnend ist es auch, sich für diese Gegend mehr als einen Tag Zeit zu lassen. Für diesen Fall wäre *Bad Niederbronn* als Bleibe ein guter Tip. Schon die Römer kannten dieses bedeutendste Heilbad des Elsaß, das dem Gast Hotels aller Kategorien anbieten kann und auch sonst mit allen Attributen eines renommierten Badeorts versehen ist. In Niederbronn gibt es übrigens einen großen Friedhof für die im Unterelsaß gefallenen deutschen Soldaten mit einer als Zentralbau angelegten Gedenkhalle.

Straßburg - die wunderschöne Stadt

Das Straßburg, wie es im Lied unserer Väter besungen wurde, mag seither in einzelnen Zügen sein Gesicht verändert haben, doch die ›wunderschöne Stadt‹ ist es in allem Wandel geblieben: nicht anders als Salzburg oder Florenz eines jener Kleinodien, deren heimlicher Zauber unentrinnbar ist und einen fast ein wenig süchtig machen kann.

Gewiß, auch diese Stadt ist wie die meisten großen Städte unaufhörlich weiter gewachsen, und dies erst recht in ihrer heutigen Rolle als einer europäischen Kapitale. Zur Romanik und Gotik, zu Fachwerk, Renaissance und Barock hat sie viele neue Lebensringe bis mitten hinein in die heutige Zeit angesetzt, doch das in langen geschichtlichen Zeiträumen Gewachsene hat sich so lebensvoll behauptet, daß zwar die Fremdkörper moderner Hochhäuser da und dort sogar bis an den alten Kern vorgedrungen sind, aber da stehen sie nun als ein Fremdgebliebenes, als Spur eines abgeschlagenen Angriffs, der eine Gefährdung nie ernstlich bedeutete. Denn das liebe alte Straßburg hat sich auf einige vorübergehende und auch schon vorübergegangene Tendenzen der Nachkriegszeit, mit der Geschichte aufzuräumen, nicht eingelassen. Die Stadtväter hielten viel mehr die Zubauten der wachsenden Stadt an der Peripherie, faßten sie wohl auch zu einigen Satelliten zusammen und nahmen im übrigen beizeiten einen ebenso großzügigen wie kostspieligen Generalplan für eine durchgreifende Sanierung der Altstadt in Arbeit. Was das bedeutet, mag man daran ermessen, daß in Straßburg an die achthundert Häuser aus dem 16. bis 18. Jahrhundert unter Denkmalschutz stehen.

Ein Projekt von gewaltigen Dimensionen also. Aber man wollte eben auch unter diesem Aspekt sehr bewußt ein europäisches Zeichen setzen. Denn Straßburg hat sich noch nie als das Herz einer gesegneten Landschaft, einer relativ eng begrenzten Region allein verstanden. In der Tat ist es, was auch einige andere von sich behaupten, ohne es in diesem umfassenden Sinne je wirklich zu sein: das nicht erst durch die Institution des Europarats belebte Herz Europas. Es war und blieb Schnittpunkt der meisten Wege und Handelsstraßen zu den Grenzen des Kontinents, ein Sammelbecken für die vielfältigsten kulturellen und im engeren Sinne künstlerischen Strömungen, die von Ost und West, Nord und Süd zudrängten, Jahrhunderte hindurch ein geistiges und geistliches Zentrum mit einer fast unermeßlichen Ausstrahlung auf das ganze Abendland, einigende Kraft und wehrhafter Arm für Völker, die gemeinsamen Feinden zu trotzen hatten, in den unseligsten Zeiten freilich auch Zankapfel zerstrittener Nachbarn, heute einer der wichtigsten Wirtschaftsräume am Oberrhein.

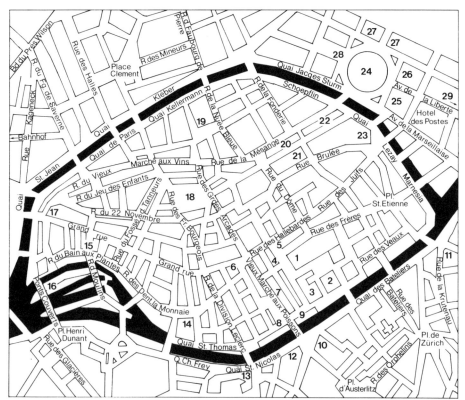

Straßburg 1 Münster 2 Rohan-Schloß 3 Frauenhaus (Münstermuseum) 4 Hirschapotheke 5 Haus Kammerzell 6 Gutenbergplatz, Handelskammer 7 Goethehaus 8 Kaufhaus (Ancienne Douane) 9 Große Metzig 10 Rabenhof 11 Wilhelmer-Kirche 12 Elsässisches Museum 13 St. Nikolaus 14 St. Thomas 15 Pflanzbadgasse 16 Gedeckte Brücken 17 Alt-St. Peter 18 Kleberplatz 19 Jung-St. Peter 20 Brioglieplatz 21 Rathaus (Hanauer Hof) 22 Stadttheater 23 Präfektur 24 Platz der Republik 25 Konservatorium 26 Nationalbibliothek 27 Präfekturgebäude 28 Palais du Rhin (ehem. Kaiserpalast) 29 Universität

Und trotz allen Ruhms und aller Superlative eben doch und immer wieder: das liebe alte Straßburg, mit dem näher bekanntzumachen Beschränkung wie kein anderer Abschnitt dieses Buches verlangt, Auswahl aus einem unfaßlichen Reichtum, die groß genug wenigstens zu sein hat, um ein halbwegs getreuliches Bild zu vermitteln, klein genug andererseits, um nicht ins Uferlose zu geraten und den Leser gar glauben zu machen, er könne in ein, zwei Tagen oder vielleicht in einer Woche eine Stadt kennenlernen, die selbst dem regelmäßig Wiederkehrenden auch nach Jahren noch für neue Entdeckungen und Überraschungen gut ist.

Das Münster Unserer Lieben Frau

Ein heidnischer Kultplatz aus keltischer Zeit, ein Herkulestempel, den die Römer erbauten, vom vierten Jahrhundert an die ersten christlichen Kirchen und im 9. Jahrhundert eine Kathedrale: dies alles gehörte zum geschichtsträchtigen Baugrund, auf dem Bischof Werinher von Habsburg von 1015 an einen mächtigen Neubau errichten ließ, eine romanische Kathedrale, von der die Kunsthistoriker meinen, sie könnte ungefähr dem Mainzer Dom ähnlich gewesen sein. An ihren Grundmauern orientierten sich auch alle künftigen Bauvorhaben.

Die bis heute erhalten gebliebene Krypta dieses Werinher-Baus wurde um das Jahr 1080 noch einmal wesentlich erweitert. Mit einem Joch hatte sie schon unter die Vierung gereicht. Ihre hallenartige Ausdehnung bis zu den westlichen Vierungspfeilern hatte jetzt zur Folge, daß der bisherige querrechteckige Querhaus-Raum dreigeteilt wurde und damit die Verselbständigung der Querhaus-Flügel in den folgenden Bauabschnitten eingeleitet war. Wenn wir nachher in das Münster eintreten, wird diese Teilung des Querhauses zunächst nicht auffallen. Um so stärker beeindruckt aber sogleich das Bild, das der in erheblicher Höhe über dem Langhaus und den Querhausflügeln liegende, auch die Vierung überragende Chorraum mit seinem majestätischen Treppenaufgang vermittelt.

Im einzelnen ist die teils auch durch Brand und Einsturz immer wieder neu angestoßene Baugeschichte des Straßburger Münsters zu kompliziert, als daß man sie mit ein paar wenigen Strichen einigermaßen verläßlich nachzeichnen könnte. Von Jahrhundert zu Jahrhundert wurden neue Ideen, neue Pläne an diesem Gotteshaus halb verwirklicht, halb wieder verworfen und geändert, ja dies manchmal sogar mitten in einem bereits begonnenen Bauabschnitt.

So waren beispielsweise die in den schweren Formen oberrheinischer Romanik begonnenen Räume der Vierung und der Querhausflügel ohne Wölbung vorgesehen. Doch kaum waren die untersten Mauerteile aufgeführt, reifte der Plan, das Querhaus einzuwölben und über der Vierung einen achteckigen Turm zu errichten. Ferner wurden die Querhausflügel jetzt höher hinaufgeführt, als ursprünglich beabsichtigt war.

Starke Rundpfeiler mit Spitzbogen zwischen Querhaus und Vierung sollten einen Teil der Lasten aus den Gewölben und der Vierungskuppel auffangen. Ein Pfeiler von ähnlicher Stärke wurde in der Mitte des nördlichen Querhausarmes aufgerichtet. Im südlichen Gegenstück aber wurde die bereits begonnene Wölbung noch einmal umgeplant und, wie schon im einleitenden Teil dieses Buches angedeutet, nach gotischen Vorbildern neu gestaltet. Zugleich wurde als Mittelstütze der berühmte Engelspfeiler hochgezogen und damit die Kraft, die Wucht, die Massenwirkung des spätromanischen Stils in diesem Bauteil zu einer neuen, feingliedrigen, himmelstrebenden Architektur hin abgewandelt.

Es gibt wohl kaum noch einmal ein Bauwerk, das so sinnfällig wie das Straßburger Münster die dramatische Auseinandersetzung spätromanischer deutscher Architektur

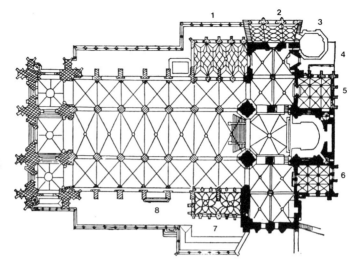

Straßburg, Grundriß
des Münsters

1 Martinskapelle
2 Laurentiuskapelle
3 achteckige Sakristei
4 Leichhöfel
5 Johanneskapelle, darüber Kapitelsaal
6 Andreaskapelle
7 Katharinenkapelle
8 Schatzkammer

mit französischer Gotik widerspiegeln würde – auch keines, in dem eine solche Vielfalt verschiedenster Elemente zu einer so schlüssigen Einheit zusammengezwungen worden wäre. Und es gibt auch kein anderes in dieser Stadt Straßburg, an dem eine entscheidende politische und geschichtliche Entwicklung deutlicher abzulesen bliebe: der Chor und das Langhaus waren noch ein Werk der Bischöfe, die mit ihrem Glanz alles überstrahlende gotische Fassade und der 142 Meter hohe Turm, auf lange Zeit hinaus der höchste der Erde, wurden von den Bürgern Straßburgs als ein Zeichen ihres erstarkten Selbstbewußtseins errichtet. Letzteres muß man wissen, das andere läßt sich erfahren, wenn man offenen Auges und ohne Eile das Münster erkundet.

Der *Westbau*, von allen Ansichten des Münsters die am meisten überwältigende, ist für sich allein das Werk von einundhalb Jahrhunderten gewesen. Begonnen im Februar 1276, mit der ursprünglich von einem Marienbild bekrönten Kreuzblume auf der Turmspitze zu Ende geführt im Juni 1439, ist dieser Bau eine der vollkommensten, aufs äußerste zugespitzten Verkörperungen dessen geworden, was Gotik ist und will: die Verwandlung des durch die Schwerkraft gebundenen, lastenden Steins in himmelstrebende Bewegung, die des Menschen Blick wie mit magischer Kraft von Fiale zu Fiale immer höher hinaufhebt.

Als den Meister dieses architektonischen Wunderwerks verzeichnet die Geschichte Erwin, der in dem badischen Steinbach geboren sein soll und bis zu seinem Tod im Jahre 1318 die Münsterbauhütte führte. Unter seiner Leitung entstehen die Portale (Abb. 23, 24) und die zweischichtig aufgebaute, mit einem Rahmen gefaßte Fensterrose (Umschlaginnenklappe vorn) sowie die beiden Turmuntergeschosse, übersponnen mit einem filigranen Maß- und Stabwerk, in dem das Licht wie auf einer steinernen

Harfe spielt. Die kräftig ausgeprägte Balustrade, die dann das zweite Geschoß abschließen wird, legt sich wie ein sichernder Gürtel um den ganzen Westbau.

Sohn und Enkel führten das Werk Erwin von Steinbachs weiter, das 1365 unter Meister Gerlach mit beiden Türmen die Höhe der heutigen Plattform erreichte. Gerlachs Nachfolger jedoch hatten anderes im Sinn und wollten in Anlehnung an die böhmische Parler-Schule zur reinen Schauwand machen, was ursprünglich als Turmfassade geplant war. Die Türme blieben also stecken und sollten einem baldachinartigen Aufsatz über der Glockenstube weichen. Es gab lange Auseinandersetzungen zwischen der Stadt und der Münsterbauhütte, offenen Streit und gar eine Amtsenthebung, bis Meister Ulrich Ensinger aus Ulm darangehen konnte, unter Verzicht auf einen zweiten Turm den achteckigen Nordturm zu beginnen und ihn in den Grundzügen so zu gestalten, wie er sich heute noch dem Blick darbietet.

Die *Portale des Westbaus* präsentieren einen Skulpturenschmuck von hervorragender Qualität und begründen zum erstenmal auf breitester Basis eine Tradition der Bildhauerkunst am Oberrhein, ohne die Vergleichbares weder in Freiburg noch in Basel oder an anderen Orten denkbar gewesen wäre. Es ist vor allem der Zyklus der Propheten am Haupteingang in den seitlichen Portalgewänden, der den Ruhm der Straßburger Figuren begründete – es sind Gestalten mit drohend zerfurchten Gesichtern und bedeutenden Gebärden, deren Expressivität eigentlich schon das Ende einer bildnerischen Möglichkeit anzeigt. Sowohl die biblischen Szenen in der Archivolte als auch die Passionsgeschichte im Tympanon halten dem übermächtigen Eindruck der Propheten nicht ganz die Waage.

Aber der andere Meister und die andere Werkstatt, die dieses mittlere Tympanon schufen, hingen einem Stil an, der Zukunft versprach und auch reiche Nachfolge fand. Sie selbst bildeten im rechten der drei Westportale das Gleichnis von den klugen und den törichten Jungfrauen auf eine Weise in Stein, die man schlicht wunderbar nennen darf. Doch ist unverkennbar, daß der Meister und seine Gehilfen mit dem Herzen eher bei den Törichten waren und gerade sie im Ausdruck besonders lebensvoll darstellten (Abb. 27). Bemerkenswert ist auch das Weltgericht im darüberliegenden Tympanon. Das linke Seitenportal des Westbaus zeigt unter dem Bogenfeld mit der Kindheitsgeschichte Jesu als Gewändestatuen die über die Laster siegenden Tugenden.

Das *südliche Doppelportal* gehört als das älteste des Münsters der romanischen Bauepoche an. Sein linkes Bogenfeld wurde mit einem der schönsten Bildwerke geschmückt, die das 13. Jahrhundert hervorbrachte, einer Darstellung des Marientodes, in der schöpferische Phantasie und handwerkliche Kunst des Ecclesiameisters einsame Höhe erreichten (Abb. 29). Läßt man einmal das religiöse Thema außer acht, dann wirkt dieser Marientod fast wie ein später Nachklang griechischer Grabmäler.

Vollends glaubt man der von Winckelmann postulierten edlen Einfalt und stillen Größe hellenistischer Kunst wiederzubegegnen in den beiden seitlichen Standbildern des Doppelportals, der Synagoge und der Ecclesia, wobei auch in diesem Falle die trauernde Gestalt der Synagoge (Abb. 25), die verbundenen Auges das Heil nicht sehen kann, den Bildhauer offensichtlich stärker bewegte als die andere der triumphierenden Kirche. Wie zahlreiche Skulpturen am Münster sind auch diese beiden heute nur gute Kopien, deren Originale sich im nahegelegenen Frauenhausmuseum befinden. Thema des zweiten Bogenfeldes ist die Marienkrönung (Abb. 28), und zwischen den Türen des Südportals erhebt sich die Halbfigur Christi über dem biblischen König Salomon auf dem Richterstuhl.

Ein Blick noch auf das nördliche *Laurentiustor* mit einer Darstellung des Martyriums des Heiligen Laurentius im Bogenfeld und Statuen von dekorativer Eleganz: Dieses Tor gehört zu einer dem ursprünglichen romanischen Nordportal vorgebauten Kapelle mit spätgotischer Fassade. Die Kapelle dient heute als Sakristei.

Notre-Dame – Der Innenraum

Notre-Dame, wie das Münster Unserer Lieben Frau von den Franzosen genannt wird, läßt uns durch eines der Portale an der Westfassade ein, und sogleich sind es, von dem schon geschilderten Raumeindruck abgesehen, drei Details, die die Aufmerksamkeit auf sich ziehen: das schimmernde Farbenspiel der kostbaren *Glasfenster* zunächst, die geheimnisvoll hereinleuchten in das Halbdunkel des gotischen Langhauses und auch die durchbrochene Arbeit der Rose in der Westfassade jetzt buchstäblich in einem ganz neuen Licht zeigen. Die frühesten von ihnen stammen noch aus dem alten Münster. Die Heiligen und die Legenden, die hier dargestellt werden, mögen sein, wer sie wollen – die Fenster möchten vor allem als ein Wunder des Lichts und der Farbe erlebt werden.

Der zweite Anziehungspunkt ist das balkonartig ins Mittelschiff hineinragende *Orgelgehäuse*, das ursprünglich (1489) zur Orgel des Friedrich Krebs aus Ansbach gehörte. Andreas Silbermann, einer der berühmtesten unter den Orgelbaumeistern, setzte in dieses Gehäuse in den Jahren 1713 bis 1716 ein neues Werk ein.

Der dritte Blickfang ist die prächtige *Steinkanzel*, die Hans Hammer gegen Ende des 15. Jahrhunderts für den Münsterprediger Geiler von Kaysersberg schuf – ein Meisterwerk spätgotischer Steinmetzkunst, zu dessen Ausstattung ein halbes Hundert Statuetten gehören (Abb. 30).

Beim Übergang zum Querhaus erweitert sich die dreischiffige Basilika durch spätgotische Seitenkapellen zu einem fünfschiffigen Raum. Im Winkel zwischen nördlichem Seitenschiff und Querhaus, das heißt also links in Blickrichtung zum Chor, reihen sich *Martinskapelle* und die schon erwähnte *Laurentiuskapelle* einander an; ihr Gegenstück auf der Südseite ist die *Katharinenkapelle* mit dem Epitaph des Stättmeisters Konrad Bock und seiner Frau.

Eine achteckige *Sakristei* ist Bindeglied zwischen Laurentiuskapelle und der *Johanneskapelle*, die nördlich des Chors liegt, jedoch zur gleichen spätstaufischen Zeit wie das südliche Querhaus entstand. Im *Leichhöfel* bei der Johanneskapelle erinnert eine schlichte Grabplatte an Meister Erwin und seine Familie. Dort sind auch Jakob von

STRASSBURG – DIE WUNDERSCHÖNE STADT

Landshut und Johannes Hültz bestattet, die beide am Münster, insbesondere an seinem Turm mitgebaut haben.

In der Johanneskapelle befindet sich das Wandgrab des Bischofs von Lichtenberg – eine dreigliedrige Maßwerkarchitektur mit reich ausgeführten Wimpergen; ferner das Epitaph des Konrad von Busang, Brustbilder der gekrönten Muttergottes und eines Domherrn, signiert von Nicolaus (Gerhaert) von Leyen, auf dessen Einfluß und Nachwirkung in Straßburg bereits im kunsthistorischen Überblick hingewiesen wurde.

Der frühstaufischen Bauzeit des nördlichen Querhauses ist die südlich des Chors gelegene *Andreaskapelle* zuzuordnen, über deren Eingang sich das dreiflüglige Wandbild einer Geburt Christi zwischen den Heiligen Nikolaus und Andreas (um 1500) befindet. In der Kapelle ist ein Wandgrab des Domherrn Franz Georg Adolph Graf Rittberg bemerkenswert. Hinzuweisen bleibt in der Nachbarschaft dieser Kapelle auf einen schönen Flügelaltar aus dem ersten Drittel des 16. Jahrhunderts, der rechts vom Aufgang zum Chor steht und aus Dangolsheim stammt. Mittelpunkt des Schnitzwerkes ist eine Darstellung des Heiligen Pankratius.

Beherrschend ragt in diesem südlichen Raumteil der schon erwähnte *Engelspfeiler* auf – stützendes architektonisches Element und eines der erstaunlichsten gotischen Bildwerke zugleich (Farbt. 1, Abb. 26). Diese Darstellung des Jüngsten Gerichts, in mehreren übereinanderliegenden Zonen um einen Pfeiler herum gruppiert, war und ist eine einzigartige Leistung des Ecclesiameisters. Vier stärkere und vier schwächere Dienste, die den achteckigen Pfeilerkern umstellen, sind so angeordnet, daß sich die steinernen Figuren in die Zwischenräume einschmiegen, als wollten sie gerade eben erst daraus hervortreten. Auf die übliche moralisierende Veranschaulichung des Weltgerichts wurde verzichtet. An ihre Stelle trat die repräsentative Darstellung dieses Ereignisses als Weissagung (die Evangelisten im untersten Geschoß), im Anbruch (die posaunenblasenden Engel darüber) und in der Erfüllung (Christus mit den Engeln, die die Leidenswerkzeuge tragen). Das Ganze ist ein Werk von so ausgewogener, klassischer Schönheit, daß es auf einen empfindsamen Betrachter wie steingewordene Musik zu wirken vermag.

Nahebei als letzte große Sehenswürdigkeit des Münsters die *astronomische Uhr,* die in ein 18 Meter hohes Renaissancegehäuse eingesetzt ist (Abb. 31). Ihr ursprüngliches Werk war während der Revolution beschädigt worden. Jean-Baptiste Schwilgué hat es in den Jahren um 1840 ersetzt und zu einem Planetarium von auch heute noch verblüffender Genauigkeit vervollkommnet.

Über dem ewigen Kalender zeigen die Planetengottheiten die Wochentage an. Uhrzifferblatt, Planeten- und Mondanzeiger, der Tod und die vier Lebensalter, die die Stunden- und Viertelstundenglocken betätigen, sind im oberen Teil dieser merkwürdigen Uhr zu bewundern. Die Hauptattraktion aber ereignet sich täglich zur Mittags-

◁ Straßburger Münster, Engelspfeiler. Nach Golbéry/Schweighaeuser, Antiquités de l'Alsace, Mülhausen 1828

stunde und zieht das Publikum in Scharen an: da erscheinen die zwölf Apostel, ziehen an Christus vorbei, der segnend die Hand hebt, während ein flügelschwingender Hahn dreimal kräht. Wenn die Apostel wieder verschwunden sind, segnet die Christusfigur die Zuschauer. Ein Kuriosum, gewiß; aber man muß wissen, daß diese Uhr sogar die Pendelbewegung der Erdachse berücksichtigt und das langsamste Rädchen in dem komplizierten Räderwerk deshalb für eine einzige Umdrehung die Zeit von 25 800 Jahren brauchen wird. Dies bedenkend, erscheint einem auch dieses Kuriosum mit einemmal als eine bewundernswerte Leistung menschlichen Geistes.

Obwohl der *Münsterturm* im allgemeinen nur bis zur Höhe der Plattform (66 m) bestiegen werden kann, ist die Aussicht – zumal bei klarem Wetter – überaus lohnend. Über die Dächer der Altstadt und über die Rheinebene hinweg umschließt sie Schwarzwald, Vogesen und Kaiserstuhl, an besonders hellsichtigen Herbsttagen manchmal sogar die Alpenkette.

Im Schatten des Münsters

Der Südseite des Münsters gegenüber leitet ein pompöses Portal in den Hof des *Rohan-Schlosses* (Abb. 39), dessen monumentale Schauseite von der rückwärts vorbeifließenden Ill und ihren Ufern aus zu bewundern ist. Vom Pariser Hofarchitekten Robert de Cotte in den Jahren 1728 bis 1741 im Übergangsstil von Louis-quatorze zu Louis-quinze erbaut, diente das Schloß den Straßburger Bischöfen und Stellvertretern des Königs zur prunkvollen Repräsentation. Die weitgehend erhalten gebliebene Ausstattung vermittelt davon heute noch einen anschaulichen Eindruck.

Wesentliche Teile des Rohan-Schlosses werden als Museen genutzt. Im linken Seitentrakt sind die *Kunstbibliothek* mit ihren 40 000 Bänden und ein *Kupferstichkabinett* untergebracht, im rechten Flügel das *Kunstgewerbemuseum,* in dem Porzellane und Fayencen einen in der lokalen Tradition der Hannong-Manufaktur begründeten Schwerpunkt bilden. Im Untergeschoß des Mittelbaus befindet sich das *Archäologische Museum* mit Funden aus vorgeschichtlicher Zeit bis etwa zu den Karolingern. Hier ist übrigens nach entsprechender Aufarbeitung Zuwachs zu erwarten aus einer ›Grabung‹, die als solche wahrscheinlich nie finanziert worden wäre: als vor wenigen Jahren unter dem nahegelegenen Gutenbergplatz eine Tiefgarage gebaut wurde, legten die Bagger mehrere Schichten vergangener Zivilisation frei – vom 18. über das 15. Jahrhundert bis zu einem Römerlager der 8. Legion des Augustus und noch tiefer gelegenen, früheren Funden aus der römischen Zeit.

Ein Einzelstück, das den Wissenschaftlern bis heute die meisten Rätsel aufgibt, ist ein etwa 60 Zentimeter hohes steinernes Bildwerk, das möglicherweise zu einer Säule gehörte. Es stellt eine bärtige Sphinx dar, an die sich ein Tier mit Sirenenschwanz, Leopardenkörper und Menschengliedern klammert. Der Kopf dieses seltsamen Geschöpfes fehlt. Wiewohl Darstellungen von merkwürdigen Fabelwesen an romanischen Säulen-

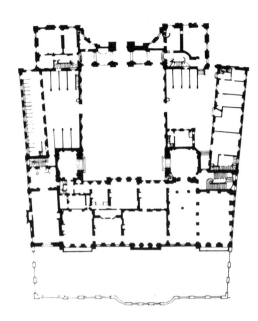

Straßburg, Grundriß des Rohan-Schlosses

kapitellen durchaus an der Tagesordnung sind, war doch etwas Ähnliches wie diese Sphinx im Elsaß bisher noch nicht gefunden worden.

Doch zurück zum Rohan-Schloß und seinem Mittelbau, in dessen beiden oberen Geschossen eine *Gemäldegalerie* mit bedeutenden Beispielen europäischer Kunst zwischen dem 15. und 20. Jahrhundert aufwartet. Besonders zahlreich und mit hervorragenden Meisterwerken vertreten ist erwartungsgemäß die französische Malerei, aber auch aus dem flämisch-niederländischen Kreis (Rubens, Lukas von Leyden, Adriaen van de Velde, van Dyck und andere) wie aus der spanischen Schule (El Greco, Goya) gibt es sehr gute Stücke.

Im Winkel zwischen Schloß- und Münsterplatz beherbergte das *Frauenhaus* seit dem 14. Jahrhundert die Münsterbauhütte und war Sitz des Stiftes ›Unserer Lieben Frauen Werk‹ (Œuvre de Notre Dame). Der aus zwei Giebelhäusern, dem östlichen mit Treppengiebel aus dem Jahr 1347 und dem westlichen mit geschweiftem Giebel und Treppenturm (1579–85), bestehende Komplex ist heute Sitz des Münsterbauamts und des Frauenhausmuseums. Ein schönes Renaissance-Portal gehört zu seinem bemerkenswerten Äußeren.

Das Museum spiegelt in seinen Beständen rund siebenhundert Jahre Straßburger Kultur und versammelt vornehmlich Objekte, die mit dem Münster und seiner Umgebung auf irgendeine Weise zusammenhängen. In 42 Räumen, Sälen, Zimmern, Galerien sind unschätzbare Kostbarkeiten zusammengetragen, unter ihnen auch jene Bauplastiken des Münsters, die man vor der Verwitterung schützen wollte und an Ort und

Stelle durch Abgüsse ersetzt hat: Synagoge und Ecclesia beispielsweise, oder auch die klugen und törichten Jungfrauen, Originale von Gerhaert von Leyen, Bilder von Hans Baldung Grien, Grünewald, Cranach, Schongauer, Konrad Witz, Sebastian Stosskopf und vielen anderen, Kirchenfenster, Mobiliar, Drucke und Goldschmiedearbeiten, Keramik, Glas, Trachten bis hin zu privatesten Zeugnissen elsässischer Familienkultur sind zu besichtigen. Eine Fundgrube ist das Frauenhausmuseum außerdem für die Geschichte des Münsterbaus, die hier durch originale Baurisse dokumentiert wird, wie auch für gerettete Bauteile anderer Kirchen des Elsaß, beispielsweise aus der Abtei Eschau, die zu ihrem Schutz hierher verbracht worden sind.

Auf dem Münsterplatz, an der Ecke der auf die Turmfassade des Münsters zulaufenden Krämergasse (Rue Mercière), beherbergt ein großer Fachwerkbau aus dem Jahr 1567 die *Hirschapotheke*. Die ›Pharmacie‹ selbst ist an dieser Stelle seit 1268 nachgewiesen. Ihr schräg gegenüber, den Münsterplatz auf der Nordseite abschließend, prunkt Straßburgs reichster Fachwerkbau, das 1589 errichtete *Haus Kammerzell* (Abb. 40, 43). Über seinem steinernen Erdgeschoß kragen drei weitere Geschosse vor, deren Holzwerk über und über mit Schnitzereien bedeckt ist.

Nach allen Richtungen lädt die nächste Umgebung des Münsters zum Umherschlendern ein, bei dem das wichtigste die Zeit ist, die man sich dafür nehmen sollte. Hier nämlich ist das in modernen Betonwüsten möglicherweise schon verkommene Gefühl dafür wiederzuentdecken, was es bedeutet, wenn man von einer Stadt sagt, sie habe ein Gesicht, ein menschenwürdiges Antlitz.

Wieder zurück zur Krämergasse, an deren Anfang sich gleich zur Rechten der *Gutenbergplatz* öffnet – auch er ein schönes städtebauliches Ensemble mit dem Gutenberg-Denkmal inmitten und der alles beherrschenden Dominante des ›Neuen Baus‹, der heutigen *Handelskammer* (Abb. 46). Das breit ausladende Renaissancegebäude entstand in den Jahren 1582 bis 1585 als Rathaus und Regierungssitz. In ihm unterhält übrigens das ›Syndicat d'Initiative‹ ein Büro, das Besuchern der Stadt für Auskünfte aller Art zur Verfügung steht.

Vom Gutenbergplatz aus die Krämergasse links liegen lassend, erreichen wir auf der Rue de Vieux Marché-aux-Poissons, in deren Haus Nr. 40 Goethe während seiner Straßburger Studienzeit wohnte, den Alten Fischmarkt, der jetzt Place des Tripiers heißt. Weiter in Richtung Ill und Rabenbrücke lohnen sich in unmittelbarer Illnähe ein paar Schritte links ab zum *Ferkelmarkt* (Place du Marché aux Cochons de Lait), der, falls nicht schon vom Münster aus entdeckt, den kleinen Abstecher mit einer besonders reizvollen Ansicht alter Bürgerhäuser belohnt.

Szenerien an der Ill

In Straßburg von der Ill zu sprechen, verlangt eine Präzisierung, denn es sind, genau genommen, zwei Arme des einen Flusses, die den alten Stadtkern einer Insel gleich umschließen und ihn auf diese Weise von allem Anfang an schwer angreifbar machten

(Abb. 38). Den südlichen der beiden Illarme erreichen wir bei der *Rabenbrücke* (Pont du Corbeau), die eine recht makabre Vergangenheit und von ihr auch den Namen ›Schindbrücke‹ hat: von ihr aus wurden Mütter, die ihr Kind ausgesetzt hatten, wie überhaupt besonders strafwürdige Verbrecher – eingenäht in einen Sack – in die Ill geworfen und ertränkt. Harmlosere Sünder, Weinfälscher beispielsweise und andere nicht ganz ehrliche Handelsleute, sperrte man in einen Eisenkäfig und verordnete ihnen ein Tauchbad in dem wegen der Abwässer damals wohl nicht gerade appetitlichen Fluß.

Noch diesseits der Ill wird die Rabenbrücke von zwei hervorragenden Bauwerken flankiert: von der Großen Metzig (Grande Boucherie), die auf der Seite des Rohan-Schlosses liegt, und dem Kaufhaus (Ancienne Douane) gegenüber.

Die *Große Metzig*, die nach Plänen des Baumeisters Hans Schoch aus dem badischen Königsbach gegen Ende des 16. Jahrhunderts errichtet wurde, ist eines der bedeutendsten Zeugnisse der Straßburger Renaissance und war ursprünglich ein reiner Zweckbau: ein Schlachthof, wie der Name besagt, eine für die damalige Zeit enorm fortschrittliche und hygienische Anlage. Älter noch als sie ist – nebenbei erwähnt – der gotische Brunnen im Hof.

Heute ist in diesem Bau das Historische Museum untergebracht, eine Sammlung zur Stadtgeschichte, deren Schwerpunkt die um die Mitte des 16. Jahrhunderts beginnende Epoche ist. Daß unter den reichen Beständen dieses Museums sich auffallend viele Waffen, Uniformen und anderes militärisches Gerät befinden, hat nichts mit einer militaristischen Orientierung, sondern ganz einfach mit der Rolle Straßburgs als einer mächtigen Festungsstadt zu tun. Bilder, Stiche, Dokumente, Erinnerungen an Kaiser und Könige, Marschälle und Generäle, eine recht bunte, wiewohl übersichtlich geordnete Vielfalt von Stücken hohen Sammlerwerts läßt hier den Besucher etwas vom Geist und Sinn der Geschichte spüren. Besonders bemerkenswert und baugeschichtlich interessant ist ein riesiges Stadtmodell im Maßstab 1:600 aus dem Anfang des 18. Jahrhunderts, in dem jedes einzelne Haus getreulich nachgebildet wurde.

Das *Kaufhaus* stammt aus dem Jahr 1358, wurde allerdings mehrfach umgebaut und im zweiten Weltkrieg durch Bomben schwer beschädigt. Es hatte lange Zeit als Zollgebäude gedient. Nach dem Wiederaufbau fand darin u. a. eine Kunsthalle Platz.

Jenseits der Ill mündet die Rabenbrücke in den *Rabenplatz* (Place du Corbeau) ein. Seinen Namen hat dieser Platz von dem anliegenden *Rabenhof*, dem Haus mit der Nummer 1, das bereits 1528 als Herberge erwähnt wurde. Ein wenig vernachlässigt und unansehnlich geworden, macht es doch Eindruck durch sein Fachwerk und die im Hof umlaufenden Stockwerksgalerien, auf die die Zimmer der Gäste mündeten. Und was das für Gäste waren: Friedrich der Große beispielsweise, der sich – zunächst incognito – die Befestigungen und das bischöfliche Schloß ansehen wollte, dann Kaiser Josef II., der unter dem Decknamen eines Grafen von Falkenstein reiste, Marschall Turenne, Voltaire und noch manche andere europäische Prominenz.

Vom Rabenplatz nach rechts der Ill entlang säumen den Schiffsleutstaden (Quai des Bateliers) zahlreiche charaktervolle Häuser und Häusergruppen, darunter einige sehr

STRASSBURG – DIE WUNDERSCHÖNE STADT

beachtliche aus der Renaissance, um derentwillen man aber nicht die ausdrucksvollen Ansichten der Altstadt und insbesondere des Rohan-Schlosses überm anderen Illufer versäumen sollte.

Am Ende des Schiffsleutstadens, wo er, genau genommen, schon Fischerstaden heißt und die beiden Illarme sich wieder vereinigen, steht rechter Hand die *Wilhelmer-Kirche* (Saint-Guillaume), ein ehrwürdiges Gotteshaus mit langer Geschichte, in der Gegenwart bekannt geworden durch den Wilhelmer-Chor und seine Konzerte. Die 1306 gestiftete Kirche ist mehrfach umgebaut worden, wobei sie anno 1667 auch ihren exzentrischen Turm erhielt. Ein nachlässiger Zimmergeselle soll den Turmhelm schief aufgesetzt haben und der Fehler zu spät bemerkt worden sein.

Im Inneren ist neben dem spätgotischen Lettner, einem farbigen Holzrelief mit Darstellungen aus dem Leben Wilhelms von Aquitanien und einer Kanzel im Ohrmuschelstil das Doppelgrabmal der 1332 und 1344 verstorbenen Grafen Ulrich und Philipp von Werd bemerkenswert, das ›Meister Wölvelin von Ruffach‹ schuf. Die wertvollste Ausstattung bilden die erstrangigen Glasmalereien, unter anderem mit der Wilhelms- und Katharinenlegende, die vom Walburger Meister (s. S. 55) und von Peter Hemmel aus Andlau stammen.

Von der Rabenbrücke aus in der Gegenrichtung der Ill entlang ist es nur eine kleine Wegstrecke zu dem Renaissancehaus Nr. 23 am Nikolausstaden mit seinen hübschen Hofgalerien, in dem das *Elsässische Museum* seine Bleibe gefunden hat. Elsässische Heimatkunst und Heimatkunde ist hier das Thema, das mit viel Geschmack und Liebe zum Detail vor dem Besucher ausgebreitet wird.

Am Ende des Nikolausstadens, wo eine weitere Straßenbrücke die Ill überspannt, erfreut die auf das Jahr 1182 zurückgehende, allerdings mehrfach veränderte Nikolauskirche, in der vor dem ersten Weltkrieg Albert Schweitzer als Sprengelpfarrer amtierte, mit einer durchaus beachtlichen, wenn auch nicht sonderlich rühmenswerten Innenausstattung.

Bevor wir über die Brücke wieder in die Kernstadt zurückkehren, empfiehlt es sich, in der alten Richtung noch ein kleines Stück weiterzugehen, um die markante Südansicht der Thomaskirche über die Ill hinweg zu erleben.

St. Thomas

Die Anfänge des Stiftes St. Thomas sind mit genauen Daten nicht zu belegen. Sicher ist aber so viel, daß dieses Stift schon in karolingischer Zeit bestand. Die einzige authentische Quelle vermeldet, daß Bischof Adeloch (786–823) eine dem Apostel Thomas geweihte Kirche, in der er dann selbst begraben wurde, errichten ließ; und daß er aus

◁ Straßburg, Rabenhof und Münsterturm. Nach Prout, gegen 1824, aus Le Visage romantique de l'Alsace 1815–1870

Titelblatt der Originalausgabe des ›Glückhaften Schiffes‹ von Johann Fischart. In seinem 1174 Verse umfassenden Gedicht schildert der Dichter die historische Rheinfahrt der Züricher zum Straßburger Schützenfest im Sommer 1576. – Etwa um 1492 entstanden Peter Attendorns illustrierte Drucke zu Betrachtungen des römischen Philosophen und Staatsmannes Boetius (rechts).

seinem väterlichen Erbe auch die Mittel stiftete, um das Dach instandzuhalten. Von einem an dieser Stelle im 11. Jahrhundert bestehenden Bauwerk weiß man, daß es wiederholt durch Brände verwüstet wurde.

St. Thomas in seiner heutigen Gestalt ist im wesentlichen eine Hinterlassenschaft des 13. und 14. Jahrhunderts. Der erste äußere Eindruck dieser bedeutendsten Straßburger Kirche neben dem Münster ist der eines kraftvoll gedrungenen romanischen Bauwerks. Erst bei näherem Zusehen zeigt sich, daß dieser Eindruck vornehmlich von der Westanlage herrührt. Sie besteht aus einem Querbau, der von einem mächtigen Mittelturm bekrönt wird. Das oberste Turmgeschoß wurde allerdings erst im 14. Jahrhundert hinzugefügt, um das riesige Dach des gotischen Mittelschiffs zu verdecken und das Gleichgewicht mit dem 1347 durch einen achtseitigen Laternenaufsatz erhöhten Vierungsturm wiederherzustellen (Abb. 41).

Eine sehr schöne, mit Maßwerkkreisen ausgesetzte Fensterrose ziert die Portalfront. Die Vorhalle im Erdgeschoß war ursprünglich nach außen offen, wie man das im Elsaß öfters findet. Alles in allem ist die romanische Fassade von St. Thomas eines der letzten monumentalen Beispiele einer in alten Traditionen begründeten deutschen Architektur vor dem Eindringen des französisch-gotischen Stils.

Die Gotik hat sich auch der jetzt protestantischen Thomaskirche nachhaltig bemächtigt. Obwohl der Westbau offensichtlich auf eine dreischiffige Basilika hin angelegt war und das spätromanische Langhaus in seiner ursprünglichen Gestalt diesem Konzept auch entsprach, wurde es zu Anfang des 14. Jahrhunderts zusammen mit dem Chor zu einer fünfschiffigen Halle mit einer ins Großartige gesteigerten und sehr lichten Raumwirkung umgebaut. Wie in diesem Raum die um runde Kerne gruppierten Bündelpfeiler aufschießen und alles Lastende gleichsam mit sich nehmen, das vermittelt einen Eindruck von geschmeidiger Feinheit. Allerdings ist das Langhaus nach dem Umbau breiter als lang und firmiert seither eigentlich unter falschem Namen.

In einer dem südlichen Querhaus angegliederten Kapelle steht der um 1130 entstandene Sarkophag des Bischofs Adeloch, dessen Deckel allerdings noch aus karolingischer Zeit stammt. Unter Arkaden sind auf diesem Sarkophag Christus und Engel, Erde und Ozean sowie Szenen aus dem Leben Adelochs dargestellt. Im südlichen Querhaus selbst, nahe der rechten Chorschranke, wird ein sehr schönes Bogenfeld aufbewahrt, das zu einem Portal gehörte. Es schildert das Thomas-Wunder und wird dem Ecclesiameister des Straßburger Münsters oder zumindest einem seiner engsten Mitarbeiter zugeschrieben.

Ein Fremdkörper unter den Grabdenkmälern von St. Thomas, wenngleich ein Meisterwerk in seiner Art, ist das marmorne Mausoleum für Marschall Moritz von Sachsen an der Stelle des Hochaltars (Abb. 42). Moritz war ein Sohn Augusts des Starken und Heerführer Ludwigs XV., der dieses repräsentative Denkmal an Jean Baptiste Pigalle in Auftrag gab. Es wurde 1753 begonnen, 1777 gegen den Einspruch der Geistlichkeit aufgestellt und vertritt mit seiner imposanten allegorischen Gruppe einen Stil, in dem sich Elemente des Rokoko und des Klassizismus begegnen.

Die Orgel der Thomaskirche ist ein Werk des Johann Andreas Silbermann und eines der vorzüglichsten Instrumente des 18. Jahrhunderts. Albert Schweitzer hat auf ihr besonders gern gespielt.

Klein-Frankreich

Von St. Thomas westwärts erstreckt sich der in seiner Komposition malerischste Stadtteil des alten Straßburg, das ›Klein-Frankreich‹ (Petite France) (Abb. 45), das der Besucher nach eigener Lust und Laune durchstreifen mag, wobei er auch die Brücken über die hier sich mehrfach verzweigende Ill nicht außer acht lassen sollte, da gerade sie einige besonders reizvolle Aus- und Einblicke gewähren. In dem ehemaligen Handwerkerviertel beim Pflanzbad (Farbt. 3) und Gerbergraben (Farbt. 4) ist Fachwerk Trumpf, doch jedes Haus hat da sein eigenes, unverwechselbares Gesicht – was sich übrigens ebenso von den steinernen Bauten des alten Stadtadels sagen läßt, die da und dort dazwischengesetzt sind. Auch an urwüchsigen, kulinarisch zum Teil attraktiven Gaststätten ist kein Mangel in diesem angestammten Stadtviertel der Gerber, an die noch die Galerien und Luken unter den Giebeln zum Trocknen ·der gegerbten Häute erinnern.

›Gerwerstub‹ heißt eines der Lokale; früher war es der gesellige Treffpunkt der Gerberzunft. Ein anderes hat seinen Namen ›Lohkäs‹ davon her, daß die Gerber ihre Lohe zu käseartigen Ballen preßten. Und was den gotischen Bau Ecke Pflanzbad- und Haargasse (Rue des Cheveux) betrifft, so gilt er als das älteste noch erhaltene Wohnhaus Straßburgs. Nebenbei gesagt: wenn irgendwo im Elsaß und in Straßburg das Französische auch heute noch eher als Fremdsprache denn als tägliche Umgangssprache gilt, dann in erster Linie hier im Gerberviertel.

Weiter westlich am Ende von Klein-Frankreich bieten sich von den *Gedeckten Brükken* (Abb. 38) oder von den Uferpartien dicht unterhalb noch einmal sehr malerische Perspektiven in eine vom Münster überragte Stadtlandschaft, in der die Zeit stehengeblieben zu sein scheint.

Die Gedeckten Brücken sind in Wahrheit nur eine einzige Brücke, die sich in mehreren Bögen über die Zweige des Illflusses wölbt. Diese eine Brücke ist auch nicht überdacht, wie der Name vermuten lassen könnte. ›Deckung‹ hat hier viel mehr militärische Bedeutung und bezieht sich auf die Wachttürme längs der Brücke, die zur alten gotischen Stadtbefestigung gehörten. Später gewährten die unter der Leitung des Festungsbaumeisters Vauban errichteten Bastionen weiteren Schutz. Die kasemattenartige Bogenbrücke, die jenseits der Gedeckten Brücken die breite Wasserfläche begrenzt, ist allerdings nicht in erster Linie Festungsbauwerk, sondern Teil einer Schleuse. Diese Schleuse wurde, wenn besondere Gefahr drohte, geöffnet, um die Stadtgräben zu füllen und das Vorland zu überschwemmen.

Dem neuerdings autofreien Straßenzug der Gedeckten Brücken zwischen Gerberviertel und dem linker Hand begleitenden Arm der Ill folgend, gelangt man schnell zur Kirche *Alt-St. Peter* (St. Pierre-le-Vieux), die auf altem Kirchgrund 1382 neu gebaut und im 15. Jahrhundert durch einen Chor erweitert wurde. Ihr Schiff mit seinem einfachen Turm war 1681 den Protestanten zugeteilt worden. Anstelle des 1869 abgebrochenen Chors wurde rechtwinklig zum alten Bau eine katholische Kirche errichtet und zu Anfang dieses Jahrhunderts mit einer Turmfassade vollendet.

Im Inneren der evangelischen Kirche befindet sich ein Relief der Anna Selbdritt von sehr guter Qualität, das um 1520 entstanden sein dürfte und aus der Werkstatt von Hans Widitz stammen könnte. Vier geschnitzte Relieftafeln in der katholischen Kirche, die zu einem zerstörten Flügelaltar gehörten, werden auf das Jahr 1501 datiert und dem Straßburger Schnitzer Veit Wagner zugeschrieben.

Wieder ins Zentrum

Von Alt-St. Peter führt zwar die Straße des 22. November direkt zum Kleberplatz, aber ergiebiger ist es, die vom gleichen Punkt ausgehende Lange Straße (Grand' Rue) zu benutzen, weil man an ihr und in den beiderseits einmündenden Gäßchen noch manchen hübschen Winkel findet.

Immer geradeaus auf dem Weg bleibend, kommt man in der unmittelbaren Verlängerung der Langen Straße (Rue des Hallebardes) wieder zum Gutenbergplatz zurück und von da links entlang den ›Gewerbslauben‹ (Rue des Grandes Arcades) in kürzester Zeit zum *Kleberplatz* (Farbt. 2). Benannt ist dieser Platz nach dem in Straßburg beheimateten General Kleber, der unter Napoleon I. in Ägypten kämpfte und dort ermordet wurde. Beherrscht wird die weiträumige Anlage von dem großen Gebäudekomplex der Aubette, die den größten Teil der Nordseite abschließt. Die Aubette war bis 1918 die Hauptwache, von der sie auch ihren französischen Namen hat.

Geht man von hier aus das noch verbleibende kleine Stück der Rue des Grandes Arcades zu Ende und in der gleichen Richtung weiter durch eine schmale Gasse, kommt man zu einer weiteren Straßburger Kirche von bedeutendem Rang.

Jung-St. Peter-Kirche

Wie das Münster hat auch diese Kirche eine Geschichte, die in die frühchristliche Zeit zurückweist. Als Stiftskirche wurde sie um das Jahr 1030 neu gebaut, ihr Chor 1050 von Papst Leo IX. geweiht. Um sie von der älteren Vorläuferkirche gleichen Namens an der Langen Straße, die übrigens eine alte Römerstraße war, zu unterscheiden, erhielt jene die Bezeichnung Alt-St. Peter, die jüngere den Namen Jung-St. Peter. Dabei ist es bis heute geblieben. Vom Neubau des 11. Jahrhunderts sind in der heutigen Jung-St. Peter-Kirche allerdings nur der stark restaurierte Kreuzgang, die Untergeschosse des Glockenturms sowie ein Hypogäum, ein rechteckiger Kellerraum unter dem südlichen Seitenschiff erhalten – das Hypogäum möglicherweise als Rest der frühesten Anlage. In seinen Wandnischen standen Sarkophage aus Sandstein, und in den Fußboden war ein gemauertes, in der Form eines menschlichen Körpers gehöhltes Grab eingelassen. Es ist denkbar, daß diese Gruft als Obergeschoß eine Kapelle hatte, die auch 1031 noch bestanden haben könnte.

Das heutige Erscheinungsbild der vierschiffigen Pfeilerbasilika ist gotisch mit zum Teil auffallend schönen Details wie etwa dem Sterngewölbe in der Trinitatiskapelle. Auch der hochgotische Lettner verdient Beachtung. Der früher einmal reichhaltige plastische Schmuck allerdings ist zerstört und verschwunden. Die heutigen Statuen stammen aus der letzten Jahrhundertwende. Neugotisch ist der Hochaltar, alt darin eine gemalte Tafel mit der Kreuzabnahme aus dem Jahr 1518.

Die in zwei Jahrhunderten mehrfach erweiterte, restaurierte, umgebaute und auch technisch veränderte Orgel ist in den Grundzügen ihrer Disposition ein Spätwerk von Johann Andreas Silbermann. Sie hat immerhin Qualitäten, die eine große Schallplattengesellschaft veranlaßten, einen wesentlichen Teil des gesamten Orgelwerks von Johann Sebastian Bach in Jung-St. Peter aufzunehmen.

Vom Kirchplatz über die Blauwolkengasse (Rue de la Nuée-Bleue) zum *Broglieplatz*: das sind nur wenige Minuten. Der langgestreckte Platz wird an seiner östlichen

STRASSBURG – DIE WUNDERSCHÖNE STADT

Straßburg. Opernhaus. Nach einem Stahlstich aus Principaux Monuments de Strasbourg, Straßburg um 1850

Schmalseite von der klassizistischen Säulenfront der Oper (Abb. 47) begrenzt. Um so repräsentativ zu sein, wie er es leicht hätte sein können, kam er zu spät. Der Militärgouverneur de Broglie legte ihn Mitte des 18. Jahrhunderts an. Da stand aber schon der Hanauer Hof, der jetzt als Rathaus dient, und präsentierte seine Schauseite zur Brandgasse, die parallel zum Brogliepatz verläuft. Genau so verhält es sich mit dem nebenan gelegenen Zweibrücker Hof, der zeitweise im Besitz Maximilians von Zweibrücken war, und in dem 1788 König Ludwig I. von Bayern geboren wurde. Zu seiner großzügigen Architektur und Ausstattung gehört das nach Meinung von Kennern schönste Treppenhaus Straßburgs. Heute residiert hier die Militärbehörde. Auch die ehemalige königliche Prätorenresidenz am östlichen Ende der Brandgasse, die jetzige Präfektur, nimmt übrigens vom Brogliepatz keine Notiz. Ihre barocke Schauseite blickt zur Neustadt.

Die Neustadt

Wie mit einem Paukenschlag geleitet das weiträumige Rondell der Place de la République den vom Brogliepatz über die Theaterbrücke kommenden Gast Straßburgs in die neuere und neueste Zeit dieser alten Stadt. Es sind durchweg monumentale Bauten, die den Platz umstellen: zur Rechten Konservatorium und Schauspielhaus, des weiteren Universitäts- und Landesbibliothek, zwei Amtsgebäude der Präfektur und zur Linken das Palais du Rhin, in dem einige Behörden untergebracht sind. Erbaut wurde dieses Haus in den achtziger Jahren des vergangenen Jahrhunderts allerdings nicht als Arbeitsplatz für Beamte, sondern als Kaiserresidenz.

Vom Platz der Republik in südöstlicher Richtung ist es auf der Avenue de la Liberté nicht weit zur Universität. Die vom gleichen Platz nach Nordosten verlaufende Avenue de la Paix berührt den Parc de Contades und führt weiter zur Place de Bordeaux, wo Rundfunk und Fernsehen ihr Domizil haben. Gleich in der Nähe liegt der Kongreß- und Musikpalast, ein moderner, großzügiger, architektonisch interessanter Vielzweckbau. In dieser Gegend muß man sich nun nach Osten orientieren, um zum Palais des Europarats und zur gegenüberliegenden Orangerie hinzufinden. Doch angesichts einer sehr aufmerksamen und verläßlichen Beschilderung ist das für den Fremden kein Problem. Ob nun Rundgang und Rundfahrt in Straßburg hier oder schon in der Altstadt enden: es ist immer nur zu wiederholen, daß dieses Kapitel unseres Buches nur eine erste Orientierung in einer Stadt vermitteln kann, deren Reichtümer an Kunst und Gestalt gewordener Geschichte unermeßlich sind. Der vorgeschlagene Rundgang ist an einem Tag durchaus zu schaffen, wenn es sein muß. Ob es sein muß, hat der Leser zu entscheiden.

Glanzpunkte der Romanik

Straßburg – Altdorf (23 km) – Molsheim (4 km) – Avolsheim und Dompeter (4 km) – Maursmünster/Marmoutier (18 km) – Zabern/Saverne (6 km) – St. Johann / St. Jean-Saverne (5 km) – Hohbarr/Haut-Barr (10 km) – Obersteigen (21 km) – Niederhaslach (26 km) – Rosenweiler (16 km) – Rosheim (3 km) – Altdorf (11 km) – Straßburg (23 km). Insgesamt 170 km.

Um gleich genauer zu sein: auf der Fahrt durch das Land westlich von Straßburg bis in die Vogesen hinein liegen auch andere bedeutende Kunstdenkmäler am Wege, aber alles in allem ist in diesem Raum doch der romanische Stil in einigen seiner schönsten Variationen das beherrschende Thema.

Mit zunehmender Entfernung von Straßburg geht die Ebene über in typische Vorgebirgslandschaft mit sanft geschwungenen Hügeln vor weiten Horizonten, offener und großräumiger noch als im benachbarten Hanauer Land nahe dem Wasgenwald. Ein nördlicher großer Straßenzug von Straßburg her strebt der Zaberner Steige zu, dem uralten kürzesten Verbindungsweg über die schmalste Vogesenpassage zwischen Elsaß und Innerfrankreich. Die zweite, südlichere Durchgangsstraße erreicht hinter Molsheim und Mutzig das Gebirge, biegt dann, dem Tal der Breusch folgend, nach Südsüdwesten ab und begleitet den Hauptkamm der Vogesen auf einer westlich von ihm verlaufenden Parallellinie. Die vorgeschlagene Fahrtroute bleibt im ›Einzugsbereich‹ dieser beiden Ost-West-Wege und kann dadurch um so leichter nach eigenen Wünschen und verfügbarer Zeit variiert werden. Ungekürzt läßt sie sich als äußerst lohnende und durchaus bequeme Tagestour absolvieren.

Altdorf

Von Straßburg aus ist Altdorf am leichtesten über die Autobahn in Richtung St. Dié zu erreichen. Diese Autobahn endet allerdings bis auf weiteres (Stand 1981) nach 18 Kilometern und geht in die RN 392 über.

Die Grafen Eberhard und Hugo von Egisheim sollen der Überlieferung nach die Begründer der Benediktinerabtei St. Cyriak in Altdorf gewesen sein. 974 wurde die erste Vorläuferkirche des heutigen Baus vom Straßburger Bischof Erckenbald in Gegenwart des Abtes Majolus von Cluny geweiht. 1049 kam Papst Leo IX. hierher, um an den Gräbern seiner Vorfahren zu beten. Er weihte den Hauptaltar dem heiligen Stephan und hatte aus Italien die Reliquien des heiligen Cyriakus mitgebracht.

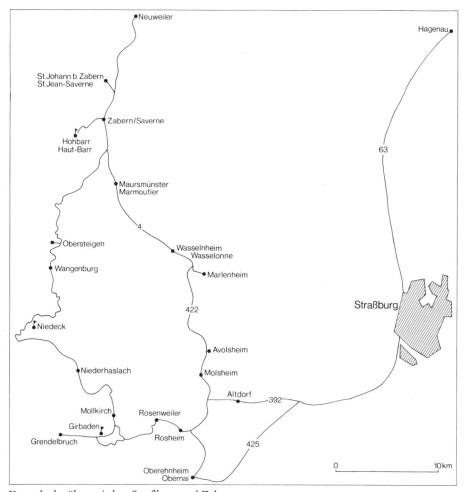

Kunstdenkmäler zwischen Straßburg und Zabern

Ende des 12. Jahrhunderts wurde in Altdorf wieder gebaut und das erste Gotteshaus durch eine spätromanische dreischiffige Basilika ersetzt. Von ihr sind das Langhaus und ein Mauerrest im südlichen Querschiff erhalten, während Querhaus und Chor 1725 von Peter Thumb in österreichischem Barock neu errichtet wurden.

Das prachtvolle, mit größter Sorgfalt behauene Quadermauerwerk macht die relativ kleine Kirche aus staufischer Zeit schon äußerlich zu einer der schönsten dieses Typus im Elsaß (Abb. 48). Dafür mag das nahegelegene Rosheim Vorbild gewesen sein. Auch der Grundriß mit zweieinhalb Doppeljochen und turmloser Westseite ist hier wie dort der gleiche. Was Altdorf darüber hinaus auszeichnet, sind Höhe und großzügige Raumentfaltung des Mittelschiffs, das wie die Seitenteile von Rippengewölben überspannt wird und geradezu elegant wirkt. Dieser Eindruck steht in einem ebenso seltsamen wie reizvollen Widerspruch zu dem typisch elsässischen Bild von Kraft und Fülle, das die in ihrer Stärke zwar wechselnden, doch durchweg schwer und gedrungen wirkenden Pfeiler, die schwellenden Polsterkapitelle und mächtigen Kämpfer vermitteln.

Die für Altdorf bezeichnende Eleganz der Formensprache macht übrigens auch den wesentlichen Unterschied aus zu der sonst sehr ähnlichen Kirche von Sigolsheim im südlichen Elsaß (s. S. 228), die ungeachtet vieler fast ›wörtlicher‹ Übereinstimmungen insgesamt derber, ländlicher anmutet. Die spitzbogigen Arkaden und Quergurte in Altdorf wie überhaupt die schlanke Proportionierung des Raumes weisen bereits voraus auf einen stilistischen Wandel, der zur Gotik führen wird.

Bei der Innenausstattung gibt natürlich, wenn schon Chor und Querhaus aus dieser Zeit stammen, das Barocke den Ton an. Noch aus dem 15. Jahrhundert rührt allerdings der Taufstein mit Astwerkverzierung her, während die reich gearbeitete Kanzel ins Ende des 17. Jahrhunderts datiert wird und die barocken Altäre sowie Holzgetäfel und Holzgestühl im Chor der ersten Hälfte des 18. Jahrhunderts zuzuschreiben sind. Wie für viele Orgeln im Elsaß ist auch für die Altdorfer Orgel der Name Silbermann das Gütezeichen.

Man sollte von Altdorf nicht Abschied nehmen, ohne sich über die Verschiedenheit der beiden Portale ein wenig zu wundern. Während das Südportal mit seinen kräftigen Ornamentformen im Kapitellgürtel und dem mit Blättern und Palmetten gezierten äußeren Bogen eher schwer und altertümlich wirkt (Abb. 49), ist Eleganz wiederum das richtige Stichwort für das spitzbogige Säulenportal an der Westseite (Abb. 50). In ihm werden Tendenzen sichtbar, die mit der Werkstatt der Straßburger Münstervierung in Verbindung zu bringen sind. Das skulptierte Bogenfeld dieses Portals ist allerdings eine Zutat des 19. Jahrhunderts.

Molsheim

Auf der RN 392 weiter in Richtung St. Dié, zweigt nach zwei Kilometern rechts die Straße nach Molsheim ab. Schon von der Peripherie des alten Stadtkerns aus tritt der langgestreckte Bau der Jesuitenkirche ins Bild, die man an einer kleinen Parkfläche vor einem Eisengitterzaun in Ruhe betrachten kann (Farbt. 5).

Später rechts abbiegend durch das einst befestigte Schmiedetor, das zur 1263 errichteten Ummauerung der den Bischöfen von Straßburg eigenen Stadt gehörte, führt der Weg unmittelbar auf die prächtige Volutengiebelfassade der *Metzig* (Abb. 55) zu. Dieser heute als Museum genutzte Renaissancebau war 1525 von der Metzgerzunft errichtet worden und nahm im Erdgeschoß die Fleischerläden auf, während das Obergeschoß den Zunftgenossen als Versammlungsraum diente. Mit ihrer Doppeltreppe, dem hübschen Haubentürmchen darüber und einem langen Balkon in kunstvoller

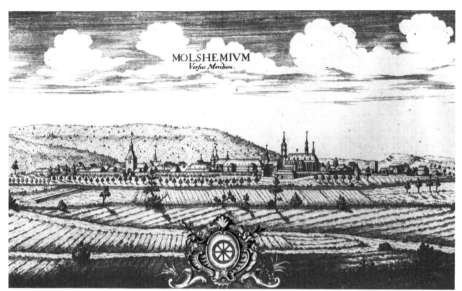

Molsheim. Nach Merian, Topographia Alsatiae

Steinmetzarbeit ist die Metzig das Prunkstück des Markt- und Rathausplatzes. Die Gemeindeverwaltung ist in dem ehemaligen Speichergebäude ›Grafenkast‹ am gleichen Platz untergebracht. Doch man stößt nicht nur hier, sondern in mehreren Straßen und Gassen des Städtchens auf stattliche Häuser und sollte vor allem nicht das sogenannte ›Alte Haus‹ in der Zaberner Straße (Rue de Saverne) mit seinen fränkischen Erkern und geschnitzten Pfosten aus den Jahren um 1600 übersehen.

Die *Jesuitenkirche* (Farbt. 5), nur ein paar Gehminuten vom Rathausplatz entfernt (falls man es nicht vorzieht, gleich auf dem großen Kirchenvorplatz zu parken und den umgekehrten Weg zur Metzig zu gehen), verdankt ihre Existenz der schon im einleitenden Teil erwähnten gegenreformatorischen Bewegung, die 1582 zur Gründung eines Jesuitenkollegs in Molsheim führte. Bischof Erzherzog Leopold von Österreich hatte die Kirche in den Jahren 1614 bis 1618 auf seine Kosten für die Jesuiten bauen lassen.

Ein gotisches Gotteshaus auf den ersten Blick, wenn man das Innere betritt (Farbt. 6, Abb. 51), aber schon auf den zweiten wird man dessen gewahr, was Georg Dehio so sah: »Man fühlt sich nicht in einem Bau des späten Mittelalters. Das macht die Raumstimmung. Es ist darin eine Weite und im Liniengerüst eine Mitherrschaft der Horizontale, die, dem Architekten wahrscheinlich unbewußt, ihre Inspiration von der Renaissance empfangen haben.«

Gerade diese eigen- und in solcher Weise vielleicht einzigartige Mischung von Gotik und Renaissance macht deutlicher als viele Worte, wes Geistes Kind die Molsheimer

GLANZPUNKTE DER ROMANIK

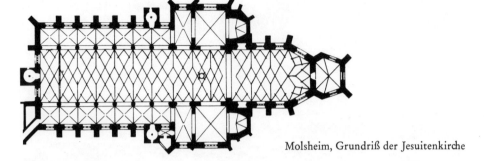

Molsheim, Grundriß der Jesuitenkirche

Kirche der Jesuiten ist. Dem Stil der Zeit, der Renaissance, sich zu entziehen, wäre in solcher Umgebung kaum denkbar gewesen, doch um so deutlicher besagt jetzt der steingewordene Widerspruch, daß die Jesuiten diesem Stil als Ausdruck einer die Kirche gefährdenden Gesinnung entgegenzutreten gedachten, indem sie bereits historisch gewordene gotische Formen wieder aufgriffen. Dabei entstand ein Bauwerk von hoher künstlerischer Bedeutung und eindrucksvoller Raumwirkung, eine kreuzförmige gewölbte Basilika zu zehn Jochen, deren Weiträumigkeit durch die beiden Längsemporen noch zusätzlich betont wird. Und wohin man auch schaut, findet man Details, die zwar gotisch konzipiert, in der Ausführung dann aber doch zur Renaissance hin geraten sind.

Die beiden Seitenteile des Querhauses sind jeweils als Kapellen angelegt, ihre Säulenbasen mit Figuren der Evangelisten und Kirchenväter besetzt (Abb. 52, 53). Zur Ausstattung gehören u. a. eine gut gearbeitete Muttergottes auf der Mondsichel in der nördlichen Seitenkapelle, die aus der in der Revolution zerstörten Pfarrkirche St. Georg hierher verbracht wurde und dem Meister der Oberehnheimer Muttergottes zugeschrieben wird; ferner ein Steinkruzifix aus der Straßburger Karthause (um 1480), das jetzt in der Kapelle beim nördlichen Seitenportal aufgestellt ist, eine geschnitzte Kanzel im Renaissancestil, das Gehäuse einer Silbermann-Orgel und ein Taufstein (Abb. 54), der ebenfalls aus St. Georg hierher kam. Das ungewöhnlich fein gemeißelte Taufbecken stellt in Reliefs die Sakramente zwischen plastischen Heiligengestalten dar. Der restaurierte Ölberg mit überlebensgroßen barocken Figuren vor der Kirche hatte ursprünglich seinen Platz in dem alten Karthäuserkloster in Molsheim.

Avolsheim und Dompeter

Auf der Straße, die nach Molsheim führte, in gleicher Richtung weiter liegt ganz nahebei der kleine Ort Avolsheim. Er hat eine besondere Kostbarkeit vorzuweisen, sozusagen die Miniaturausgabe eines Zentralbaus. Die dem heiligen Ulrich geweihte Kapelle dicht neben der neuromanischen Kirche von 1910 dürfte um das Jahr 1000 entstanden sein. Um ihr zylindrisches Mittelteil sind vier hufeisenförmige Apsiden angeordnet. Ein Halbkugelgewölbe deckt den Hauptraum (Farbt. 12).

Hatte sich die Ulrichskapelle schon in früheren Jahrhunderten einige unangemessene Zutaten wie den achteckigen Turm mit spitzem Helm gefallen lassen müssen, so entartete die Verstümmelung um das Jahr 1773/74 geradezu ins Brutale. Jetzt wurde nämlich der Rundbau von der freistehenden Kapelle zur Kirchenvorhalle degradiert, die gekappten Apsiden ummantelte man rechteckig und versah sie mit antikischen Giebeln, und an die östliche Apsis wurde ein regelrechtes Schiff angebaut. Letzteres wurde nach dem Bau der neuen Kirche glücklicherweise wieder abgebrochen, aber die übrigen Verstümmelungen sind geblieben. Rein erhalten ist also nur der Innenraum, der in den sechziger Jahren noch dadurch zusätzlich gewonnen hat, daß man damals die ursprüngliche, auf etwa 1160 zu datierende Ausmalung freilegte. Sie zeigt in der Kuppel über vier Szenen, die mit der Taufe in Zusammenhang stehen, und über vier Evangelisten einen Gnadenstuhl.

Von Avolsheim aufs freie Feld hinaus führt der Weg zum Dompeter (Domus Petri – Haus des Petrus), der noch im 14. Jahrhundert die Mutterkirche von Molsheim war (Abb. 56). Er soll die älteste Kirche des Elsaß sein, was jedoch nur zutrifft, wenn man die karolingischen oder vorkarolingischen Heiligtümer, die hier nacheinander standen, und deren Existenz durch Ausgrabungen bezeugt ist, in die Betrachtung mit einbezieht. Ein in der ersten Hälfte des 11. Jahrhunderts aufgeführter Bau wurde 1049 von Papst Leo IX. geweiht. Von ihm sind heute nur noch die Arkaden des Mittelschiffs erhalten. Sie lagern auf viereckigen Pfeilern aus unregelmäßigen Bruchsteinen.

In der zweiten Hälfte des 12. Jahrhunderts wurden eine Vorhalle mit einem Turm und die Fassadenmauern der Seitenschiffe errichtet. Nach einem durch Blitzschlag im Jahr 1746 verursachten Brand wurde dieser romanische Turm mit seinen Lisenen und Bogenfriesen abgetragen und später durch ein helmbekröntes achteckiges Glockengeschoß über der Halle ersetzt. 1829 trat an die Stelle der alten halbkreisförmigen Apsis ein polygonaler Chor. Ungeachtet dieser Veränderungen darf man den Dompeter als typisches Beispiel einer einfachen frühromanischen Landkirche ansprechen. Schlichte Holzfiguren aus der Zeit um 1500 und einige Stücke bäuerlichen Barocks bilden den ebenso einfachen Schmuck. Auch den beiden Seitenportalen wie dem spätgotisch erneuerten Doppelportal im Westen bleibt Aufmerksamkeit zu schenken – nicht zuletzt einer riesigen, von den Stürmen der Jahrhunderte zerzausten Linde, die sich wie schützend vor das Gotteshaus gestellt hat.

Maursmünster

Die RN 422 verbindet Avolsheim mit der RN 4, die in der Nähe von Marlenheim erreicht wird und in Richtung Zabern, an Wasselnheim/Wasselonne vorbei, zu unserem nächsten Ziel Maursmünster führt. Die hier in nicht vollständig erhellter Vergangen-

GLANZPUNKTE DER ROMANIK

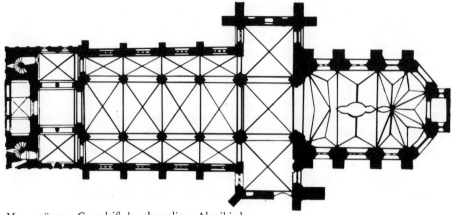

Maursmünster, Grundriß der ehemaligen Abteikirche

heit, wohl aber in den Jahren um oder nach 600 begründete Mönchsniederlassung war jedenfalls eine der ältesten und außerdem auch eine der reichsten im Elsaß, ausgestattet mit Königsgut und benannt nach dem Abt Maurus, der hier um 724 die Regel des heiligen Benedikt einführte. Um 740 gehörte Maursmünster mit Murbach und Neuweiler sowie mit den rechtsrheinischen Abteien Schuttern und Gengenbach dem Verband der pirminischen Klöster an. Die Blütezeit von Maursmünster begann gegen Ende des 11. Jahrhunderts. In sie fällt der Neubau der Abteikirche, deren Westwerk in die Mitte des 12. Jahrhunderts zu datieren ist. Etwa um 1230/1240 wurde ihm ein gotisches Langhaus angeschlossen, noch etwas später das Querschiff hinzugefügt.

Bauernkrieg und Dreißigjähriger Krieg spielten Maursmünster übel mit, aber schon vorher hatte ein durch immer größere finanzielle Schwierigkeiten verursachter Niedergang eingesetzt. Im Jahr 1512 gab es im Kloster weder Abt noch Mönche. Zu Anfang des 18. Jahrhunderts brachte dann aber Abt Anselm Moser noch einmal einen nachhaltigen Aufschwung mönchischen Lebens zustande. Seine Nachfolger ließen zwischen 1760 und 1770 den Chor neu errichten und mit einem schönen Gestühl schmücken. Die Absicht, das Mittelschiff zu verlängern und eine neue zweitürmige Fassade nach Plänen von Salins de Montfort, dem Architekten des Zaberner Schlosses, zu bauen, wurde glücklicherweise nicht mehr verwirklicht. Verlorengegangen wäre sonst eine der großartigsten Leistungen des romanischen Kirchenbaus, und dies nicht nur bezogen auf das Elsaß, sondern auf die Baugeschichte einer ganzen Epoche.

Es gibt wenig Vergleichbares, an dem der Sinn des Begriffes ›Westwerk‹ so deutlich würde wie an diesem Münster des Maurus, das seit 1805 als Pfarrkirche dient. Eine Burg, eine Festung des Glaubens, so hat man den Eindruck. Ihre wehrhafte Stirn ist die zu gewaltigen Massen aufgetürmte und doch so reich gegliederte und ausgewogen proportionierte Fassade aus fein behauenen, warmfarbenen Sandsteinquadern. Eine solche

Verbindung von Kraft, Festigkeit und Monumentalität mit der erlesensten Feinheit im Detail – aus greifbarer Nähe beispielsweise zu studieren an den schönen Säulenkapitellen der Vorhalle – hat es an keinem späteren Westbau im Elsaß mehr gegeben (Abb. 60).

Die zwei Geschosse der Fassade sind gegliedert von Lisenen und Rundbogenfriesen, die den Bau reich beleben und ihm fast etwas Heiteres geben. Über ihnen ragt eine Gruppe von drei Türmen auf: ein hoher quadratischer, durch Klangarkaden geöffneter Mittelturm, der zurückversetzt ist hinter den Dreiecksgiebel in der Fassadenmitte, seitlich dann die niedrigeren achteckigen Türme über einem quadratischen Geschoß, denen kleine Giebel mit einer hübschen Säulenarkatur vorgeblendet sind. Doch auch für die großen Flächen des zweiten Fassadengeschosses hat sich der Baumeister etwas einfallen lassen, und es ist schon recht erstaunlich, wie unbesorgt um Symmetrie hier Skulpturenschmuck angebracht ist: Löwen mit und ohne Aureole und eine sehr dämonische Dreifaltigkeit (Abb. 57, 59).

Das gotische Langhaus, das man durch die Vorhalle, das reich geschmückte Portal und den romanischen Narthex, den inneren Vorraum, betritt, weist hin auf Formvorstellungen, wie sie wohl in der Werkstatt des südlichen Münsterquerhauses von Straßburg vorgedacht worden waren. Auch die feine Bauplastik, die Kapitelle (Abb. 58) und Konsolen mit ihrem naturalistischen Laubwerk stehen in Beziehung zu Straßburg und dem dort tätigen Ecclesiameister. Eine befreiende Leichtigkeit herrscht in dem steil aufstrebenden Längsschiff. Vom barock erneuerten Altarraum mit den historisierenden gotischen Formen des Chors und dem kunstvollen Chorgestühl geht eine Stimmung aus, die Dehio sehr treffend als ein dem Mittelalter fremdes, heiteres und wohliges Etwas beschreibt.

Einige Renaissance-Grabmäler, die Kanzel aus dem 16. Jahrhundert und eine weitere der Orgeln, mit denen die Familie Silbermann das Elsaß förmlich überzogen hat, sind der Beachtung ebenso wert wie die ehemaligen Stiftshäuser beiderseits der Zufahrt zur Kirche. Eine Jahre dauernde Innenrestaurierung und begleitende Grabungen dürften 1984 im wesentlichen abgeschlossen werden.

Zabern

Kein leichtes Schicksal für eine Stadt, an einer bevorzugten Durchgangsstraße und unmittelbar an einem strategisch wichtigen Übergang zu liegen. Zabern hat das in seiner Geschichte immer wieder hart zu spüren bekommen. Und diese Geschichte beginnt bereits zur Römerzeit, als sich um ›Tres Tabernae‹ (Drei Schenken) eine kleine Siedlung als eine Art Raststätte auf dem Weg von Gallien nach Straßburg, dem damaligen Argentoratum, bildete. In fränkischer Zeit gehörte Zabern zur Abtei Maursmünster, die zunächst noch ein Teil des Bistums Metz war, dann unter der Stauferherrschaft an die Fürstbischöfe von Straßburg kam.

GLANZPUNKTE DER ROMANIK

Die Stadt hatte sich auf unruhige Zeiten eingerichtet und sich mit einer starken Mauer, 52 Türmen und je sieben Schießscharten dazwischen umgeben. Heute ist von dieser Befestigung nur mehr das Wenigste zu sehen. Viel mehr dagegen von schönen Fachwerkhäusern in der Altstadt, darunter einige, die zu den Renommierstücken des ganzen Landes zählen. Eines davon in der Hauptstraße (Grand' Rue) Nr. 80 war das Haus des Landschreibers Katz (Abb. 62). Zusammen mit dem ähnlich reich ausgefachten Haus Nr. 76 gibt es dem Rathaus der Stadt einen exquisiten Rahmen. Gleich nahebei, dem Schloß zu und ein paar Schritte links ist die *Rekollektenkirche* aus dem 14. Jahrhundert zu finden, ein flachgedeckter einschiffiger Saal mit einer Ausstattung aus wesentlich späterer Zeit, jedoch mit einem noch recht gut erhaltenen Kreuzgang aus dem 14./15. Jahrhundert an der Nordseite, der teilweise geschmückt ist mit neuerdings restaurierten Wandbildern aus dem frühen 17. Jahrhundert. Ihren Namen hat die s. Z. den Franziskanern zugewiesene Kirche übrigens von den Rekollekten, einem Sammelbegriff für klösterliche Reformrichtungen, denen es auf strengste Beachtung der Ordensregel ankam.

In der Gegenrichtung der Hauptstraße, wenig oberhalb des Hauses Katz, öffnet sich links ein kleiner Straßenplatz, in den die spätromanische Turmfassade der ehemaligen Stiftskirche hereinragt. Das Maria geweihte Gotteshaus war schon immer auch zugleich *Pfarrkirche* (Abb. 64). Ihr quadratischer, fünfgeschossiger Westturm gehörte zu einem romanischen Bau des 12. Jahrhunderts, während das jetzige Langhaus in gotischen Formen gegen Ende des 15. Jahrhunderts entstand. Dem nördlichen Seitenschiff wurde als ein mit besonderer Liebe zum Detail ausgeführter Bauteil die Kapelle des Bischofs Albrecht angegliedert, der 1506 starb.

Zu den bemerkenswertesten Teilen der Ausstattung gehören u. a. eine üppig dekorierte Kanzel aus der Werkstatt des Straßburger Münsterbaumeisters Hans Hammer, ein Heiliges Grab mit einem sehr herb aufgefaßten Leichnam Christi, ferner an der rechten Innenwand eine Beweinung Christi mit Halbfiguren in Alabaster auf Marmor (um 1500) sowie Orgelprospekt und Orgelempore, für die Teile des früheren Lettners mitverwendet wurden. In der Bischofs- beziehungsweise Marienkapelle sind vier Passionstafeln verblieben, die ursprünglich wohl zu einem größeren Zyklus in einem Altaraufsatz gehörten. Das Grabmal des Bischofs Albrecht, das man in dieser Kapelle eigentlich vermuten sollte, ist nicht mehr vorhanden und nur noch im Umriß erkennbar. (Gründliche Renovierung im Sommer 1983 begonnen.)

Zur Besichtigung empfiehlt sich auch das *Alte Schloß* unmittelbar östlich der Pfarrkirche. In ein größeres Gebäude sind hier u. a. die St. Michaelskapelle und ein Renaissancesaal, der heute als Sakristei dient, einbezogen. Die eigentliche Residenz der Bischöfe war der nebenan liegende Oberhof, in dem heute die Unterpräfektur etabliert ist. Das reich gearbeitete Renaissanceportal am Treppenturm ist nicht zu übersehen.

60   MAURSMÜNSTER   Ehemalige Abteikirche, Westwerk ▷

61 Ruine HOHBARR mit Burgkapelle

62 ZABERN Haus Katz

63 ZABERN Rohan-Schloß ▷

64 ZABERN Pfarrkirche, romanischer Westbau
65 NIEDERHASLACH St. Florentius-Kirche
66, 67 OBERSTEIGEN Portaldetail und die zum ehemaligen Augustinerstift gehörende Kapelle

69 NIEDERHASLACH St. Florentius, Mittelschiff

70 NIEDERHASLACH St. Florentius, Hl. Grab

71, 72 ROSHEIM St. Peter und Paul, Schmuck der Seitenwände; südliches Seitenportal

◁ 68 NIEDERHASLACH St. Florentius, Hauptportal

73 ROSHEIM St. Peter und Paul, Apsiden

74 ROSHEIM   St. Peter und Paul, Figur auf der Zwickelschräge am Vierungsturm

75 OBEREHNHEIM Fachwerkhäuser und Kapellturm

76 OBEREHNHEIM Renaissancebrunnen ▷

77 ODILIENBERG Heidenmauer

80 ODILIENBERG Ansicht des Klosterkomplexes von Südosten ▷

78 ODILIENBERG Kreuzkapelle im Kloster

79 ODILIENBERG Kapitell mit zungenausstreckender Fratze

81 BARR Rathausplatz
82 Ruine LANDSBERG: Palaswand mit Kapellerker

83 MITTELBERGHEIM Hofidyll

84 Landschaft mit Blick auf Schloßruine Andlau ▷

Das erste *Neue Schloß* an der Stelle einer Burg war schon mehrfach erweitert und erneuert worden, als es 1779 niederbrannte. Jetzt erst erstand der imposante Neubau, zu dem Alfred Salins de Montfort die Pläne lieferte, und der zu Zaberns architektonischem Prunkstück wurde (Abb. 63). Kardinal Louis de Rohan gab den Anstoß zu dieser beispielhaft ausgewogenen klassizistischen Anlage, deren Schauseite freilich nicht dem großen Vorplatz, sondern dem Garten zugekehrt ist und hier mit einer prächtigen Säulengliederung aufwartet. Allerdings war der Bau noch nicht vollendet, als die Revolution hereinbrach und vieles wieder zerstörte. Napoleon III. ließ später die Schäden beseitigen, den Bau fertigstellen und ihn den Witwen staatlicher Würdenträger zuweisen. Von 1871 bis 1945 war er Kaserne. Heute gehört er der Stadt, die hier u. a. eine Bibliothek und ein Museum untergebracht hat.

St. Johann bei Zabern

Aus der Stadtmitte Zabern führt eine Straße unmittelbar neben dem Marne-Rhein-Kanal, das Rohan-Schloß rechts liegenlassend, nach Monsweiler und St. Johann bei Zabern. Das Dorf gleichen Namens wie der Heilige, dem schon die älteste Dorfkirche geweiht worden war, hatte ursprünglich Meyenheimsweiler geheißen. Peter von Lützelburg übereignete es samt seinem Hofgut Meyenheim dem Kloster St. Georgen im Schwarzwald, als dieses hier 1126 ein Benediktiner-Frauenkloster gründete. Das Kloster blieb der Mutterabtei in der Weise eng verbunden, daß von dort jeweils die Oberin ernannt und ein Mönch als Prior eingesetzt wurde. Es wurde in der Revolution aufgehoben. Erhalten ist aus den Anfängen die etwa um die Mitte des 12. Jahrhunderts errichtete dreischiffige romanische Basilika ohne Querhaus; die Strebepfeiler an den Seitenschiffen und der Westturm wurden allerdings erst viel später zugefügt, ebenso die barocke Ausstattung.

St. Johann ist der früheste Bau im Elsaß, der durchgehend gewölbt wurde, und das merkt man ihm wohl auch an: noch sind die vielen Möglichkeiten, mit Rippengewölben umzugehen, nicht durchgespielt worden. Alles wirkt da recht wuchtig, bäuerlich derb, auf der Gewißheit aufgebaut, daß die massigen Pfeiler und Bögen auch wirklich halten werden, was sie halten sollen. Doch gerade in dieser kraftvollen und ein wenig schwerfälligen Formensprache liegt ein besonderer Reiz dieses Bauwerks begründet, das man, wenn schon in dieser Gegend, möglichst nicht versäumen sollte. Zumindest auch nicht wegen der drei Chorapsiden, die ein reich gegliedertes und belebendes Element des ansonsten schmucklosen Außenbaus sind, und der Haupttür mit den kunstvollen Originalbeschlägen aus dem 12. Jahrhundert. Zum Kirchenschatz gehören zehn kostbare Wirkteppiche und Teppichteile, die der Küster (im Haus neben der Kirche) dem interessierten Besucher gern zeigen wird (Farbt. 7).

Am Weg zur Kirche, da wo mehrere Sträßchen ineinander einmünden, steht ein schönes Steinkreuz über einem Treppenaufbau, wie es in solcher Form nur selten begegnet. Und auf der Höhe über St. Johann, auf einem Vorsprung des Michelsberges, erwartet den Besuchern eine Wallfahrtskapelle, die zwar architektonisch nichts Besonderes zu bieten hat, aber einen dafür empfänglichen Menschen vielleicht wieder einmal mit einem Schauer geheimnisvoller Vergangenheit anrührt, wenn er an hier gewesene uralte Kultstätten aus vorchristlicher Zeit und an Überlieferungen denkt, die eine kreisförmige Vertiefung vor der Kapelle als Hexentanzplatz beschreiben.

Hohbarr

Von St. Johann nach Zabern zurück und ziemlich genau in der entgegengesetzten Richtung bergan zur Ruine Hohbarr: die Straße ist gut ausgeschildert und nicht zu verfehlen. Hohbarr bietet eine gute Gelegenheit, angesichts der mächtigen Mauer- und Felsenreste sich noch ein recht anschauliches Bild von einer der größten Burganlagen des Landes zu machen, die auf dem Konstanzer Konzil 1414 wegen ihrer beherrschenden Lage zum erstenmal ›Auge des Elsaß‹ genannt wurde. Daß dieses Auge den Besuchern, die hierher kommen, eine prächtige Aussicht verspricht, versteht sich unter den gegebenen Umständen wohl von selbst.

Der Ausbau einer schon früher an dieser Stelle errichteten Burg, die sich im Besitz der Bischöfe von Straßburg befand, zu einer dreiteiligen Anlage begann im letzten Drittel des 12. Jahrhunderts. Nach mehrfachen Erweiterungen wurde Hohbarr im Dreißigjährigen Krieg teilweise geschleift und in der Französischen Revolution vollends zerstört. In der Zeit, in der die Burg schon mehr einem herrschaftlichen Schloß glich, im 13. und 14. Jahrhundert vor allem, hatte sie den Straßburger Bischöfen wiederholt als Residenz gedient.

Neben dem teils mit Bögen verstrebten, mit Buckelquadern verblendeten Felsgestein und den Resten eines Turms am Nordfelsen sowie einem Mauerstück mit Fenstergruppen, die zum romanischen Palas auf dem Südfelsen gehörten, ist die um 1200

Schloß Hohbarr bei Zabern. Nach Merian, Topographia Alsatiae

erbaute einschiffige Burgkapelle (Abb. 61) unterhalb des Nordfelsens der mit Abstand besterhaltene, voll funktionsfähig gebliebene Teil von Hohbarr, aufgemauert aus sorgsam zugerichteten, glatten Sandsteinquadern, außen mit Lisenen und Rundbogenfriesen gefällig gegliedert und an der Stirnseite zusätzlich mit skulptierten Konsolen unter den Bogen geschmückt.

Obersteigen

Der kürzeste und in Anbetracht eines umfangreichen Tagesprogramms empfehlenswerteste Weg führt nun zunächst nach Zabern und noch einige Kilometer in Richtung Maursmünster zurück, dann bald nach der Ortschaft Otterswiler rechts ab mit Wegweisung nach Wangenburg. Vom Rande her führt die wenig befahrene Straße allmählich in die Vogesen hinein, durch lichte Wälder mit immer wieder schönen Ausblicken auf das Vorgebirge und die weite Ebene. Etwa drei Kilometer vor Wangenburg an einer mitten im Wald gelegenen Kreuzung zweigt rechts die Straße nach Obersteigen ab.

Hier stand einmal ein um das Jahr 1221 von der Äbtissin Hedwig von Andlau gegründetes Kloster mit einem Hospiz für Pilger und Arme. Zahlreiche Schenkungen und Privilegien ließen das Priorat der Augustinerchorherren, die hier einen neuen Zweig der ›Steigerbrüder‹ bildeten, rasch aufblühen. Von dieser Anlage hat außer einigen Grabplatten nichts die Zeiten überdauert, wohl aber die spätestens 1230 vollendete Kapelle, die mit ihrem klaren Grundriß, ihren harmonischen Proportionen und mit vielen schönen Einzelheiten eine der hübschesten, bestgelungenen Schöpfungen des Übergangsstils im Elsaß ist (Abb. 67). Entwicklungsgeschichtlich spielt sie eine Schlüsselrolle insofern, als mit ihr die Übernahme gotischen Formdenkens aus Frankreich ins Elsaß eingeleitet wurde und das Romanische sich hier erstmals aus seiner lastenden Schwere zu lösen beginnt. Am Portal mit seinem plastischen Schmuck, den Kelchkapitellen mit Knospen und Trauben wird der Übergang besonders anschaulich (Abb. 66). Die Verbindung zum Statuenportal von Neuweiler (s. S. 61) ist so unverkennbar wie die andere zur Bauhütte des südlichen Münsterquerhauses zu Straßburg.

Niederhaslach

Zurück zur Waldkreuzung und in der früheren Richtung weiter über Wangenburg nach Niederhaslach, wobei sich etwa auf halbem Wege ein Abstecher zu Fuß zur *Burgruine Nideck* anbietet. Von ihr, die Adalbert Chamisso mit seinem Gedicht ›Das Riesenspielzeug‹ bekannt machte, sind im wesentlichen zwei Türme übriggeblieben. Die Aussicht von hier auf eine stille, einsame Wald- und Berglandschaft läßt ein sensibles Gemüt gewiß nicht gleichgültig.

GLANZPUNKTE DER ROMANIK

Die große hochgotische Kirche von Niederhaslach im tiefer gelegenen Teil des Haseltales scheint so gar nicht zu den Dimensionen eines – an ihr gemessen – kleinen Dorfes zu passen (Abb. 65). Sie ist eines der hervorragenden Bauwerke des Elsaß und dem heiligen Florentius geweiht, der hier im 6. Jahrhundert als Einsiedler lebte und später Bischof von Straßburg wurde. 810 wurden seine Gebeine von Straßburg nach Haslach zurückgebracht. Bei seinem Grab gründete Kaiser Ludwig der Fromme ein Benediktinerkloster, das im 11. Jahrhundert in ein Kollegialstift für Weltpriester umgewandelt wurde.

Das Gotteshaus in seiner heutigen Gestalt ist im 13. und 14. Jahrhundert entstanden; an seinem Langhaus hat auch ein Sohn Erwin von Steinbachs gearbeitet. Sein Grabstein mit der Jahreszahl 1329 steht in der südlichen Seitenkapelle. Der Name ist allerdings nicht mehr lesbar. Bei Gelegenheit einer gründlichen Restaurierung in der Mitte des vergangenen Jahrhunderts wurde der zerstörte gotische Oberteil des Turms frei ergänzt. Die beiden Ecktürmchen, das Steingeländer dazwischen und das Dach sind nachträgliche Zutat.

Ausgesprochen monumental wirkt der ganze, zur Turmhöhe aufstrebende Westbau der dreischiffigen Basilika, der im Inneren übrigens voll in den Raum integriert ist und allenfalls durch das verstärkte zweite Pfeilerpaar auffällt. Mit dem hohen, schmalen Portal, einem Altan mit Balustrade in feiner Maßwerkarbeit zwischen den kantigen Strebepfeilern, darüber einer tief eingeschnittene Rose, zwei seitlichen Statuennischen und den riesenhaften, nur als Blenden ausgeführten Doppelfenstern des Glockengeschosses bietet das Äußere dieses Westbaus einen zumindest ungewöhnlichen, doch je länger, desto mehr fesselnden Anblick. Beim Näherkommen gewahrt man dann auch den reichen Portalschmuck mit Standfiguren und Statuetten, mit Reliefs der Marienkrönung und Florentiuslegende im dreigeteilten Bereich von Türsturz und Bogenfeld (Abb. 68).

Das Innere präsentiert sich als ein sehr lichter und feierlich wirkender Raum, überaus glücklich komponiert in allen seinen Maßverhältnissen (Abb. 69). In ihm kommen die herrlich leuchtenden farbigen Fenster aus der zweiten Hälfte des 14. Jahrhunderts von jedem Mißklang ungestört zur Geltung. Das theologische Programm, das sie darstellen, läßt sich großenteils auch an der ausführlichen Beschriftung ablesen. Ungeachtet der nicht ganz einheitlichen Qualität gehört die Niederhaslacher Verglasung zu den bedeutendsten Zeugen der Geschichte elsässischer Glasmalerei – dies nicht zuletzt wegen ihres hochgesteckten ikonographischen Anspruchs. Eine der nicht nur aus dem engeren Rahmen des Elsaß herausragende Leistung ist das Johannes-Fenster mit dem großen Predigtmedaillon (das von Osten her erste Fenster im südlichen Seitenschiff).

Ein südlicher Nebenchor ist sowohl gegen das Seitenschiff als auch gegen den Hauptchor in der Weise abgetrennt, daß er eine selbständige Marienkapelle bildet. Hier befinden sich u. a. ein Heiliges Grab aus dem 14. Jahrhundert (Abb. 70) sowie der schon erwähnte Grabstein des Erwin-Sohnes. Im Hauptchor sollte man am Gestühl und am Nischengrabmal des Straßburger Bischofs Rachio nicht achtlos vorübergehen.

Girbaden auf Wanderwegen und Rosenweiler

Von Niederhaslach sind es nur wenige Minuten ins Breuschtal, das wir, der Breusch zunächst in Richtung Mutzig und Straßburg folgend, nach etwa drei Kilometern wieder verlassen, um rechts nach Mollkirch und ein Stück weiter bei Laubenheim halblinks nach Rosheim abzubiegen. Vor Rosheim zweigt noch einmal ein Sträßchen links nach Rosenweiler ab.

Wer schon früh am Morgen aufgebrochen war und kurz vor dem letzten Besichtigungsziel dieser Rundfahrt noch zwei Stunden übrig hat oder sie sich bei anderer Gelegenheit einmal leisten will, sei an dieser Stelle hingewiesen auf eine Möglichkeit, *Girbaden*, die umfangreichste Burganlage des Elsaß, kennenzulernen, die selbst als Ruine und nach jahrhundertelangem Mißbrauch als Steinbruch noch wahrhaft imponierend daliegt. In diesem Falle wäre bei Laubenheim nicht abzubiegen, sondern rund 8 Kilometer geradeaus weiterzufahren bis nach Grendelbruch im oberen Mageltal. Von hier aus ist es auf einem rot-weiß-rot markierten Weg mit nur geringer Steigung eine

Ruine Schloß Girbaden. Nach Golbéry/Schweighaeuser, Antiquités de l'Alsace. Mülhausen 1828

knappe Gehstunde bis zur Burg. Ihre Anfänge reichen ins 10. Jahrhundert zurück. Ursprünglich war sie im Besitz der Grafen von Egisheim-Dagsburg, die von hier aus ihre Güter verwalteten und in Altdorf ihre Grablege begründeten.

1226 kam dieser Teil eines noch größeren Girbaden-Komplexes an die Bischöfe von Straßburg. Eine zweite Anlage gehörte damals den Staufern, aber durch Schenkung und Erbschaftsverzicht befand sich schließlich Girbaden ungeteilt in den Händen des Bistums. Zerstört wurde es im Dreißigjährigen Krieg. Niemanden kümmerte es, daß damit eines der bedeutendsten Werke staufischer Palastbaukunst verloren ging, von dem auch die wenigen Reste noch Zeugnis geben.

Die Anlage bestand aus der oberen Burg mit quadratischem Bergfried auf dem Felsen, der rechteckig angelegten Unterburg mit dem architektonischen Glanzstück des Palas und der durch einen tiefen Graben abgetrennten Vorburg mit der Valentinskapelle. Die aus dem 12. Jahrhundert stammende Kapelle wurde im 19. Jahrhundert restauriert und war lange Zeit Wallfahrtsziel.

Von Grendelbruch aus wird der kürzeste Anschluß an die Hauptroute wiedergewonnen, wenn man zunächst etwa vier Kilometer zurück ins Mageltal fährt, sich dann an der ersten Abzweigung rechts statt links hält und im übrigen auf die Wegweisung nach Rosheim achtet.

Rosenweiler ist keine Adresse, von der gewöhnlich viel Aufhebens gemacht wird. Zu sehr steht der kleine Ort im Schatten des nahegelegenen Rosheim, aber wer schon in diese Nähe geraten ist, sollte auch Rosenweiler die Ehre antun. Obschon das Dorf im Dreißigjährigen Krieg fast ganz zerstört wurde und auch das dreischiffige Langhaus der Kirche ein Neubau von 1860 ist, sind an und in diesem Gotteshaus doch einige kostbare Schätze unversehrt erhalten geblieben. So das Hauptportal mit einer Muttergottes aus dem 14. Jahrhundert, des weiteren in der gewölbten Halle unter dem quadratischen vierstöckigen Turm, dem sich nach Osten hin der im 15. Jahrhundert erbaute Chor anschließt, wertvolle Wandmalereien sowie ein Heiliges Grab aus der gleichen Zeit. Die große Kostbarkeit dieser kleinen Kirche sind indessen die teilweise erneuerten oder ergänzten Glasmalereien in den Seitenfenstern des Chorhauptes, die Kenner zu den schönsten aus dem Umkreis des 14. Jahrhunderts zählen. Es handelt sich um zehn Medaillons von der Verkündigung bis zur Taufe und von der Auferstehung bis Pfingsten.

Rosheim

Wenn ›Glanzpunkte der Romanik‹ das Motto unserer Rundfahrt waren, dann ist die Pfarrkirche *St. Peter und Paul* (Farbt. 10) der alten staufischen Stadt Rosheim der würdigste Abschluß. In ihr hat die spezifisch elsässische, staufische Entwicklung der romanischen Baukunst einen Gipfelpunkt erreicht und wahrscheinlich zu ihrer reinsten Form hingefunden. Wohl bald nach der Mitte des 12. Jahrhunderts entstanden, be-

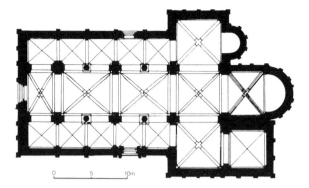

Rosheim, St. Peter und Paul, Grundriß

wahrt das Gotteshaus ein vollkommen einheitliches Bild, das auch dadurch kaum gestört wird, daß im südlichen Winkel zwischen Querhaus und Chor ein zweigeschossiger quadratischer Turmtorso stehenblieb, der vermutlich der Chorturm einer älteren Kirche hätte werden sollen. Eher kommt ein fremder Ton in den Akkord dieses Bauwerks hinein durch den Vierungsturm, der nach einem Brand in gotischer Zeit um ein Geschoß erhöht wurde.

Die kreuzförmige Basilika mit einem Langhaus von zweieinhalb Doppeljochen mit Stützenwechsel zeigt den für die Landschaft so charakteristischen gedrungenen Grundriß, der jedoch mit seiner Aufteilung in wenige mächtige Felder an Kraft von keinem anderen im Elsaß noch einmal erreicht wird.

Von dem großflächigen, perfekt zusammengefügten Quadermauerwerk war indirekt schon die Rede, als in Altdorf auf das Vorbild Rosheims hingewiesen wurde. Sieht man es nun an Ort und Stelle unmittelbar vor sich, so nimmt es geradezu Qualitäten eines Bildwerks an. Hinzu kommt eine fast einzigartige Vielfalt von Gliederung und Ornamentik am Außenbau, die die gewaltige Baumasse reich belebt: profilierte Sockel, Blendnischen, Lisenen und Rundbogenfriese, Schmuck über Schmuck an der Hauptapsis, der turmlosen Westfassade, dem südlichen Seitenportal, akroterienartige Löwen mit Menschenwesen zwischen den Pranken am Ansatz der Giebelschrägen, ein Adler auf der Giebelspitze, seltsame Tiergruppen und Menschenfiguren auf den Zwickelschrägen des Vierungsturms und der Verdachung des nördlichen Seitenportals. Die Skulpturen am Tympanon des Westportals und am Rechteckfeld darüber wurden während der Revolution abgeschlagen (Abb. 71–74).

Hat diese phantastische Pracht im Äußeren beinahe einen Anflug des Heiteren, so wirkt um so ungeheurer das dunkle Innere mit seinen wuchtigen Pfeilern, Säulen und Bogen, den schweren Rippengewölben und den mauerhaft geschlossenen Wänden. Der einzige Schmuck sind hier die Sockel, Basen und Kapitelle der Pfeiler sowie die skulptierten Konsolen für die Gewölberippen. Aber wo auch immer die Steinmetzen ihre Meißel ansetzten, geschah es mit einer Feinheit und Präzision, die wenig ihresgleichen haben.

St. Peter und Paul ist außerhalb der Gottesdienste in der Regel verschlossen, aber interessierte Besucher bekommen in der gegenüberliegenden Bäckerei gegen Hinterlegung eines angemessenen Geldbetrags einen Schlüssel ausgehändigt.

An der Hauptstraße unmittelbar vor dem zweiten der drei erhaltenen Tore befindet sich einer der prächtigen elsässischen *Sechseimerbrunnen,* bezeichnet mit der Jahreszahl 1605 und restauriert 1762. Hinter dem Tor noch ein Stück stadteinwärts liegt zur Rechten das *Romanische Haus* aus dem 12. Jahrhundert, eines der ganz seltenen Beispiele eines originalen romanischen Profanbaus. Mit seinen zwei massigen Geschossen sieht es eher einem Turm ähnlich als einem Wohngebäude nach heutigen Begriffen. Interessant daran ist u. a., daß in jedes Geschoß eine eigene rundbogige Tür führt. Der einzige Schmuck ist ein rundbogiges Doppelfenster auf der zur Straße gelegenen Giebelseite.

Außer einer Reihe adrett hergerichteter Fachwerkhäuser, die über den ganzen Ort verstreut sind, wird dem Besucher eine besonders malerische Gruppe rund um das Rathaus auffallen, die ihm zum Abschied noch einmal ein liebenswertes Bild einer elsässischen Kleinstadt vermittelt.

Zum heiligen Berg des Elsaß

Straßburg – Oberehnheim/Obernai (32 km) – Börsch (4 km) – Niedermünster (7 km) – Odilienberg/Mont Sainte-Odile (8 km) – Barr (12 km) – Andlau (4 km) – Epfig (5 km) – Dambach (9 km) – Kinzheim (10 km) – Hohkönigsburg (6 km) – St. Pilt/Saint-Hippolyte (6 km) – Schlettstadt/Sélestat (8 km) – Ebersmünster (9 km) – Eschau (28 km) – Straßburg (18 km). Insgesamt 166 km.

Unsere dritte Rundtour schließt sich nahtlos an die zweite an, und auch die Anfahrt von Straßburg her bis zum vorläufigen Ende der Ost-West-Autobahn nach St. Dié ist die gleiche. Dann aber wird im wesentlichen die elsässische Weinstraße der Vorbergzone entlang zur Leitlinie, der wir bis Schlettstadt folgen werden – von zwei Abstechern zum Odilienberg und zur Hohkönigsburg abgesehen.

Eine äußerst anziehende Mischung von reich gegliederter Landschaft mit Weinbergen ringsum, mit Wäldern und Gebirge im Hintergrund, mit anmutigen Dorf- und Städtebildern und immer wieder auch mit Kunstdenkmälern hohen Ranges erwartet hier den Gast. Ein Blumenmeer zudem den ganzen Sommer über, mit dem ein Ort den anderen übertrumpfen möchte. Und im Herbst, der vielleicht allerschönsten Jahreszeit im Elsaß, eine Farbpalette wie kaum anderswo in solcher Vielfalt, und obendrein in den Straßen und Gäßchen jenes unbeschreibliche Schmäcklein nach reifen Früchten und gärendem Most, das einen unwiderstehlich in eine der gemütlichen Weinstuben zu neuem Wein und Zwiebelkuchen treibt.

Oberehnheim

Von der Autobahn nach St. Dié zweigt die Route 425 nach Barr ab und von dieser wiederum, etwa 7 km vor Barr, die Straße nach Oberehnheim.

Wenn einer sich eine möglichst realistische Vorstellung davon machen will, wie eine kleine elsässische Reichsstadt einmal aussah und wie sie heute immer noch aussieht, weil sie in ihrer Geschichte mehr Glück als andere hatte, dann bietet ihm Oberehnheim einen optimalen Anschauungsunterricht. Denn wie kaum irgendwo sonst in solcher Geschlossenheit und in solchen kleinstädtischen Dimensionen ist das alte Gepräge der Straßen, Gassen und Plätze unverändert geblieben, ja selbst die Umbauung eines so großen Raumes, wie ihn der Oberehnheimer Marktplatz darstellt, ist vollständig original.

Zu lernen ist an diesem Beispiel, zu bedenken gerade in der heutigen Zeit der großen Vereinfacher und Gleichmacher auf allen Gebieten, wie wenig sich alles Lebendige in

ZUM HEILIGEN BERG DES ELSASS

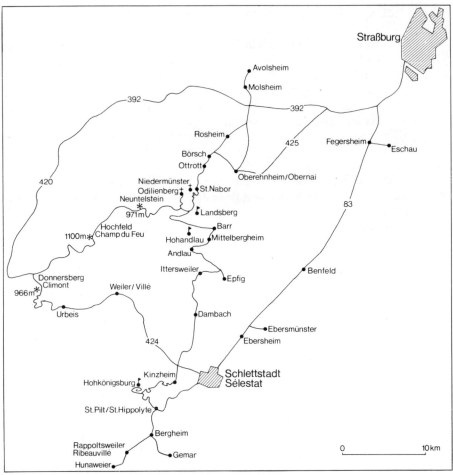

Wege im Schatten des Odilienberges

glattem Maß und blanker Zahl fassen läßt. Auch die alten Baumeister und Städtebauer hatten gewiß Zirkel, Winkel und Reißschiene, und berechnen konnten sie ebenfalls, was sie bauten. Aber als das wichtigste Richtmaß galten ihnen trotzdem die Augen, und was diese Augen tot und langweilig gefunden hätten, das machten jene Architekten alten Schlags kurzweilig, indem sie jedem Haus wieder ein anderes Gesicht, andere Formen und anderes Fachwerk, andere Giebel und Erker, Türen und Fenster verordneten. Und nur darum sei, so steht's in Ewald Skulimas Tagebuch, in Oberehnheim so viel gutgewachsenes Bauwerk beieinander, daß man dafür gern die geschwänzten Seminare für Kunstgeschichte aufgewogen bekomme.

Wie in Rosheim hat auch in Oberehnheim noch ein *romanisches Wohnhaus* aus staufischer Zeit die Jahrhunderte überstanden. Es befindet sich in der Pilgergasse (Rue des Pélerins) Nr. 8 und war in der ersten Hälfte des 13. Jahrhunderts errichtet worden. Der wuchtige dreigeschossige Bau mit großen Giebeln und verstärkenden Buckelquadern an den Ecken ist zwar an Fenstern und Erkern spätgotisch verändert worden, aber im Giebel der Hofseite sind noch die gekuppelten Kleeblattfenster mit vorgestellten Säulen aus der Bauzeit zu sehen.

Ein architektonisches Kleinod am Marktplatz ist das *Rathaus* aus dem 15. und 16. Jahrhundert mit seinem reichverzierten Balkon. Hinter ihm stehen noch Chor und Glockenturm der ansonsten abgebrochenen Kapellkirche von 1474 (Abb. 75). Auf der anderen Seite des Marktbrunnens mit einer Figur der heiligen Odilia bietet die alte Kornhalle und ehemalige *Stadtmetzig* von 1554, ein Bau zwischen Spätgotik und Renaissance, heute u. a. einem kleinen Stadtmuseum Platz.

Am Marktplatz kurz um die Ecke in einer auf das Rathaus zulaufenden Straße prunkt der schönste *Renaissancebrunnen* des ganzen Elsaß (Abb. 76). Über seinen drei Säulen spannt sich ein Baldachin mit Sterngewölbe auf Maskenkonsolen. Wenig oberhalb öffnet sich der Vorplatz der Kirche *St. Peter und Paul*, deren Vorläuferin hier von 1447 an neu erbaut und später schon einmal umgestaltet worden war. Die jetzige zweitürmige Kirche ist neugotisch aus den sechziger Jahren des vergangenen Jahrhunderts, wobei der historische Rückgriff im Innenraum zu einem überzeugenderen Ergebnis führte als am Außenbau. Viel wichtiger fürs Kennenlernen sind ohnehin die übernommenen Teile der alten Ausstattung, so ein gotisches Heiliges Grab in Form eines Wandaltars im linken Querschiff und vier vorzügliche farbige Glasfenster aus der Zeit gegen Ende des 15. Jahrhunderts, die dem Kreis um den Andlauer Glasmaler Peter Hemmel zugeschrieben werden.

Ein sehr malerisches städtebauliches Ensemble gruppiert sich auch um den *Sternenplatz* (Place de l'Étoile), darunter das zweigiebelige Gasthaus zum ›Schnokeloch‹. Und erst recht umfängt einen der Hauch der Geschichte angesichts der noch zu beträchtlichen Teilen erhaltenen Haupt- und Zwingermauer mit Türmen der alten *Stadtbefestigung*. Allerdings geht der Ursprung Oberehnheims noch viel weiter in die Vergangenheit zurück. Am Anfang war hier ein merowingisches Königsgut, und im 7. Jahrhundert hatte Herzog Eticho an der Stelle des heutigen Schulhauses seine Pfalz und auf dem nahen Odilienberge seine Burg und Sommerresidenz. Später sah die Stadt auch häufig die staufischen Kaiser in ihren Mauern.

Börsch

Den kleinen Umweg über Börsch könnte man sich zwar sparen und von Oberehnheim gleich über Ottrott und St. Nabor nach Niedermünster fahren. Aber schade wäre es am Ende doch, wenn man versäumt hätte, durch eines seiner drei behäbigen Tore in ein kleines Städtchen einzutreten, das sich einem als ein typisch elsässisches Idyll ans Herz legt. Höhepunkt der Augenweide ist unumstritten der Marktplatz mit stattlichen Fachwerkhäusern ringsum, dem Rathaus aus der späten Renaissance mit seinem schmucken Eckerker und einem Prachtstück von Sechseimerbrunnen, dessen dreigiebeliger Rollwerkaufbau sich auf drei Säulen stützt (Farbt. 11). Der Brunnen ist ein Werk von Jacob Zumsteg und mit der Jahreszahl 1617 bezeichnet. Einen ebenfalls bemerkenswerten Jochbrunnen hat der Karthäuserhof in der Krummgasse (Rue Ste. Odile) vorzuweisen.

Die Kirche ist jüngeren Datums. Sie wurde in den Jahren um 1770 erbaut; von einem früheren Gotteshaus an dieser Stelle ist ein Teil eines romanischen Chorturms mit einem recht eigenartigen Fries stehengeblieben.

Börsch gehörte im 7. Jahrhundert zum Besitz der elsässischen Herzöge, fiel später an die Bischöfe von Straßburg und wurde 1342 zur Stadt erhoben.

Niedermünster

Nun also von Börsch über Ottrott mit den Ruinen seiner beiden nur 100 Meter auseinanderliegenden Schlösser Lützelburg und Rathsamhausen (vom nahen Ort Klingenthal aus auch mit dem Auto gut zu erreichen) und über St. Nabor in Richtung Odilienberg: etwa 2 km über St. Nabor gilt es auf einen Wegweiser nach Niedermünster rechts an der Straße zu achten. Der Weg zur Ruine ist zwar für Kraftfahrzeuge gesperrt, aber da er zu Fuß nur eine Sache von fünf Minuten ist, sollte man ihn nicht scheuen. Und dies auch auf die Erwartung hin nicht, daß von der untergegangenen Nonnenabtei und ihrer Klosterkirche nicht mehr sehr viel zu sehen ist.

Der Überlieferung nach war Niedermünster eine Gründung der heiligen Odilia, die hier 707 ein Spital einrichten ließ, damit die Kranken nicht den hohen Berg zu ersteigen nötig hätten. Seine große Blütezeit hatte das von Kaiser Friedrich Barbarossa nachhaltig geförderte Kloster im 12. und 13. Jahrhundert. Seine 1181 geweihte Kirche, eine dreischiffige, kreuzförmige Basilika, hat man sich als ein recht umfangreiches Bauwerk vorzustellen, was einem angesichts der Ruinen nicht einmal schwerfällt. Zwischen den beiden Türmen des Westbaus befand sich eine zweigeschossige Vorhalle, und die Krypta unter dem Chor war sogar zu einer regelrechten Unterkirche mit drei Altarräumen ausgebaut. Zu den Einrichtungen von besonderer religiöser Bedeutung gehörten eine Brunnenanlage, die aus der nahen, mit wunderbarer Heilkraft versehenen Odilienquelle gespeist wurde, und eine Kapelle, in der ein inzwischen untergegangenes, vermutlich aus dem Orient stammendes und dem Kloster von Karl dem Großen zugeeignetes Wunderkreuz aufgestellt war.

Als noch frühere Gründung der heiligen Odilia gilt die auf einer Wiese wenig unterhalb des Klosters gelegene *Nikolauskapelle*, deren jetziger Bau aus der zweiten Hälfte des 12. Jahrhunderts um 1850 grundlegend restauriert wurde.

Burgruine Landsberg

Die weiter bergan führende Straße bringt uns etwa zwei Kilometer, nachdem sie das mitten im Wald gelegene Ferienheim St. Jacques umrundete, zu einem kleinen Parkplatz, der für einen Besuch der Ruine Landsberg angelegt wurde. Bis zu ihr sind es etwa 600 Meter, nicht ganz eben, aber doch gut zu gehen.

Die auf einem Ausläufer des Odilienberges von Egelolf und Konrad von Landsberg, brüderlichen Vögten des Klosters Niedermünster, im Jahr 1144 gegründete und bis ins 13. Jahrhundert hinein ausgebaute Burg ist eines der bedeutendsten Beispiele staufischer Burgenarchitektur, ein in der Anlage wie in der Ausführung gleichermaßen großzügiges Bauwerk, von dem noch ansehnliche Teile übrig geblieben sind. So vor allem ein wie die ganze Hauptburg mit Buckelquadern verblendetes großes Wandstück des dreigeschossigen Palas mit spitzbogigem Portal, gekuppelten Rundbogenfenstern samt profilierten Zwischenstützen und einem fein gegliederten Kapellenerker in Form einer halbrunden Apsis (Abb. 82). Bezeichnend übrigens auch in diesem Falle der Unterschied zwischen Wehrbau und Sakralbau: der Kapellenerker ist in glatten Quadern aufgemauert. Auch die Innenseite der Palaswand mit tiefen Fensternischen, kleinen Säulen und Kapitellen, die die Bogen stützen, hat besondere architektonische Qualität.

Ein weiterer Wohnbau, die Vorburg und der Bergfried lassen auch als Ruinen noch Größe und Schönheit dieser Burg erahnen. Sie war übrigens die Heimat jener Herrad von Landsberg, die als Äbtissin des Klosters auf dem Odilienberg den berühmten Hortus deliciarum schrieb.

Odilienberg

Auf dem letzten Stück der Zufahrt zum Odilienberg lädt ein Parkplatz dazu ein, rechts und links von der Straße je ein größeres Stück der *Heidenmauer* zu besichtigen (Abb. 77). Auf diese bequeme Weise ist wenigstens eine ungefähre Vorstellung davon zu gewinnen, welches Ausmaß die vermutlich keltische Fluchtburg einmal gehabt haben muß. Noch viel großartigere Eindrücke vermittelt sie dem, der sie ganz umwandert, aber das ist ein Unterfangen, für das man gut und gerne vier bis fünf Stunden Zeit aufzuwenden hat. Denn die Mauer hat eine Gesamtlänge von rund 10,5 Kilometern, zieht sich um das ganze Bergplateau und folgt dabei den manchmal recht steilen Hebungen und Senkungen des Geländes. Sie umschließt eine von zwei Quermauern durchschnittene Fläche von mehr als 100 Hektar. Ihre durchschnittliche Stärke mißt 1,7 Meter, und ungeachtet ihrer Zweckentfremdung als Steinbruch während des ganzen Mittelalters und des allmählichen Hochwachsens der Humusschicht ist sie heute zum Teil immer noch bis zu drei Meter hoch.

ZUM HEILIGEN BERG DES ELSASS

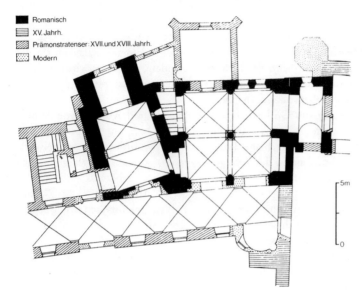

■ Romanisch
☰ XV. Jahrh.
▨ Prämonstratenser: XVII. und XVIII. Jahrh.
▥ Modern

Kloster Odilienberg, Grundriß

Die ganze Heidenmauer ist, soweit nicht an einigen Stellen natürliche Felsformationen in sie einbezogen wurden, aus großen Steinblöcken zusammengesetzt und, wo nötig, mit kleineren Steinen verfüllt worden. Interessant an diesem kolossalen Denkmal aus der europäischen Frühzeit ist die Art und Weise, wie die ohne Mörtel aufeinandergelegten Steine in einen festen Verbund gebracht wurden. Dazu dienten inzwischen verschwundene Eichenklötze in der Form sogenannter doppelter Schwalbenschwänze, für die aus dem Stein entsprechende Hohlräume ausgemeißelt werden mußten. Zu sehen sind auch noch einige der Steinbrüche, aus denen die Erbauer der Heidenmauer die benötigten Blöcke mit ihren primitiven Keilen heraussplalteten.

Das *Odilienkloster* hat eine Vorgeschichte, die zwar der Legende nähersteht als belegbaren Daten und Fakten, doch man darf, wie häufig in solchen Fällen, auch hier wohl davon ausgehen, daß sich unter dem schmückenden legendären Beiwerk letztlich doch ein verläßliches Stück Wahrheit verbirgt.

Folgen wir also der Legende in aller Kürze: da wurde dem Herzog Eticho um das Jahr 622 statt des erhofften Stammhalters eine blinde Tochter geboren. Er betrachtete dies als eine Schande für sein adeliges Geschlecht und wollte das Mädchen töten lassen. Doch die Mutter ließ es heimlich zu einer Verwandten in das burgundische Kloster Baume-les-Dames bringen, wo es erzogen wurde. Dort erhielt es den Taufnamen Odilia, was etwa soviel bedeutete wie ›Tochter des Lichtes‹. Bei der Taufe, die der Bischof von Regensburg vornahm, geschah das erste Wunder: Odilia wurde sehend.

Jahre später wurde Odilia, die aus Dankbarkeit ihr Leben dem Himmel und den notleidenden Nächsten geweiht hatte, von einem ihrer Brüder heimgeholt. Der Vater wollte nun das Mädchen, das ihn selbst bezauberte, und dem es an Freiern nicht mangelte, zu einer politisch motivierten Ehe zwingen. Sie entzog sich diesem Wunsch durch die Flucht über den Rhein und entging ihren Verfolgern, als sich bei Freiburg eine Felswand vor ihr öffnete und ihr Schutz gewährte. Angesichts dieses neuerlichen Wunders empfand Eticho Reue, änderte seinen Sinn und schenkte Odilia sein Schloß Hohenburg, damit sie dort ein Kloster errichtete.

Soweit die Legende. Schutzbriefe Karls des Großen und Ludwigs des Frommen für ein Maria und Petrus geweihtes Frauenkloster auf dem Odilienberg bezeugen die reale Existenz der Odiliengründung ebenso wie die Tatsache, daß über sie im Teilungsvertrag von Meersen 870 zwischen Ludwig dem Deutschen und Karl dem Kahlen verfügt wurde. Allerdings ging dann die fromme Stiftung sehr bald ihrem Ruin entgegen, wozu die durch die Magyareninvasion angerichteten Zerstörungen wesentlich beigetragen hatten.

Papst Leo IX. betrieb die Wiedergründung, ließ die Klostergebäude sowie eine größere Kirche neu errichten und weihte sie anläßlich einer Visitationsreise im Jahr 1049. Er erkannte den frommen Frauen das ausschließliche Eigentumsrecht an dem ganzen Berg innerhalb der Heidenmauer und an zahlreichen weiteren Gütern zu. Trotzdem verfiel der Konvent ein weiteres Mal, bis dann Friedrich I. Barbarossa das Kloster durch die Äbtissin Relindis wiederherstellen ließ und seine große Blütezeit als bevorzugte Pflegestätte staufischer Kultur einleitete. Hohenburg bekam den Rang einer Reichsabtei.

Engelskapelle auf dem Odilienberg. Nach Karth, gegen 1830, aus Le Visage romantique de l'Alsace, hrsg. von Paul Ahnne, Straßburg/Paris 1950

ZUM HEILIGEN BERG DES ELSASS

Von der Mitte des 14. Jahrhunderts an spielten kriegerische Verwicklungen, Verwüstungen und Brände dem Kloster so sehr mit, daß der neuerliche Niedergang nicht mehr aufzuhalten war. Als dann gar die Äbtissin Anna von Oberkirch in der Reformation evangelisch wurde, löste sich der Konvent auf. Die Prämonstratenser von Etival übernahmen die Betreuung der Kapellen und gründeten 1661 eine eigene Niederlassung. In der Revolution wurde das Kloster zum Volkseigentum erklärt und verkauft. 1853 erwarb es der Bischof von Straßburg. Seither ist der Odilienberg wieder Wallfahrtsort und wird von den Schwestern vom Heiligen Kreuz betreut.

Im äußeren Klosterhof, den man durch einen Torbogen betritt, befand sich früher rechts an der Stelle der Gartenterrasse eine in den Felsboden eingehauene, vertiefte Rundung. Hier stand der sogenannte Heidentempel, eine auf Säulen stehende runde Kapelle, die 1734 abgebrochen wurde. Die Rundung wurde als kultischer Steinkreis aus vorhistorischer Zeit gedeutet, den dann Bischof Leodegar dem christlichen Gottesdienst umgewidmet haben soll.

Vom Baubestand des Klosters aus den Zeiten der Relindis und der Herrad von Landsberg ist verständlicherweise nur noch wenig erhalten. Der künstlerisch bedeutendste Teil der romanischen Anlage ist die in den Ostflügel der neueren Gebäude integrierte Kreuzkapelle mit Kreuzgratgewölben und reich geschmücktem Kapitell auf einer stämmigen Mittelsäule (Abb. 78, 79). Sie lag einst am Kreuzgang, dessen Stelle heute der sogenannte Odilienhof einnimmt, und bewahrt u. a. den steinernen Etichosarg. Über der Kreuzkapelle befindet sich ein gleichartiger Raum, der als Bibliothek genutzt wird. Unmittelbar an sie angrenzend ist die Odilienkapelle das eigentliche Ziel der Pilger. Der gegenwärtige Bau ist zwar nur bis ins 11. Jahrhundert zurück zu datieren, aber schon im 8. Jahrhundert stand hier eine Johannes dem Täufer geweihte Kapelle, die auch in der Lebensgeschichte Odilias erwähnt ist. Hier wurde die Heilige bestattet, und hier steht auch jetzt noch der Sarkophag mit ihren Gebeinen.

Die neue Klosterkirche wurde gegen Ende des 17. Jahrhunderts auf den alten Grundmauern errichtet. Auch einige erhaltengebliebene Reste des früheren spätgotischen Baus wurden in sie einbezogen. Beachtenswerte Teile der Ausstattung sind vor allem die geschnitzten Beichtstühle und das Chorgestühl im Stil der Renaissance.

Auf einem Umgang hinter der Kirche erhebt sich eine überlebensgroße, ja riesige Statue der heiligen Odilia, die segnend ihre Hand über das ihr zu Füßen liegende Elsaß hält (Abb. 80). Der Umgang führt zur Großen Terrasse. Sie gewährt einen Rundblick, der Dichter wie Goethe, Uhland und andere zu begeisterten poetischen Schilderungen angeregt hat. Hier und auf der anschließenden Kleinen Terrasse über dem Steilrand des Felsens befinden sich noch zwei von mehreren Kapellen, die sich in romanischer Zeit rings um das Kloster gruppierten: die inmitten eines merowingischen Friedhofs mit ausgehauenen Felsgräbern errichtete Tränenkapelle, in der Odilia der Legende nach durch ihre Tränen und Gebete die Seele ihres Vaters aus dem Fegefeuer erlöst haben soll, zuäußerst die Engelskapelle, die wegen ihrer Lage unmittelbar über der Felsenwand auch die Hängende Kapelle genannt wird. Sie steht, wie Forscher herausgefunden

1 STRASSBURG Der untere Teil des Engelspfeilers im Münster mit den Gestalten der Evangelisten

2 STRASSBURG   Kleberplatz mit Blick zum Münster

3 STRASSBURG   Altstädtisches Idyll am Pflanzbad

4 STRASSBURG Gerberviertel mit dem ›Gerberhaus‹ im Vordergrund

5 MOLSHEIM Jesuitenkirche

7 ST. JOHANN bei Zabern Wirkteppich aus dem Kirchenschatz

◁ 6 MOLSHEIM Inneres der Jesuitenkirche

8, 9 NEUWEILER Bildteppiche in St. Peter und Paul

10 ROSHEIM   St. Peter und Paul
11 BÖRSCH   Marktplatz mit Renaissancebrunnen

12 AVOLSHEIM Ulrichskapelle   13 Blick auf ANDLAU ▷

14 DAMBACH Marktplatz mit Bärenbrunnen

15 COLMAR Klein-Venedig

16 COLMAR Die Madonna in der Landschaft. Tafel des Isenheimer Altars (siehe auch folgende Abbildung)

17 COLMAR Mathias Grünewalds Isenheimer Altar im Unterlindenmuseum. Die neun Tafeln dieses Wandelaltars sind wie ein Buch aufzuschlagen und illustrieren im mittleren Zustand Verkündigung, Menschwerdung und Auferstehung Christi

18 COLMAR Fachwerk-Romantik in der Altstadt

19 HOHKÖNIGSBURG

20 ULRICHSBURG über Rappoltsweiler

21 HUNAWEIER und seine Wehrkirche ▷

22–24   Bei der Weinernte

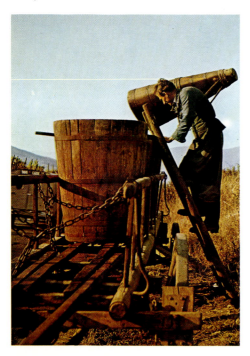

25–28 Wirtshaus- und Weingutschilder
29–31 Am Ende aller Mühen: Weinfeste

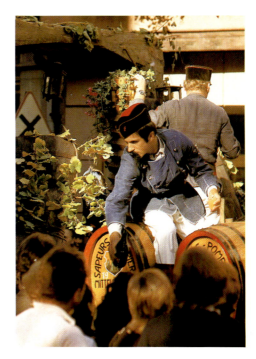

32 Blick auf REICHENWEIER

33 REICHENWEIER   Haus, Hof und Restaurant ›Zum Storchennest‹

34 REICHENWEIER Der ›Dolder‹, Wahrzeichen des Weinorts und malerischster Torturm des Elsaß

35 KAYSERSBERG ▷

36 KAYSERSBERG Oberhofgasse an der Weiß

37 EGISHEIM Schloßplatz

38 TÜRKHEIM   Fachwerkhaus, Rathaus und Kirchturm

39 EGISHEIM   Gasse an der Ringmauer

40 Südliche Vogesenlandschaft bei Goldbach

41 MURBACH Ehemalige Abteikirche

42 Blick vom Struthof auf die Vogesen und das 1008 m hohe Donon-Massiv ▷

43 Der in 1044 m Höhe gelegene Grüne See (Lac Vert)

zu haben meinen, an der Stelle eines römischen Wachtturms, der später zu einer dann wieder untergegangenen Kapelle umgewandelt worden war. Beide Kapellen sind kleine einschiffige Bauten mit schönen Quadermauern und bescheidenem Schmuck am Portal und den Außenwänden. Sie zählen zum Bestand des 12. Jahrhunderts. Die Mosaiken im Inneren allerdings sind neu und versuchen, Motive des Hortus deliciarum im Stil eben dieser Bilderhandschrift nachzuempfinden, was in der Engelskapelle fraglos zu einem überzeugenderen Resultat führte als in der Tränenkapelle.

Barr mit Hohandlau

Vom Odilienberg zunächst auf gleichem Wege zurück bis zur zweiten Straßengabelung, dann in neuer Richtung abzweigend nach Barr, werden Unentwegte etwa auf halbem Wege dorthin mit einem rechts an einem breiten Waldweg stehenden Wegweiser zu einem Besuch der *Burg Hohandlau* animiert. Sie war die letzte noch bewohnte Höhenburg der Vogesen. Die Herren von Andlau verließen sie 1806. Sie kam danach in fremde Privathände und verfiel allmählich, doch ist die Ruine neuerdings wieder im Besitz der Familie von Andlau. Ihre zwei Türme sind weit ins Land hinein zu sehen (Abb. 84).

Eine erste Anlage aus dem 12. Jahrhundert war im 13. Jahrhundert von den Straßburger Bischöfen zu großen Teilen zerstört, die Burg später wieder völlig neu gebaut, dann mehrfach verändert und nach Verwüstungen im Dreißigjährigen Krieg und in den Franzosenkriegen jeweils restauriert worden. Dennoch ist der staufische Kern gut erhalten geblieben.

Kunstgeschichtlich Außergewöhnliches gibt es in der kleinen Stadt der Weinbauern und Gerber am Austritt des Kirnecktales aus den Vogesen kaum zu sehen, obwohl *Barr* 788 schon zum erstenmal genannt ist und der Hauptort einer Herrschaft sowie Reichsgut war. Ältestes Baudenkmal ist der frühere Chorturm, der zu einer Kirche des 12. Jahrhunderts gehörte, und dessen oberstes Geschoß spätgotische Zutat ist. Die Pfarrkirche St. Martin stammt ansonsten aus der Mitte des vergangenen Jahrhunderts.

Ob nun viele oder nur wenige alte Steine: für jeden, der Barr kennt, ist dies allemal ein liebenswertes, wohliges Nest mit unverwechselbarer Atmosphäre, mit guten Fachwerkhäusern, von denen eines an der Markttreppe wie aus einem Bilderbuch geschnitten erscheint. Überhaupt bilden die Häuser um den Marktplatz eine besonders hübsche Gruppe, unter ihnen vor allem das 1640 im Renaissancestil errichtete Rathaus, das auf der Rückseite mit einer architektonisch wohlgelungenen zweiläufigen Treppe und einem stimmungsvollen Hof aufwarten kann (Abb. 81).

Andlau

Auf der elsässischen Weinstraße (Route du Vin), der wir von Barr aus nach Andlau folgen, liegt gleich nebenan der kleine Ort Mittelbergheim. Da sollte man, wo die Straße bei der ›Winstub Gilg‹ einen kleinen, fast unmerklichen Knick macht, einen Augenblick verhalten und den poesievollen Durchblick durch einen Torbogen rechter Hand in die Innenhöfe eines stattlichen privaten Besitzes genießen (Abb. 83).

Noch wesentlich kleiner als Barr, ist auch Andlau ein Städtchen, in dem es sich behaglich leben ließe – so meint wenigstens der Fremde, der nach dem äußeren Schein geht. Seine Entstehung verdankt der Ort einem Frauenkloster, das Kaiserin Richardis gegen Ende des 9. Jahrhunderts gründete. Die Legende will wissen, daß die von ihrem Gatten, Karl dem Dicken, verstoßene, in den Wäldern umherirrende Frau von einer Bärenmutter den Platz für das Kloster gewiesen bekam. Der Bärin begegnen wir wieder in einem romanischen Steinbildwerk in der Krypta der ehemaligen Abteikirche und ein zweites Mal an einem gotischen Ziehbrunnen mit der betenden Richardis auf dem Brunnenstock.

Von der ältesten Kirche, die Papst Leo IX. im Jahr 1049 weihte, ist die Hallenkrypta unter dem Chor (u. a. mit dem romanischen Steinbildwerk eines Bären, einer Scheibe mit dem gekrönten Christus am Kreuz von etwa 1210 und einer Pietà von 1475) erhalten geblieben. Um 1130 wurde das Gotteshaus zu einer dreischiffigen, flachgedeckten Basilika mit Querhaus umgebaut. Von diesem Bau hat die Westwand mit dem Portal überdauert und der Gegenwart das früheste vielfigurige Denkmal am Oberrhein übereignet. Der um die rechteckige Portalöffnung, im Türsturz und Bogenfeld angeordnete Skulpturenschmuck ist mit reichster bildnerischer Phantasie erdacht.

Schon wenige Jahre nach dem Umbau wurde der Westwand ein mächtiger dreigeschossiger Westbau vorgelegt und damit die Portalfront zum rückwärtigen Abschluß der neu entstandenen Vorhalle gemacht. Jetzt hatte der Bau Dimensionen erreicht, die ihn zur größten romanischen Kirche im Elsaß nach dem Straßburger Münster machten. Und er hatte auch ein neues bedeutendes Kunstwerk hinzu erhalten, das noch aus der gleichen Bildhauerwerkstatt kam wie die Ranken und Fabelwesen, die Säulenarkaden mit Menschengestalten, Szenen aus der Schöpfungsgeschichte und die Darstellung des Herrn der Welt zwischen Petrus und Paulus: ein 28 Meter langer Skulpturenfries mit phantastischen Figuren aus Legenden, Tierfabeln und dem Volksleben umläuft den Westbau als oberer Abschluß des Vorhallengeschosses. Fassade, Portal und Krypta von Andlau gehören alles in allem zu den eigenartigsten Schöpfungen des romanischen Kirchenbaus im Elsaß (Abb. 85–88).

Die übrigen Teile freilich gerieten im Zuge einer grundlegenden Neugestaltung im ausgehenden 17. Jahrhundert zu einer Mixtur, für die einmal sehr treffend der Begriff ›Barocke Neuromanik‹ geprägt wurde. Damals wurde auch anstelle der ursprünglich geplanten zwei Ecktürme, für die der Westbau ausgelegt worden war, der eine Mittelturm mit geschweiftem Helm und Laterne hinzugefügt (Abb. 89).

Im Innern sind das alte Chorgestühl, die von Samson getragene Kanzel (um 1700) und eine sitzende Muttergottes (um 1460) beachtenswert. Der Schrein der heiligen Richardis sowie ihr ursprünglicher Sarkophag in der Richardiskapelle des südlichen Seitenschiffs, ferner ein Reliquienschrein hinter dem Hochaltar erinnern an die Gründerin des Klosters. Teile der Klostergebäude sind übrigens noch recht gut intakt.

Im Städtchen, dessen bedeutendster Sohn der schon mehrfach erwähnte Glasmaler Peter Hemmel, genannt Peter von Andlau, war, gibt es wie überall im Lande zahlreiche freundlich dreinschauende Fachwerk- und Steinhäuser, unter ihnen das Renaissancehaus der Herren von Andlau am Marktplatz. Der nach dem Untergang der Staufer reichsunmittelbar gewordene Ort befand sich als Lehen der Abtei im Besitz der Herren von Andlau, während die Stadtburg Reichslehen war. Wie man sieht: auch dies ein Platz mit sehr respektabler Vergangenheit!

Epfig

Die gut bezeichnete Straße nach Epfig führt jetzt von der Weinroute ein paar Kilometer weit ab und dann an einer Kreuzung in Ortsmitte Epfig links hinunter fast bis ans östliche Dorfende zur romanischen Margarethenkapelle. Sie ist ein kleines, ziemlich unscheinbares Gotteshaus, dem man das ehrwürdige Alter wahrhaftig ansieht. Heute eine Friedhofskapelle – nicht mehr, aber auch nicht weniger. Doch dies ist nicht der Friedhof, der in der Kriegsgeschichte wiederholt von sich reden machte, den Philipp von Schwaben, die Anhänger des Johann von Ochsenstein und die Armagnaken belagerten.

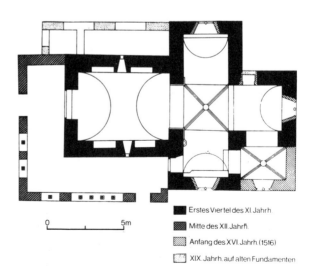

Epfig, Margarethenkapelle,
Grundriß

ZUM HEILIGEN BERG DES ELSASS

Jener befestigte Gottesacker, die inzwischen verschwundene ›Burg‹ von Epfig, lag auf der Höhe des Hügels, an dessen Fuß sich die Margarethenkapelle arglos hinschmiegt.

Das Interessante an Epfig ist der Kompromiß zwischen Basilika und Zentralbau. Von außen betrachtet, sieht es zunächst so aus, als ordne sich hier alles dem viereckigen Turm in der Mitte zu. Innen aber bemerkt man, daß die beiden Querhausflügel der im ersten Viertel des 11. Jahrhunderts aufgeführten Kirche zwar nahezu gleich lang sind wie der Chor, daß jedoch der Westflügel, so klein er auch sein mag, doch länger ist als die übrigen Teile und ohne weiteres ein Kirchenschiff genannt werden darf, zumal hier die Längsgliederung in Vorhalle, Schiff und Chor unzweifelhaft gegeben ist.

Andererseits ist die der Kapelle im 12. Jahrhundert angebaute Vorhalle (Abb. 91) ebenso unzweifelhaft das originellste Stück dieser Epfiger Architektur, denn sie ist nach Westen und Süden mit mehrfach und unregelmäßig von Arkaden durchbrochener Wand um das Schiff herumgekröpft und gleicht eigentlich mehr einem Kreuzgang als einer Vorhalle. (Der erst im 19. Jahrhundert der Nordseite angegliederte Bauteil wird als Beinhaus genutzt.)

Wenn es richtig ist, was neuere wissenschaftliche Arbeiten immer wieder hervorheben: daß nämlich die ottonische Architektur nicht nur die Form der Basilika auf vielfältige Weise zu variieren versuchte, sondern immer wieder auch auf den Zentralbau zurückkam, so hat das Elsaß hierzu drei instruktive, untereinander sehr verschiedene Beispiele beizusteuern: den achteckigen Zentralbau von Ottmarsheim (Abb. 137, 139), die Vierapsidenkapelle von Avolsheim (Farbt. 12) und eben diese kreuzförmige Margarethenkapelle in Epfig.

Dambach

In Epfig zurück zur Straßenkreuzung und weiter zum Ortsende in der Richtung, aus der wir gekommen waren, dann aber nicht mehr nach Andlau, sondern genau westlich nach Ittersweiler wird der Anschluß an die Weinstraße wiedergefunden. Ittersweiler hat kunstgeschichtlich außer einem mit Wandmalereien versehenen Chor aus dem 14. Jahrhundert im Untergeschoß des Kirchturms nichts Besonderes zu bieten, doch in den Sommermonaten sollte man trotzdem einmal durch das Dorf gehen oder die Hauptstraße bis zum Ende wenigstens durchfahren, statt gleich in Richtung Dambach zu enteilen, denn der aus allen Hausöffnungen quellende und die Straßen säumende Blumenschmuck ist selbst für elsässische Verhältnisse ungewöhnlich und wird höchstens von Egisheim noch übertroffen.

Vor der Einfahrt in das Städtchen Dambach führt rechts ein entsprechend ausgeschildertes Sträßchen in die Weinberge zur Sebastianskapelle aus dem Jahr 1285, die bis 1489 Pfarrkirche eines räumlich unmittelbar zugehörigen, inzwischen untergegangenen Vorläuferdorfes (Oberkirch) war. Dem ursprünglich rein romanischen Kernbau wurden nachträglich ein gotischer Chor und eine spätgotische Erweiterung des vorderen Kirchenschiffs auf der Südseite angegliedert.

Hauptstück der Ausstattung ist der dem heiligen Sebastian geweihte Hochaltar, der von den Brüdern Philipp und Clemens Winterhalder aus dem badischen Kirchzarten bei Freiburg und von dem Schreiner Johannes Beyer gearbeitet wurde und auf Teilen eines romanischen Steinaltars aufliegt. Zumindest im Elsaß ist dieser schwungvolle barocke Schnitzaltar mit seinem ikonographischen Programm zum Thema der Auffindung des Jesuskindes im Tempel einzigartig – und dies auch im Hinblick auf die handwerkliche Qualität der Arbeit. Des heiligen Sebastian wird mit diesem Altar ebenfalls gedacht: an einen Baum gebunden, der Körper von Pfeilen durchbohrt, sieht man ihn inmitten des Reichtums der Natur, den die mit Trauben und Eichenblättern geschmückten Holzsäulen symbolisieren. Ein weiteres Mal begegnen wir dem Heiligen in einer bemalten Holzfigur aus dem 18. Jahrhundert. Den linken Seitenaltar schmückt eine holzgeschnitzte, abgebeizte Madonna, die von Tilman Riemenschneider beeinflußt sein dürfte.

Neben den Stufen, die zum Eingang der Kapelle führen, steht ein ausdrucksvoller steinerner Kruzifixus aus dem Jahr 1687, dessen Blick dem Betrachter nach allen Richtungen hin zu folgen scheint. Auf der Nordostseite der Kirche gewährt eine rundbogige Öffnung Einblick ins Beinhaus, in dem der Überlieferung nach die Gebeine der 1525 vom Herzog von Lothringen bei Scherweiler getöteten Bauern ruhen.

Im Städtchen Dambach, das Georg Dehio eine Fundgrube für Holzarchitektur nannte, fällt in der Ortsdurchfahrt rechter Hand ein großes gotisches Fachwerkhaus mit wandhohen Streben aus der Zeit um 1500 besonders auf. »Mich zimret Georg Strub von Ochsenhusen 1599« ist ins Holz eines angebauten Erkers eingeschrieben. Man sollte sich in Dambach ein wenig Zeit lassen und auf eigene Faust entdecken, wie recht Dehio mit seiner Behauptung hat (Farbt. 14).

Kinzheim

Auf der Weiterfahrt hätte zwar Scherweiler mit der trutzigen Ruine Ortenberg, einem auch jetzt noch gewaltig beeindruckenden Gebäudekomplex mit dem alles überragenden, mehr als 30 Meter hohen Bergfried (Abb. 90) auf fünfeckigem Grundriß lehrreichen Anschauungsunterrichts über staufischen Burgenbau am Oberrhein zu bieten, aber der Weg dort hinauf ist doch ein bißchen anstrengend und für unsere Tagestour zu zeitraubend. Man gewinnt auch einen guten Eindruck von dieser Burganlage, wenn man Scherweiler hinter sich läßt und sich dann irgendwo seitlich der Straße einen geeigneten Standpunkt für einen Blick zurück wählt.

Dagegen ist die Burg Kinzheim bei dem gleichnamigen Ort an der Weinstraße wesentlich schneller (etwa 20 Minuten) und ohne besondere Anstrengungen zu erreichen. Die große, um 1200 entstandene Anlage, eine der besterhaltenen im ganzen Lande, gehörte ursprünglich einem hier seßhaften Rittergeschlecht, wurde 1632 von den Schweden zerstört, in Teilen wiederaufgebaut, dann aber seit dem 18. Jahrhundert vernachlässigt und dem allmählichen Zerfall preisgegeben.

Der aus Quadern gemauerte runde Bergfried lehnt sich an eine große, mit Buckelquadern verblendete Schildmauer, die an der Berührungsstelle bis zur Plattformhöhe des Turmes hochgeführt wurde. Der Palas aus verputzten Bruchsteinen mit gotischen Maßwerkfenstern ist seiner Entstehung nach in die Mitte des 13. Jahrhunderts einzuordnen. Die kleine spätgotische Kapelle hat die Zeitläufte am besten überstanden.

Hohkönigsburg

In Kinzheim beginnt eine der drei Auffahrten zur Hohkönigsburg, die einer der meistbesuchten Plätze im Elsaß ist und in diesem Punkt wohl auch dem Odilienberg noch den Rang abläuft. Was die Touristen in Massen hierher lockt, ist das Erlebnis mittelalterlicher Burgenromantik in teils restaurierter, teils historisierend neuer, jedenfalls aber aus Ruinen wieder komplettierter Form (Farbt. 19).

Eine Burgenanlage bestand hier schon im 12. Jahrhundert. Bezeugt ist, daß sich 1147 zwei Türme im Besitz des Stauferkönigs Konrad III. und seines Bruders Friedrich II. befanden, und daß etwa von dieser Zeit an der kegelförmige Staufenberg seinen neuen Namen Königsberg führte. Die Edelfreien von Königsberg erhielten die Burg von den Staufern zum Lehen, dann aber, nach deren Untergang, wechselte sie immer häufiger ihren Besitzer, bis sie im Dreißigjährigen Krieg zerstört wurde.

Die Stadt Schlettstadt schenkte die Ruine 1899 dem deutschen Kaiser Wilhelm II., der sie im ersten Jahrzehnt unseres Jahrhunderts von Bodo Ebhardt unter weitgehender Wiederverwendung der alten Reste wiederaufbauen ließ. Die Hohkönigsburg ist, wieviel Kritik an Einzelheiten des historisierenden Konzepts und andererseits an manchen Freiheiten der Neugestaltung auch schon geäußert worden sein mag, eines der bedeutendsten Werke des späten Historismus im deutschsprachigen Raum und gehört zu den Beispielen einer monumentalen Restaurationsarchitektur aus wiedererwachtem Geschichtsbewußtsein, der u. a. auch die Marienburg oder die Wartburg ihre heutige Existenz verdanken.

Vom staufischen Gründungsbau auf der äußersten Höhe des Felsrückens erhalten geblieben sind die unteren Teile des mächtigen quadratischen Bergfrieds, beträchtliche Strecken der Mantelmauer und ein Teil des Palas mit einer romanischen Fenstergruppe sowie ein Rundbogentor mit den staufischen Löwen, das Hotz in der jetzigen Form allerdings dem 15. Jahrhundert zuschreibt.

Für die sogenannte Thiersteiner Burg, gleichbedeutend mit einer grundlegenden Erneuerung und Erweiterung der alten Anlage zur Besitzzeit der Grafen von Thierstein, wurde der spätgotische Charakter des Hochschlosses kennzeichnend. Außerdem stam-

Hohkönigsburg. Nach Golbéry/Schweighaeuser, Antiquités de l'Alsace, Mülhausen 1828

men aus dieser Zeit das trutzige Westbollwerk mit seinen Artillerietürmen und ein weiteres Bollwerk nach Osten. Die Söhne des Franz von Sickingen, denen die Hohkönigsburg seit 1533 gehörte, bauten die Befestigungen noch weiter aus.

Auf diesen überkommenen Bestand also hat Ebhardt seine Pläne für die Kaiserburg Wilhelms II. gegründet und im Zuge der freien Veränderungen, die er sich gestattete, u. a. auch den repräsentativen Festsaal geschaffen, der sich aus der Zusammenfassung zweier Geschosse im Hauptbau ergab.

Um es noch einmal zu sagen: bei allem Für und manchem Wider ist die Hohkönigsburg in ihrer jetzigen Gestalt eine Sehenswürdigkeit ersten Ranges und ein Lehrstück, wie ein großer mittelalterlicher Burgenbau nach heutiger Vermutung und Erfahrung ausgesehen haben könnte. Und wenn einer schon hierher kommt, dann sollte er auch gleich noch die nur 200 Meter entfernt gelegene Ödenburg ›mitnehmen‹, eine Anlage aus dem frühen 13. Jahrhundert, von der u. a. noch eine Palaswand mit zwei schönen gotischen Fenstern übriggeblieben ist.

Schlettstadt

Der Abwechslung wegen ist der Rückweg von der Hohkönigsburg über *St. Pilt / St.-Hippolyte* zu empfehlen. Das kleine Städtchen mit seiner gotischen Kirche hat eine Reihe schöner alter Häuser und außerdem auch eine recht bewegte Geschichte vorzuweisen, falls sich jemand näher mit ihr befassen wollte.

Wenige Kilometer nordostwärts in die Ebene – und wir sind in Schlettstadt angelangt, dem alten Humanisten-Zentrum des 15. und 16. Jahrhunderts, das mit Namen wie Jakob Wimpfeling oder Beatus Rhenanus unlösbar verbunden ist und in seiner *Stadtbibliothek* ein einzigartiges Denkmal jener großen Tradition bewahrt.

Hier sind wir auch schon mittendrin in der noch von zwei Tortürmen beschirmten Stadt mit ihren vielen malerischen Winkeln, die einmal als Fischerdorf angefangen hatte, dann ein merowingisches Königsgut war, zu Zeiten Friedrichs II. Freie Reichsstadt wurde und im Zehnstädtebund stets eine wichtige Rolle spielte. Die hochberühmte Lateinschule und die Literarische Gesellschaft, die Schlettstadt zum Mittelpunkt des geistigen Lebens am Oberrhein im 15. und 16. Jahrhundert gemacht hatten, sind lange Vergangenheit, doch in der Bibliothek, die 1841 in der ehemaligen Kornhalle untergebracht wurde, und deren vorgelagerter Leseraum zugleich ein kleines Museum ist, lebt, wie gesagt, diese Vergangenheit weiter.

Schmuck, Waffen und Gefäße, Holzbildwerke und Fayencen von vorchristlicher Zeit bis zum Mittelalter bilden in diesem Vorraum eine erlesene Gesellschaft. Ein Hauptaugenmerk richtet sich sogleich auf eine Frauenbüste in einer Wandnische, die in ihrer lebensvollen Anmut und wohlgestalteten Schönheit ein Kunstwerk von hohem Rang sein könnte, wenn es nicht eine ganz andere Bewandtnis mit ihr hätte. In Wahrheit handelt es sich hier nämlich um eine nach Jahrhunderten gleichsam aus ihrem Grab wieder aufgestandene Frau, um den Abguß eines Mörtelhohlblocks, der um 1890 bei Erneuerungsarbeiten in der nahegelegenen St. Fides-Kirche unter Trümmern bei der einstigen Krypta gefunden worden war. Es wurde schon vermutet, daß die Unbekannte Hildegard, die Witwe des Herzogs Friedrich von Büren und Gründerin des Klosters St. Fides war. An unbenannt gebliebener Stelle vor dem Hochaltar der Kirche beerdigt und vielleicht, wie es vor allem in Seuchenzeiten des Mittelalters üblich und nötig war, mit Kalk abgedeckt, kann sich das Relief des Leichnams so unversehrt erhalten haben, wie dies der Abguß bezeugt.

Den Grundstock zur Bibliothek hatte Johann von Westhus, Pfarrer an St. Georg, gelegt, der 1552 seine private Bücherei Lehrern und Schülern der Humanistenschule übereignete. Andere wie Johann Fabri, Jakob Wimpfeling und Jakob Taurellus, um nur wenige Namen zu nennen, mehrten nach und nach durch Schenkungen den Bücherbestand. Schrift- und Bildwerke von unschätzbarem Wert, alles in allem etwa zweitausend Handschriften und Frühdrucke, kamen in dem Augenblick hinzu, als Beatus Rhenanus starb; er hatte seine gesamte Privatbibliothek seiner Vaterstadt vermacht.

Schwer zu sagen, wohin der Besucher der Schlettstadter Humanistenbibliothek sein Hauptaugenmerk richten soll, wenn er von Vitrine zu Vitrine geht, doch ein merowingisches Lesebuch aus den Jahren um 700 und das Liber Miraculorum Sanctae Fidis aus dem 12. Jahrhundert müßten unter den Stücken sein, die er als die größten Kostbarkeiten in Erinnerung behalten wird.

Ein paar Schritte nur von der Bibliothek und untereinander auch nicht viel mehr als auf Steinwurfweite entfernt, schauen die Türme der beiden großen Kirchen auf die

Schlettstadt, St. Fides. Nach Golbéry/Schweighaeuser, Antiquités de l'Alsace, Mülhausen 1828

Stadt, auf deren Plätzen, Straßen und Gassen es noch von charaktervollen Häusern des 16. und 17. Jahrhunderts wimmelt. Von den Kirchen die ältere ist St. Fides (Ste-Foy) (Abb. 92, 93). Hildegard von Egisheim-Dagsburg hatte die Gründung des gleichnamigen Klosters im Anschluß an eine Wallfahrt mit ihren fünf Söhnen, unter ihnen der erste Stauferherzog von Schwaben und Bischof Otto von Straßburg, nach dem südfranzösischen Kloster Conques beschlossen.

Benediktiner aus Conques waren die ersten Mönche, die das Kloster besetzten. Der Urenkel der Gründerin, Friedrich I. Barbarossa, nahm es in seinen und des Reiches Schutz und stiftete 1162 auch ein farbiges Glasfenster für den Chor der Kirche, die damals also zumindest schon begonnen war. St. Fides wurde staufisches Hauskloster.

Die im Laufe der Jahrhunderte mehrfach veränderte Basilika wurde zwischen 1875 und 1893 mit Rücksicht auf ihren ursprünglichen Zustand restauriert und stellt sich seither wieder als rein spätromanischer Bau dar, unbeschadet der Tatsache, daß der Architekt der Restaurierung das Vorhaben einer gründlichen Stilbereinigung mitunter auch wieder recht eigenwillig auf seine Weise betrieb.

Achtet man einmal weniger auf Einzelheiten, die jeder für sich selbst entdecken mag, und zieht viel mehr das Ganze dieser Kirche in Betracht, so wird etwa im Vergleich mit Rosheim oder Maursmünster leicht auffallen, daß sich hier in den romanischstaufischen Grundakkord auch Töne eingemischt haben, die einem in dieser Landschaft fremd vorkommen, und die in der Tat wohl auch mit der Entstehung von St. Fides und mit der engen Verbindung zu Conques zusammenhängen. Die schmale, steile Fassade, die verhältnismäßig hohen Türme mit ihren einzigartig gegliederten und geschmückten Obergeschossen und dem steinernen Helm über dem achteckigen Vierungsturm, die in Lothringen und Burgund beheimateten üppigen Schmuckformen statt der elsässischen Lisenen und Rundbogenfriese – das wirkt alles mehr westlich als bodenständig. Diese eigentlich nur vom Gefühl her zu begründende Unstimmigkeit empfindet man deshalb so deutlich, weil die Übernahmen aus einer alten und sehr vornehmen Kultur des Westens auf eine in ihren Maßen eher bescheidene Kirche das Feine eher ein wenig schwülstig erscheinen lassen.

Dennoch ist St. Fides weder ein lothringisches, noch ein burgundisches, sondern mit der Kraft der Wände, Stützen und Gewölbe des Innenraums, die die vergleichsweise schlankere, gestrecktere Erscheinung am Ende doch wieder fest zusammenschließt, ein durchaus elsässisches Bauwerk, eines sogar, das aus der staufisch inspirierten Kunst dieses Landstrichs nicht fortzudenken wäre, ohne daß sie gleich entscheidend ärmer würde.

Überall bleiben Rätsel und Geheimnisse: wie denn beispielsweise es kommt, daß der hier Eintretende den Raum zunächst als klein, ja intim erlebt, was er seinen Abmessungen nach ja auch wirklich ist, und daß dann doch alsbald das Innen mit dem Außen zu einem Eindruck von monumentaler Großartigkeit und Feierlichkeit verschmilzt. Da

Schlettstadt, St. Georg. Nach Voulot, 1854, aus Le Visage romantique de l'Alsace (Paul Ahnne), ▷
Straßburg/Paris 1950

scheint ein rational gar nicht recht faßbarer Sinn für Maß und Proportion, für das dem Menschen und seiner Einbildungskraft An-Gemessene am Werk gewesen zu sein.

Die Krypta, die sich an das Vorbild der Grabeskirche in Jerusalem hält und ein Rest der Kapelle ist, die als Gründungsbau der Herzogin Hildegard der jetzigen Kirche vorausging, war untergegangen und wurde erst bei Gelegenheit der Restaurierungsarbeiten im vergangenen Jahrhundert wiederentdeckt. In ihr befindet sich ein Zweitabguß der Frauenbüste aus der Humanistenbibliothek.

An Ausstattung ist in St. Fides aus älterer Zeit nur verhältnismäßig wenig verblieben, so u. a. im nördlichen Seitenschiff eine Bildhauerarbeit des 12. Jahrhunderts, die wohl als Sargdeckel für ein verstorbenes Kind gedacht war. Die Schnitzereien der barocken Kanzel (1753) schildern Szenen aus dem Leben des heiligen Franz-Xaver. Andere Teile der Ausstattung befinden sich im Museum.

Die *Münsterkirche St. Georg* (Abb. 94) war an der Stelle, an der vordem ein karolingischer Zentralbau, vermutlich die Palastkapelle des Königshofs stand, um 1220 noch romanisch begonnen, dann aber im Stil der Gotik weitergeführt worden. Zur Spätromanik gehören die Außenmauern der Seitenschiffe und ein Portal am Südseitenschiff. Nach 1240 wurden das gotische Ostquerhaus und die gotischen Nebenchöre hinzugebaut, die Arkaden des Mittelschiffs hochgezogen und die drei Schiffe eingewölbt. Chorhaus und Turm wurden im 15. Jahrhundert hinzugefügt. Der unvollendet gebliebene Turm krönt den Westbau, der gegen die Regel hier einmal nicht die Schauseite bildet (diese ist die Südfront).

Der Westbau selbst liegt zeitlich um ein gutes Stück früher, beginnend etwa mit dem Anfang des 14. Jahrhunderts, und dies deutlich unter Straßburger Einfluß. Das schlanke Portal an der Stirnwand, zwei Maßwerkbalustraden und ein Rosenfenster zwischen Strebepfeilern erinnern an St. Florentius in Niederhaslach und lassen an die Söhne Erwin von Steinbachs denken.

Von der prachtvollen, etwa zwischen 1435 und 1460 entstandenen Farbverglasung des Chors (hervorragend die burgundisch beeinflußte Katharinen-Legende im zweiten Fenster von links!) sind noch beträchtliche Teile erhalten, doch auch was nachträglich ergänzt wurde, fügt sich mit seiner warmen Farbigkeit gut in das Überkommene ein. In vergitterten Nischen des Chorraums befinden sich einige qualitätvolle Skulpturen, darunter eine barocke Madonna von Ignace de Saint-Lô (1726) ganz rechts. An den Ostwänden des Querhauses wurden Reste von Fresken aus dem 14. und 15. Jahrhundert entdeckt. Ein bemerkenswert reich ornamentierter Teil der Ausstattung ist die Steinkanzel von 1619.

Ebersmünster

Kurz hinter Ebersheim an der autobahnähnlich ausgebauten Nationalstraße nach Straßburg wird der Weg nach Ebersmünster gewiesen, einer ehemaligen Benediktiner-

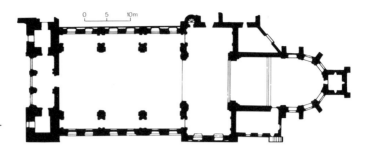

Ebersmünster, Abteikirche, Grundriß

Abtei, in deren frühesten Bauten allem Anschein nach die Mauern eines römischen Tempels mitverwendet worden waren. Eine 1155 geweihte, später gotisch erneuerte Kirche brannte 1632 aus und wurde zwischen 1710 und 1715 durch einen von Peter Thumb entworfenen Neubau ersetzt. Dieser fiel 1717 einem Blitzschlag zum Opfer und wurde zwischen 1719 und 1727 von einem weiteren Neubau Peter Thumbs abgelöst, mit dessen Innenausstattung man allerdings erst 1759 zu Ende kam. Doch die Zeit hat damals offensichtlich für diese Kirche gearbeitet, mit der sich der Vorarlberger Baumeister eines seiner schönsten Denkmale neben St. Peter im Schwarzwald und Birnau am Bodensee errichtete.

Die drei schlanken, mit Laternen besetzten Zwiebeltürme stimmen den Näherkommenden sogleich freundlich. Er wird von sich aus kaum bemerken, daß es mit dem zurückstehenden dritten Turm am Chorabschluß eine andere Bewandtnis hat als mit den beiden anderen. Dieser 48 Meter hohe ›Heidenturm‹ ist nämlich ein Überbleibsel der alten Anlage. Balustrade, Türmchen und Zwiebelhaube sind nachträgliche Zutat.

Die mit einem Volutengiebel bekrönte, klassisch streng gegliederte Fassade zwischen den Vordertürmen ist ein wenig zurückversetzt und öffnet sich mit drei Rundbögen zur Vorhalle (Abb. 95). Tritt man durch sie ins Kircheninnere ein, so hält die freundliche Stimmung nicht nur an, sondern schlägt vollends ins Fröhliche um – ganz so, wie es einem auch in den dicht an dicht gesäten Barockkirchen Oberschwabens geschehen kann.

Was aber nun gerade diese lichte, tonnengewölbte, spannungsreich rhythmisierte Vorarlberger Wandpfeilerhalle von Ebersmünster vor vielen anderen auszeichnet, das ist ihre bei allem Schmuck gewahrte Strenge, die wohl Reichtum zuläßt, aber keine Überladenheit (Abb. 96). Architektonisch wird man hier auch gleich den wohlbedachten Gegensatz erspüren, in dem der kräftig und großformatig gegliederte Hauptraum zu den Abseiten mit ihren auf Flachbögen ruhenden, das seitlich einfallende Licht erst einmal vielfältig brechenden Emporen steht.

Wie alle Barockkirchen lebt auch Ebersmünster nicht allein aus solchen in der Architektur begründeten Spannungen und Lösungen, sondern aus dem totalen Zusammenklang von Architektur, Malerei, Skulptur und letztlich auch der tönenden Musik, für die im gegebenen Falle eine der kostbaren Silbermann-Orgeln gerade gut genug war.

Tonangebend aber blieb stets der Baumeister, dem sich alle anderen, die Steinmetzen, Bildhauer und Zimmermeister, die Maler und Stukkateure unterzuordnen hatten.

Da spielt es auch keine entscheidende Rolle mehr, ob alle Teile der Ausstattung untereinander gleichwertig sind oder nicht, denn jeder Teil trägt den anderen unmerklich mit, wenn es darauf ankommt. Die Hervorhebung mag darum fast schon wieder ein wenig ungerecht sein, wenn wir hier trotz allem ein besonderes Augenmerk auf den klassisch-schönen, man möchte sagen: vornehmen Hochaltar, das Chorgestühl, die Kanzel (Abb. 97) und das prunkvolle Orgelgehäuse lenken, ehe wir diesen bedeutendsten Barockbau des Elsaß wieder verlassen, um uns auf der RN 83 (zugleich E 9) weiter nordwärts in Richtung Straßburg zu wenden.

Nach etwa 10 Kilometern lohnt sich ein kurzer Aufenthalt in *Benfeld*, um hier das hübsche Rathaus von 1531 zu sehen – einen gotischen Bau mit einem später hinzugekommenen, von einem geschweiften Dach mit Laterne bekrönten Treppenturm, der auf 1619 zu datieren ist. Aus der gleichen Zeit stammt wohl auch die Uhr mit Figuren des Todes, eines Soldaten und des ›Stubenhansel‹, der 1311 (nach anderer Lesart 1332) die Stadt an den Feind verraten haben soll.

Eschau

Letzte Station auf der Rückfahrt nach Straßburg ist Eschau, wenige Kilometer westwärts von Fegersheim. Die um 1050 erbaute Stiftskirche der Benediktinerinnen zählt mit Ottmarsheim und Avolsheim zu den ältesten Gotteshäusern des Landes. Eine ungefähre Vorstellung, wie sie einmal war, muß man sich heute zusammensuchen aus dem an Ort und Stelle noch Vorgefundenem und Teilen des Kreuzgangs, die zusammen mit einem Taufbecken ins Straßburger Frauenhausmuseum verbracht wurden. Die wenigen Kapitelle, die dort in die Nachbildung eines Kreuzgangflügels eingebaut wurden, gehören zum Naivsten und Bezauberndsten, was die elsässische romanische Kunst an Schmuck hervorgebracht hat. Was die handwerkliche Bearbeitung angeht, sind es Meisterwerke.

Doch auch das in Eschau Verbliebene ist sehenswert, weil die sorgfältig restaurierte Kirche mit ihren einfachen Formen aus der Zeit, da sich der romanische Stil zu seiner Blüte hin entwickelte, eine verläßliche Vorstellung von einer kreuzförmigen ottonischen Pfeilerbasilika vermittelt, die noch aus den Quellen der höfischen Kunst Karls des Großen schöpfte. Die Kirche beherbergt neben dem Sarkophag der heiligen Sophia im nördlichen Querhaus eine Reihe schöner Holzskulpturen aus dem 15. und 16. Jahrhundert. Eine durch ihre Anmut entzückende Gruppe wurde über dem Sarkophag angebracht: Die mehrfarbige Holzskulptur stellt Sophia mit ihren drei Töchtern Glaube, Hoffnung und Liebe in Gewändern von Edelfrauen des 15. Jahrhunderts dar. Der Hochaltar ist klassizistisch.

Aus der bewegten Geschichte des nicht zu allen Zeiten der strengen klösterlichen Zucht lebenden Damenstiftes, das seit seiner Wiederherstellung nach den Ungarneinfällen nur adeligen Mädchen offenstand, sollen zum guten Schluß nur Anfang und Ende noch schnell erzählt sein: Bischof Remigius von Straßburg erhielt 770 Eschau, das damals eine Insel war, als Geschenk. Er gründete hier ein kleines Frauenkloster und trug selbst zusammen mit seinen Dienern den Leib der heiligen Sophia auf den Schultern von Rom hierher. Sophia war die Schutzpatronin des Bischofs; Papst Hadrian I. hatte sie ihm zum Geschenk gemacht. Adala, eine der beiden Stifterinnen des Eschauer Besitzes, wurde die erste Äbtissin des Klosters. Die letzte verließ Eschau, nachdem sich die Stiftsdamen nach den Zerstörungen des Bauernkrieges 1526 zerstreut hatten und etliche von ihnen jetzt die Wohltaten der Reformation genossen und heirateten.

Colmar — im Versteck aufgespürt

Die Touristenomnibusse spucken ihre Fracht gewöhnlich gleich neben dem Unterlindenmuseum aus und sammeln sie hier auch wieder ein, wenn die Pflichtübung Isenheimer Altar absolviert ist und es im günstigsten Falle gerade noch für einen Gang zum Kopf- und Pfisterhaus sowie zur Madonna im Rosenhag gereicht hat.

Nun ist ja gar nichts dagegen zu sagen, daß in Colmar der Schwerpunkt von vornherein anders gesetzt wird als in Straßburg, wo das Münster die eindeutige und unumstrittene Dominante ist. Seine Stelle nimmt hier das Unterlindenmuseum ein, denn in der Tat ist es das kulturelle Herz dieser Stadt und eine Institution, die wie nur wenige andere auf so kleinem Raum so unvergleichlich Erhabenes und in der Kunst Weltbedeutendes zu bieten hat. Dennoch sollte man sich klarmachen, daß hier eigentlich erst die Entdeckungsreise durch eine Stadt beginnt, die sich wie eine ländliche Schöne ein wenig ziert und weder dem Reisenden auf den nichtssagenden Durchfahrtsstraßen noch dem Gast zuliebe, der vom Bahnhof herkommt, gleich den Schleier lüftet.

Ob sie vielleicht Angst hat, man könnte zu schnell entdecken, daß die Betriebsamkeit in den Fabriken und Einkaufszentren der Außenviertel, die Allerwelts-Physiognomie moderner Betonbauten, Wohnblocks und Geschäftshäuser gar nicht ihr wahres Gesicht ist, sondern das Ländlich-Behäbige, wie man es in der Altstadt an allen Ecken und Enden erspüren kann.

Eine sehr alte Stadt ist Colmar in der Tat. Am Ufer der Lauch, von der sie durchflossen wird, befand sich im 9. Jahrhundert ein fränkischer Königshof, und um ihn herum entwickelte sich ein rasch aufblühendes Gemeinwesen, das die Staufer 1226 zur Freien Reichsstadt erhoben, und das 1254 dem Rheinischen Städtebund beitrat. Seine Freiheit mußte es freilich immer wieder verteidigen, zuerst gegen den Bischof von Straßburg und den elsässischen Landadel, in den siebziger Jahren des 15. Jahrhunderts gegen Karl den Kühnen von Burgund.

85 ANDLAU Ehemalige Abteikirche, Portalrelief (Adam und Eva) ▷

86–88 ANDLAU Ehemalige Abteikirche, Die Erschaffung Evas und weitere Details aus der Portalzone

89 ANDLAU Mittelschiff der in einem barock-neuromanischen Mischstil umgestalteten Abteikirche

90 Ruine ORTENBERG Bergfried ▷

91 EPFIG   Margarethenkapelle
92 SCHLETTSTADT   St. Fides, Kapitelle am Hauptportal

93 SCHLETTSTADT St. Fides

94 SCHLETTSTADT Pfarrkirche St. Georg und Ebersmünsterer Hof ▷

95 EBERSMÜNSTER Westfassade der ehemaligen Abteikirche

96 EBERSMÜNSTER Innenraum der ehemaligen Abteikirche

97 EBERSMÜNSTER Ehemalige Abteikirche, Simson, der Kanzelträger
98 COLMAR Klein-Venedig mit dem Turm des Martinsmünsters ▷

99 COLMAR Haus Pfister

100 COLMAR Kopfhaus, Renaissancebau von 1609

102 COLMAR Kaufhaus (Alter Zoll)

◁ 101 COLMAR Dominikanerkirche, ›Madonna im Rosenhag‹ (1473) von Martin Schongauer

103 COLMAR Figürliches Detail eines Fachwerkhauses ▷

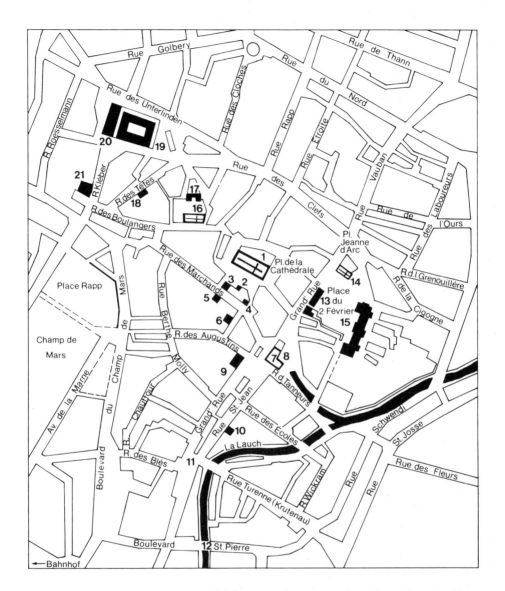

Colmar 1 Martinsmünster 2 Haus Adolph (1350), ältestes Bürgerhaus der Stadt 3 Gerichtslaube 4 Pfisterhaus 5 Bartholdi-Museum 6 Huselin zum Swan 7 Alter Zoll, Kaufhaus 8 Schwendibrunnen 9 ehem. Appelationsgerichtshof 10 Johanniterhaus 11 Roesselmannbrunnen 12 Lauchbrücke, Klein-Venedig 13 Neuer Bau, Arkaden 14 protest. Franziskanerkirche 15 Altes Spital 16 Dominikanerkirche 17 ehem. Dominikanerkloster, Stadtbibliothek 18 Kopfhaus 19 Unterlindenmuseum 20 Stadttheater 21 Katharinengebäude, Festsaal

COLMAR – IM VERSTECK AUFGESPÜRT

Von 1354 an war Colmar mit den elsässischen Reichsstädten im Bunde, und 1360 erhielt es eine städtische Verfassung, die ein wenig anzuleuchten unter dem Aspekt heutigen Demokratie-Verständnisses nicht eben uninteressant sein mag. Da wurde alljährlich ein aus dreißig Mitgliedern bestehender Rat gewählt, von denen zehn aus dem Besitzbürgertum und dem Ortsadel, zwanzig aus den Zünften kamen. Den Vorsitz führten drei Stettmeister, deren Amtszeit jeweils auf vier Monate beschränkt blieb. Sitz und Stimme im Rat hatten kraft ihres Amtes auch die zwanzig Zunftmeister. Sie wählten ihrerseits den obersten Zunftmeister, der zugleich den militärischen Oberbefehl innehatte. Oberstmeister und Stettmeister bildeten gemeinsam den Magistrat. In wichtigen öffentlichen Angelegenheiten wurden ein Dreizehner-Ausschuß und ein Schöffenrat befragt. Die richterliche Gewalt lag beim Schultheißenamt, das die Stadt 1425 von Kaiser Sigismund kaufte.

Mit dieser stabilen Ordnung im Rücken überstand die Stadt auch die schweren Zeiten ihrer Geschichte, und selbst die Wirren der Reformation, die durch Machteinflüsse von außen angestiftet wurden, brachte sie verhältnismäßig unbeschadet hinter sich. Als dann 1648 am Ende des Dreißigjährigen Krieges Frankreich die Oberhoheit über die Besitzungen des Reiches und des Hauses Österreich im Elsaß erlangte, leistete Colmar mit den anderen Reichsstädten entschiedenen Widerstand, der erst 1673 gebrochen wurde. Colmar wurde jetzt Sitz des elsässischen Oberlandesgerichts und 1791 der Präfektur Haut-Rhin.

Geblieben ist über alle politischen Veränderungen hinweg eine in ihrem Wesen unversehrte mittelalterliche deutsche Stadt, die ihren vor allem im 16. Jahrhundert gewonnenen Habitus selbstbewußt herzeigt. Um das Martinsmünster gedrängt, mit einem Gewirr von Giebeln und Dächern über die Mauern und Bastionen hinausragend, die sich die Phantasie wieder hinzuzudenken hätte, könnte dieses Colmar immer noch einem alten Kupferstich entsprungen oder von Sebastian Münster so und nicht anders in Holz geschnitten worden sein. Träume in die Vergangenheit – wer kennt sie nicht?

Nehmen wir also an, wir seien von einem der Parkplätze in der Innenstadt zum *Münster St. Martin* gelangt und sähen uns dem Nikolausportal an der Südseite gegenüber. Schon wird klar, daß an diesem Portal künstlerische Ideen mitgestaltet haben, wie sie auch am romanischen Südportal des Straßburger Münster verwirklicht sind. Doch in Colmar wurde dem romanisch gewölbten Bogenfeld mit der Darstellung der Nikolauslegende ein weiteres aufgesetzt, das spitzbogig begrenzt ist und das Weltgericht schildert. Da gleichzeitig die Portalsäulen so weit auseinander gerückt werden mußten, daß sie die Spitzbogen voll abstützten, wäre das romanische Bogenfeld gleichsam in der Luft hängengeblieben, wenn man es nicht auf einen Mittelpfeiler aufgelagert hätte. Übrigens stellt eine der vierzehn Statuetten, die das Portal außen umlaufen – die vierte von links unten – den Baumeister Humbret mit Reißbrett und Winkelmaß dar.

Aus einem einzigen Bauteil läßt sich hier also ein Indiz dafür herauslesen, daß das Münster romanisch begonnen und gotisch vollendet wurde. Es ist dies allerdings schon

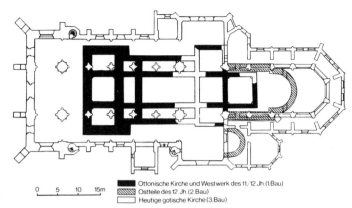

St. Martin, Grundriß mit Vorgängerbauten

0 5 10 15m

■ Ottonische Kirche und Westwerk des 11./12. Jh. (1. Bau)
▨ Ostteile des 12. Jh. (2. Bau)
☐ Heutige gotische Kirche (3. Bau)

der dritte Bau an dieser Stelle, an der zuerst eine spätottonische Pfeilerbasilika, die St. Martinskapelle, gestanden hatte. Im 12. Jahrhundert wurde diese Kapelle umgebaut und erweitert, aber auch sie erwies sich als zu klein, nachdem 1234 das weltliche Chorherrenstift St. Martin gegründet worden war.

Die neue, in mehreren Bauabschnitten entstandene dreischiffige Basilika mit ihrem sehr langen, von einem Kapellenkranz umgebenen Chor und einem weit überspringenden Querbau zeigt in wesentlichen Teilen die Handschrift des Meisters Humbret, der in Frankreich gelernt hatte und in Colmar die Weichen zur Gotik stellte. Noch einen Schritt weiter geht der 76 Meter hohe Südturm, doch dies aus dem Zwang besonderer Umstände heraus. Vierkantig gedrungen, wie er so dasteht, bricht er über dem zweiten gotischen Geschoß unvermittelt ab. Der spitz zulaufende Helm, den er ursprünglich trug, ist ihm vor vierhundert Jahren weggebrannt. Statt dessen deckt ihn jetzt eine Renaissancehaube mit einem zweifachen Kranz von zierlichen Wasserspeiern. Wer will, mag das eine nicht ganz zu dem übrigen Bauwerk passende Notlösung nennen, aber so, wie er nun einmal ist, wurde der Turm zum vielgeliebten Wahrzeichen Colmars. Ein in der ursprünglichen Planung vorgesehener zweiter Turm war erst gar nicht gebaut worden.

Bei einem Umgang um das Münster sollte man u. a. achten auf eine Kopie der Reiterfigur des Namenspatrons über dem Hauptportal (das Original befindet sich im Unterlindenmuseum), auf die mit dem Wappen der Edlen von Beblenheim gekennzeichnete Kapelle und den mit Blattwerk an den Kapitellen gezierten Seiteneingang am nördlichen Seitenschiff, auf das zierliche Doppelportal am Nordteil des Querbaus, die hohe, prachtvolle Erscheinung des kapellenumkränzten Chorhauses mit seinem reichen Skulpturenschmuck, schließlich die gegen Ende des 13. Jahrhunderts angebaute Limberger Kapelle und ein feines Seitenportal am Südschiff.

Im Inneren des Gotteshauses, in dem man, von draußen kommend, der Weite und des flutenden Lichts erst nach einiger Zeit ganz gewahr wird, treten zuerst die kräftigen Pfeiler und Säulen deutlicher ins Bild. Sie geben dem Raum einen Zug ins Große, ja fast schon Gewaltige. Von den farbigen Glasfenstern stammen einige noch aus früher Zeit, so das älteste mit dem von roten Blumenmustern umgebenen Christuskopf über dem südwestlichen Seitenportal (um 1200), dann das Mittelfenster und ein Seitenfenster mit dem Marienleben im Chor (15. bis 16. Jahrhundert), sowie auch Teile in Fenstern des Querschiffs.

Ansonsten ist von der alten Ausstattung das meiste während der Revolution zerstört oder, wenn gerettet, später ins Museum verbracht worden. Auch aus Sicherheitsgründen wird heute manches Kunstwerk dort verwahrt, das noch vor wenigen Jahren an seinem angestammten Ort frei zugänglich war. Der Raub der später in Lyon wiedergefundenen ›Maria im Rosenhag‹ des Colmarer Malers und Kupferstechers Martin Schongauer im Jahr 1972 hat die für den Kunstbesitz der Stadt Verantwortlichen erst recht vorsichtig werden lassen. So verbrachten sie dieses ehedem wertvollste Eigentum des Martinsmünsters nach seiner Wiederauffindung zwar nicht ins Museum, aber doch lieber in die nahegelegene Dominikanerkirche, wo es sich besser sichern ließ.

Ähnlich wie im benachbarten Freiburg ist die Südseite des Münsterplatzes die freundlichste und am meisten zum Verweilen und Beschauen einladende, sozusagen die gute Stube Colmars. Gegenüber der Südwand des Münsterquerhauses wirbt das Haus Adolph mit seinen fein gearbeiteten gotischen Maßwerkfenstern um Beachtung und gleich daneben die ehemalige Wachstube und *Gerichtslaube* (1575) mit einem entzückenden, reich gezierten Erker über dem Portal – eines der geglücktesten Beispiele bürgerlicher Renaissance-Architektur. Gleich um die Ecke des Münsterplatzes herum versucht ihm allerdings das *Haus Pfister* (Abb. 99) mit seinem Treppenturm, den Erkern und einer hölzernen Galerie, mit Wandmalereien und Kaisermedaillons den Rang streitig zu machen. Unter den privaten Wohnhäusern Alt-Colmars steht es ja auch ohne Frage an erster Stelle. Ein wohlhabender Hutmacher hatte es sich 1537 erbauen lassen.

Schräg gegenüber, Nr. 30 in der Schädelgasse (Rue des Marchands) mit ihren prachtvollen Fachwerkhäusern (Farbt. 18), ist das Geburtshaus des Bildhauers August Bartholdi, der von 1834 bis 1904 lebte und unter anderem den Löwen von Belfort und die Freiheitsstatue in New York schuf, als Museum mit Originalmodellen und Abgüssen seiner Werke eingerichtet worden. Nach mehrjährigen Restaurierungsarbeiten und der Wiedereröffnung im Frühjahr 1979 erwartet den Besucher im Erdgeschoß außerdem ein neues, pädagogisch orientiertes Museum zur Geschichte der Stadt Colmar vom 11. bis zum 19. Jahrhundert. Es zeigt neben vielen Originalurkunden aus den Beständen des Stadtarchivs auch archäologische Funde, die in der Stadt und ihrer näheren Umgebung geborgen wurden. Wie schon früher ergänzen monatlich wechselnde Kunstausstellungen das Angebot des Bartholdi-Hauses, das übrigens mit zwei großzügig geschmückten Renaissance-Portalen auch baulich Besonders zu bieten hat.

Nicht weit vom Pfister- und Bartholdi-Haus, in der Schongauergasse, erinnert das ›huselin zum swan‹, in dem ›hipsch Martin Schongauer‹ seiner Arbeit nachgegangen sein soll, an den Meister der Maria im Rosenhag. Man sollte sich das Gedenken an ihn angesichts des hübschen spätgotischen Hauses nicht durch den kleinen Schönheitsfehler stören lassen, daß Schongauer in Wahrheit in einem nicht mehr erhaltenen Nachbarhaus wohnte.

Die Schädelgasse erweitert sich vom Pfisterhaus an allmählich zu Colmars berühmtestem Profanbau hin, dem *Koifhüs*, Kaufhaus, Alten Zoll oder Ancienne Douane, um gleich alle gebräuchlichen Bezeichnungen in einem Atemzug zu nennen (Abb. 102). Es ist ein wie ein Block hingesetzter, zweigeschossiger gotischer Bau des Jahres 1480. Das ursprünglich als Halle angelegte Erdgeschoß diente der Verwahrung von Zollgut, während im Obergeschoß das Schöffengericht und gelegentlich auch die Ratsversammlung des Zehnstädtebundes tagte. Zu den späteren Anbauten gehört die in Richtung Schädelgasse gelegene Freitreppe zum Obergeschoß unter vorgezogenem Dach.

Der Durchgang zur Ostseite des Kaufhauses eröffnet – wie nahezu jeder beliebige Standpunkt rund um dieses Bauwerk – eine neue reizvolle städtebauliche Perspektive und führt im übrigen zum *Schwendibrunnen*. Er ist ein Denkmal für den elsässischen Feldhauptmann von Schwendi, dessen große Verdienste nicht zuletzt darin bestanden haben sollen, daß er aus den Türkenkriegen die Tokayerrebe in die Heimat mitbrachte.

Am Obstmarkt vor dem Kaufhaus nach rechts zur Langen Straße (Grand' Rue) steht nach wenigen Schritten an der Ecke der Augustinergasse der gut gegliederte und im Ganzen sehr wirkungsvolle Bau des ehemaligen *Appellationsgerichtshofes*, der 1765 bis 1771 errichtet wurde und auch heute Gerichtsgebäude ist. Das Denkmal des blinden Fabeldichters und Pädagogen Konrad Pfeffel am gleichen Platz möchte ein wenig an die Goethezeit zurückdenken lassen, denn Goethes Jugendfreund Lerse war an der Erziehungsanstalt Pfeffels tätig.

Wenig weiter in der parallel zur Langen Straße verlaufenden Johannitergasse (Rue St. Jean) stoßen wir auf das sogenannte *Johanniterhaus*, das 1608 im venezianischen Baustil erstellt wurde, und dessen besonderes Kennzeichen eine zweigeschossige gewölbte Loggia ist. Und noch ein Stück weiter in der gleichen Richtung erinnert der von Bartholdi geschaffene *Rösselmannbrunnen* an einen um Colmar hochverdienten Schultheißen im 13. Jahrhundert.

Die Rue du Manege geleitet zum Boulevard St. Peter (St. Pierre), auf dem wenig links auf der Petersbrücke die wohl bezauberndste Ansicht Colmars gewürdigt sein will, der Blick auf *Klein-Venedig* (Petite Venise) mit dem fernen Münsterturm über krummen Dächern, verwinkelten Höfen und vor sich hinträumenden Kähnen im Wasser der Lauch (Farbt. 15, Abb. 98).

Von hier wieder zum Rösselmannbrunnen und dann rechts in die Krautenau (Rue Turenne): erneut erscheint Klein-Venedig beiderseits einer Brücke. Die Krautenau war ehedem Ackerbürgerdorf und befestigte Vorstadt. Gleich hinter der Brücke sollte man jetzt am Fischerstaden (Quai de la Poissonnerie) dem Lauf der Lauch bis zur links abzweigenden Gerbergasse (Rue des Tanneurs) folgen und wie auf allen Wegen durch Colmar immerzu um sich sehen, neugierig sein, auch einmal vom vorgeschlagenen Weg auf eigene Faust abweichen und versuchen, das einzigartige städtebauliche Denkmal einer kulturell noch unversehrten Vergangenheit in sich aufzunehmen und in seiner Ganzheit zu begreifen.

Die Gerbergasse führt zum Kaufhaus zurück. Jetzt begehen wir die Lange Straße in der entgegengesetzten Richtung, vorbei am *Neuen Bau* (Maison des Arcades, Nr. 15) aus dem Jahre 1606 mit seinen dreigeschossigen Erkern, den volutengeschmückten Giebeln und den Kaufläden hinter Lauben, bis zur heute protestantischen *Franziskanerkirche*. Ihr gegenwärtiger Bau war 1292 begonnen, 1340 vollendet worden und wurde 1491 erneuert. Das durch einen Lettner und später noch durch eine Mauer vom Chor getrennte Langhaus hatte ursprünglich zwei Seitenschiffe. So wie diese Kirche sich heute darbietet, macht sie einen Eindruck, den man schlicht, eher schon nüchtern und doch großartig zugleich nennen möchte. Zur Ausstattung gehören einige gute Glasgemälde aus der Werkstatt Peter Hemmels, ein Kruzifixus auf der Lettnerbühne, der möglicherweise mit der Kaysersberger Kreuzigung in Verbindung steht, und eine Orgel von Andreas Silbermann. Die Bemalung der Lettnerbrüstung wird auf 1708 datiert.

Den Platz um die Franziskanerkirche schließt nach Osten der barocke Neubau des *alten Spitals* ab. Er ist an der Stelle erstanden, wo vordem das Franziskanerkloster mit dem seit 1543 darin eingerichteten Spital gewesen war. 1735 ist es abgebrannt.

Gegenüber der Kirche führt die Schafsgasse (Rue du Mouton) zur Nordseite des Münsterplatzes und von dort weiter zur nahegelegenen frühgotischen *Dominikanerkirche,* deren Grundstein Rudolf von Habsburg 1283 legte. Auch dies ist, insoweit vergleichbar der Franziskanerkirche in ihrer heutigen Gestalt, ein Gotteshaus mit zwei Gesichtern: Großzügig in seinem räumlichen Zuschnitt, ein Eindruck, der insbesondere vom Langhaus mit seinen hohen schlanken Säulen bestimmt wird; andererseits aber äußerst sparsam, ja puritanisch streng im Umgang mit schmückender architektonischer Zutat – das Ganze ein sehr bezeichnendes Beispiel der sogenannten Bettelordenarchitektur. Die Glasmalereien aus der ersten Hälfte des 14. Jahrhunderts sind dessen ungeachtet von einer Schönheit, die durchaus Vergleiche mit den Straßburger Münsterfenstern zuläßt. Die Altäre und das Chorgestühl aus den Abteien Pairis im Stil Louis XV. und Marbach (Louis XVI.) wurden erst nachträglich hierher verbracht, nachdem die Kirche im Gefolge der Französischen Revolution längere Zeit profaniert gewesen war. Seit einigen Jahren hütet sie als ihren größten Reichtum Martin Schongauers ›Maria im Rosenhag‹ (Abb. 101) (vgl. hierzu S. 212); zu besichtigen von Mitte März bis Mitte November täglich von 10 bis 18 Uhr, im Winter im allgemeinen nicht.

Wie selten in einem Kunstwerk verbindet sich in Schongauers Gemälde Monumentalität mit Gemüt. Es hat durchaus seinen guten Grund, von diesem unsäglich ausdrucksvollen Frauenbildnis als von einer Deutschen Sixtinischen Madonna zu sprechen. Maria über einer blühenden Wiese auf abstraktem Goldgrund, dem Symbol für einen ins Unendliche weisenden Raum, hinter ihr der Rosenhag, in dessen filigranhaftem Gezweig die Vögel ihr Lied singen: es könnte eine ungetrübte Idylle sein, wenn sich da nicht im Gesicht der Mutter schon das Wissen um kommendes Leid spiegelte und diese wärmende Mariendarstellung mit Tragik überschattete.

Verständnislos, wie man in früheren (und leider nicht nur in früheren!) Zeiten mit Kunstwerken manchmal umging, wurde das Original nach 1720 auf allen Seiten etwa 50 Zentimeter breit beschnitten und in einen geschnitzten Nischenrahmen gezwängt. In ihn ragen nun beziehungslos auch Teile der weggestutzten Bildelemente hinein, so zum Beispiel am oberen Ende einige Strahlen, die ursprünglich von einer Darstellung Gottvaters und des Heiligen Geistes in Gestalt der Taube ausgegangen waren. Wie das unverkürzte Original ausgesehen hat, weiß man immerhin von einer Kopie, die sich im Bostoner Gardner Museum befindet.

Das der Dominikanerkirche an der Nordseite anliegende ehemalige Kloster – teilweise umgebaut, aber mit erhaltenem Kreuzgang aus dem 15. Jahrhundert – dient seit 1940 als Stadtbibliothek, in der neben einem ansehnlichen Buchbestand etwa tausend Handschriften aus Zeiten bis zurück ins 6. Jahrhundert und eine Lithographiensammlung untergekommen sind.

Ein kurzer Abstecher links um die Ecke endet in der Kopfhausgasse (Rue des Têtes), die ihren Namen von dem prunkvollen Kopfhaus auf der linken Seite und dieses wiederum den seinigen von den rund hundert Kopfmasken an den Erkerbrüstungen und Fensterpfosten hat. Der repräsentative Renaissancebau wurde 1609 aufgerichtet (Abb. 100).

Das *Unterlindenmuseum* (und nebenan das Stadttheater) ist jetzt über eine in der Mitte der Kopfhausgasse abzweigende kurze Stichstraße auf Tuchfühlung herangerückt. Wir treten ein und befinden uns an der Stätte des im 13. Jahrhundert gegründeten Dominikanerinnenklosters ›Unter den Linden‹, das wie so viele kirchliche Einrichtungen in Frankreich der Revolution zum Opfer fiel und seit 1849 als Museum genutzt wird.

Um den schönen frühgotischen Kreuzgang herum gruppieren sich heute die Räume mit den an Bedeutung und Geldeswert wahrhaftig unermeßlichen Schätzen dieses Museums, wobei die Kunst des Mittelalters den Schwerpunkt bildet. Um so mehr ist dem Besucher jedoch anzuraten, nicht dem allgemeinen Touristentrend zu folgen und nur eben mal schnell bei Grünewalds Isenheimer Altar und noch einigen anderen ›Rosinen‹ vorbeizuschauen und das übrige zu ignorieren. Das Minimum an Zeit, das man sich für das von 9 bis 12 Uhr und 14 bis 17 Uhr geöffnete (im Winter dienstags geschlossene) Museum nehmen sollte, ist ein durch die Öffnungszeiten zwangsläufig auf drei Stunden begrenzter Vor- oder Nachmittag. Eine der an Ort und Stelle aufliegenden preiswerten Broschüren oder einer der kleinen Museums- und Kunstführer sind dem Besucher von Unterlinden durchaus zu empfehlen, denn deren Vollständigkeit und auf das einzelne Ausstellungsstück bezogene Ausführlichkeit kann er von einem das ganze Land beschreibenden Kunstreiseführer wie dem unseren billigerweise nicht erwarten.

Kommen wir also auf Umwegen zur Hauptsache und sehen uns erst einmal im Unter- und Obergeschoß um: unten bei den sehr interessanten und belehrenden Funden aus der vor- und frühgeschichtlichen Zeit des Elsaß und den Steinsammlungen aus der gallo-römischen Epoche; oben in einem mit viel Liebe und systematischer Gründlich-

COLMAR – IM VERSTECK AUFGESPÜRT

keit zusammengetragenen Heimatmuseum, das die ländliche Volkskunst und den von vielerlei künstlerischen Impulsen bewegten bürgerlichen Lebensstil vergangener Jahrhunderte bis zur Gegenwartsnähe veranschaulicht.

Die ›Hauptsache‹ jedoch bilden Skulpturen des romanischen Stils, der Gotik und der Renaissance, Holzbildwerke, Altäre, Altarbilder und Tafelmalereien, darunter vor allem solche von Martin Schongauer und Caspar Isenmann, aber auch von anderen Meistern, die zwischen dem 14. und 16. Jahrhundert im elsässischen Raum tätig waren. Vieles, was hier zu sehen ist, hatte ursprünglich seinen Platz an einem der Orte, in einer der Kirchen, die wir auf unseren Wegen durch das Elsaß kennenlernten und noch kennenlernen werden.

So auch der kostbarste Schatz Colmars, der in der ehemaligen Klosterkapelle aufgestellte *Isenheimer Altar* des Mathis Gothart Neithart, genannt Mathias Grünewald. Seine Bezeichnung verweist auf seine ursprüngliche Bestimmung für ein in der Revolution wieder untergegangenes Kloster, das die Antoniter in dem heutigen Ort Isenheim zwischen Colmar und Mülhausen errichtet hatten. Dies war der Punkt, an dem die beiden großen Durchgangsstraßen aus dem Rhônetal herauf und aus Italien über den Gotthardpaß zusammentrafen, um vereint dem Norden, den Niederlanden zuzustreben. Ein Hospiz und ein Spital, in dem Kranke und Gebrechliche gepflegt wurden, gehörten zum Kloster, wie es der Tradition und Regel des Hospitalitenordens entsprach.

Dem kunstsinnigen, in Sizilien beheimateten Abt Guido Gersi ist der vermutlich schon von seinem Vorgänger Jean d'Orliac erwogene Entschluß zu verdanken, einen geschnitzten Altarschrein (dessen Zuschreibung an die Werkstatt Nikolaus Hagenauers neuerdings wieder in Zweifel gezogen wird) in einen Flügelaltar umwandeln zu lassen und mit dieser Aufgabe Mathias Grünewald zu beauftragen. Zwischen 1510 (oder 1512?) und 1516 vollbrachte dieser das gewaltige Werk, das bedeutendste und berühmteste seiner Art in der deutschen Kunst (Farbt. 16, 17).

Zitieren wir, um wenigstens eine erste Vorstellung zu vermitteln, den Tübinger Kunsthistoriker Georg Scheja, der ihm ein ganzes Buch gewidmet hat: »Der Isenheimer Altar steht schon in seinem Aufbau im Zeichen künstlerischer Besonderheit. Zwar ist der Schrein mit seiner Reihung dreier Statuen von monumentaler Einfachheit, aber er bildet mit den von Grünewald stammenden gemalten Tafeln eine neuartige Einheit. Am Schrein selbst hat Grünewald zunächst zwei Flügel mit ganzflächigen Darstellungen aus der Antoniuslegende hinzugefügt. Diese Art, jeden Flügel mit einer einzigen Bilddarstellung zu belegen, ist bei kleineren Altären, besonders bei gemalten, keine Seltenheit. Hier aber bedeutet sie eine großartige Antwort auf die gemalte Mitte. Klappte man nämlich diese beiden Tafeln zu, so erschien ohne Berücksichtigung der Fuge ein Mittelbild, die Menschwerdung. An den Seiten wurden zwei Flügel mit der Verkündigung links und der Auferstehung rechts freigelegt. Schloß man diese wiederum, so erschienen noch einmal über die Fuge hinweg ein großes Mittelbild, die Kreuzigung, und zwei nun nicht mehr bewegliche Flügel mit den Gestalten des Antonius und des heiligen Sebastian.

Es entsteht also ein völlig anderes und neues Verhältnis zwischen dem plastischen Kern und den gemalten Flügeln. Der Schrein ist nicht mehr von der Bilderwand nur verdeckt. Es wird vielmehr zweimal durch Verhehlen der Mittelfuge ein Zustand geschaffen, der dem Inneren gleichberechtigt ist: eine große Mittelszene mit Flügeln. Dadurch wird jede Wandlung in eine ganz neue Einheit gehoben. Sie ist nun wirklich Zustand, selbständiges Glied neben anderen Gliedern. Es entsteht nicht eine vermindernde Abwandlung eines Hauptzustandes, sondern ein echtes Hintereinander, eine formale, zeitliche und szenische Verbindung, ein neuer geistiger Zusammenhang, der bis in die Einzelheiten hinein die Darstellung verklammert.«

Soweit Scheja. Wie riesige Bibelseiten sind Grünewalds dramatische Bilder aufgeschlagen, gewiß keine Malerei des Schönen und Harmonischen, obwohl wiederum das Teilstück mit Mutter und Kind für sich allein die poetischste Darstellung dieses Themas in der gesamten christlichen Kunst genannt werden darf. Aber das Ganze verrät ohne Umschweife die Handschrift eines von seinem Genie Besessenen, der zwischen Seligkeit und Schmerz alle Tag- und Nachtseiten menschlicher wie göttlicher Existenz vor Augen bringt und mit Fakten wie Figuren eigenwilligst verfährt, wenn sie ihm nur dazu dienen könnten, die Empfindungen, die ihn bewegen, ins Bild zu setzen, chaotisch und ordnend zugleich, Traum und Wirklichkeit in einem.

Um zum Schluß noch einmal auf das alte Colmar und sein heutiges Gesicht zurückzukommen, bleibt zu sagen, daß diese Stadt allen Respekt ihrer Besucher verdient, weil sie es in den letzten Jahren und Jahrzehnten mit unendlichen Mühen und Opfern unternommen hat, nicht nur sich selbst zu bewahren, sondern auch Schäden zu beheben, die früheres Unverständnis angerichtet hatte. Nur dank solcher Anstrengungen stehen heute Stadtteile wie das einmal ziemlich heruntergekommene Gerberviertel äußerlich heil da wie vor Jahrhunderten, im Innern gleichwohl ausgestattet mit allem modernen Wohnkomfort. Der Bürger dankt es der Stadt und auch der Gast Colmars begreift sogleich, daß in diesem Gemeinwesen ein Stück menschenwürdiger Lebensraum erhalten geblieben ist.

Romantische Städtchen haufenweise

Colmar – Bergheim (17 km) – Rappoltsweiler/Ribeauvillé (4 km) – Hunaweier (3 km) – Reichenweier/Riquewihr (5 km) – Sigolsheim (6 km) – Kaysersberg (6 km) – Ammerschweier (3 km) – Egisheim (12 km) – Geberschweier (6 km) – Pfaffenheim (3 km) – Rufach/Rouffach (4 km) – Sulzmatt (7 km) – Lautenbach (10 km) – Bühl (6 km) – Murbach (3 km) – Gebweiler/Guebwiller (6 km) – Sulz (3 km) – Ensisheim (10 km) – Colmar (25 km). Insgesamt 139 km.

Hatte sich das Neben- und Miteinander von Dörfern und Städtchen, die manchmal wie aus einem alten Bilderbuch geschnitten erscheinen, weiter nördlich noch in einigermaßen gesitteten, überschaubaren Bahnen bewegt, so nimmt es in der Gegend von Colmar geradezu Formen von Wildwuchs an. Ein Ort scheint den anderen an Schönheit, Behaglichkeit, Menschenfreundlichkeit übertreffen zu wollen – und der andere liegt immer gleich nebenan. Konkret bedeutet dies, daß die hier nun beginnende romantische Reise über die kürzeste Tagesstrecke der bisherigen Fahrtenvorschläge geht, aber mit den meisten Einzelzielen vollgepackt ist. Dennoch ist das Pensum in einem Tag zu bewältigen.

Bergheim

Von Colmar nordwärts auf der RN 83 in Richtung Straßburg, dann nach etwa 13 Kilometern auf der Höhe von Gemar links in Richtung Rappoltsweiler/Ribeauvillé und nach weiteren rund zwei Kilometern rechts auf Bergheim zu: das reizende Winzerstädtchen, dessen Straßen und Gassen noch nirgendwo den Eindruck machen, als seien sie für den Fremdenverkehr besonders aufgeputzt worden, hatte seit 1311 Stadtrecht, gehörte damals den Herren von Rappoltstein, kam dann für längere Zeit an das Haus Habsburg und 1679 wieder an die Rappoltsteiner zurück.

Chor und Apsis der Pfarrkirche stammen noch aus der frühen Zeit der Stadterhebung, während das adrett dreinschauende Rathaus an der einen Schmalseite des langgestreckten Marktplatzes seine barocke Herkunft nicht verleugnen kann. Die vielen alten Häuser, die sich rings um den Marktplatz zusammendrängen, stehen auch heute noch im Schutz der teils mit Fachwerk aufgestockten Türme und der alten Umwallung, die ein noch weitgehend intaktes Beispiel mittelalterlicher Stadtbefestigung vor Augen führt.

Das im 14. Jahrhundert entstandene Obertor mit seinem steilen Dach und einer Laterne trug bis 1848 eine recht derbe Spottfigur, die den Bergheimern den Spitznamen ›Lakmi‹ einbrachte: ein nacktes steinernes Männlein, das in unmißverständlicher Hal-

Romantische Reise durchs Weinland

tung das berühmte ›Götz‹-Zitat beim Wort nahm. Ähnlich unverblümt streckten am Untertor zwei steinerne Köpfe denen die Zunge höhnisch entgegen, die Totschläger und Schuldner nach Bergheim hinein verfolgen wollten. Der streitsüchtige König Wenzel, der den heiligen Nepomuk in der Moldau ertränken ließ, soll nämlich der Überlieferung nach verfügt haben, daß solche, »so aus Bewegnuss des Gemüthes« zum Totschläger geworden waren, sich hundert Jahre und einen Tag lang ungestraft in den Mauern von Bergheim aufhalten könnten. Ob dies nun die ganze, nur eine halbe oder gar keine Wahrheit ist: die Bergheimer waren und sind jedenfalls ehrbare Leute wie andere auch.

Auf dem Grasberg hinter Bergheim wurde 1975 ein Friedhof für die im Zweiten Weltkrieg im Oberelsaß gefallenen deutschen Soldaten eingeweiht.

Rappoltsweiler und seine Burgen

Westlich vorbei an Bergheim führt die Elsässische Weinstraße, auf der wir in wenigen Minuten Rappoltsweiler erreichen, eine 759 erstmals genannte Siedlung, die 1290 Stadtrecht erhielt. Rappoltsweiler war Hauptort der Herrschaft Rappoltstein. Der letzte aus diesem Grafengeschlecht, einem der mächtigsten des ganzen Elsaß, das als Reichslehen auch das Pfeifer-Königtum über fahrendes Volk, Spielleute und Gaukler am Oberrhein innehatte, starb 1673. Pfalzgraf Christian II. von Birkenfeld, der 1668 die französische Oberhoheit anerkannt hatte, übernahm Titel und Besitz.

Der letzte Rappoltsteiner aus diesem Nachfolgerhaus war Maximilian Josef, der als Regiments-Oberst im Zweibrücker Hof in Straßburg residierte, durch die Revolution vertrieben und als Maximilian I. bayrischer König wurde. Übrigens hatte Rappoltsweiler einen seiner großen Söhne auch in dem Physiker und Astronomen Karl August von Steinheil, der sich um die Entwicklung und Einführung des Gauß-Weberschen Telegraphen verdient machte und in München die später weltbekannten, nach ihm benannten Optischen Werke gründete.

Die Ruinen von drei Burgen liegen über dem Städtchen: Zuoberst Hohrappoltstein, das Stammschloß der Herrschaft, das ins 12. Jahrhundert zurückzudatieren ist; dann unterhalb auf einer steilen Felskuppe und dieser Lage wegen auf kleinen Raum zusammengedrängt Burg Girsberg, ebenfalls noch im 12. Jahrhundert gegründet. Noch etwas tiefer und von Girsberg durch eine Schlucht getrennt, ist Groß-Rappoltstein oder die Ulrichsburg, wie sie nach dem Patron der Burgkapelle gern genannt wird, die schönste und künstlerisch bedeutendste dieser drei Anlagen (Farbt. 20).

Auch hier gehen die Anfänge auf die erste Hälfte des 12. Jahrhunderts zurück. Eine Vergrößerung um den quadratischen Bergfried, einen weiteren Turm (nach dem alten Wohnturm oberhalb des Tores) und um den Palas ist zeitlich ebenfalls noch vor das Jahr 1200 einzuordnen. Ein nochmaliger Umbau der Obergeschosse des Palas und der Kapelle komplettierte zu Anfang des 13. Jahrhunderts Groß-Rappoltstein zu einem der großartigsten Beispiele staufischer Burgenbaukunst. Eine halbe Stunde Wegs von Rappoltsweiler, gleich hinter der Pfarrkirche beginnend – und man kann es an Ort und Stelle studieren. Nach Hohrappoltstein hinauf müßte man allerdings noch einmal eine halbe Stunde zugeben, während Girsberg mit am Wege liegt.

Im Städtchen, das sich zur Hauptsache längs der Grand' Rue erstreckt, gibt es viele reizvolle Partien, stattliche Häuser und heimelige Winkel. Um das barocke Rathaus, in dem ein von den Herren von Rappoltstein geschenktes, ansehnliches Ratssilber aufbewahrt wird, hat sich ein besonders anziehendes städtebauliches Ensemble gruppiert, zu dem die gotische, turmlose, im Inneren barock ausgestattete Augustinerkirche, der im 13. Jahrhundert begonnene, 1536 aufgestockte Metzgerturm (Abb. 106) sowie ein reich skulptierter Renaissancebrunnen von 1536 gehören. Zwei weitere Brunnen befinden sich auf der Hauptstraße und am westlichen Ende der Oberstadt. Die im 13. bis 15. Jahrhundert entstandene, 1876 um ein Querschiff nach Osten verlängerte Pfarrkirche birgt die ›Maria von der Glashütte‹ aus dem Ende des 15. Jahrhunderts, eine Holzstatue, die vermutlich für den nahen Wallfahrtsort Dusenbach geschaffen worden war.

Haus Nr. 14 an der Hauptstraße ist das ›Pfifferhüs‹, das Pfeiferhaus, dessen reich geschnitzten Erker die hier gern ein- und ausgehenden Pfeifer an den vorderen Pfosten mit einer Darstellung der Verkündigung schmückten. An die Rappoltsweiler Pfeifertradition erinnert alljährlich am ersten September-Sonntag der Pfeifertag, eines der volkstümlichsten Feste im Elsaß.

Wer einen Punkt in und um Rappoltsweiler sucht, von dem aus die Stadt und die Burgen sich in einer bevorzugt schönen Ansicht präsentieren, wird ihn auf einer kleinen Anhöhe im Südwesten beim Hotel Bellevue finden.

Hunaweier

In südlicher Richtung auf der Weinstraße weiter, liegt eine kleine Wegstrecke rechts auf einer Anhöhe ein von Touristen wenig beachtetes Kleinod des Elsaß, die Wehrkirche Hunaweier mit ihrem befestigten Friedhof, dem besterhaltenen seiner Art im Lande (s. Farbt. 21).

Auch Hunaweier hat eine sehr lange Geschichte, an deren Anfang im 7. Jahrhundert das Hofgut eines Stammherrn Huno am Platz einer ehemaligen römischen Siedlung gestanden haben soll. Seine Gattin Huna wurde als Heilige verehrt; zu ihren Gebeinen kam nach der Anerkennung durch Papst Leo IX. eine rasch aufblühende Wallfahrt in Gang. Bauernkriege und Reformation setzten ihr ein Ende, die Reliquien wurden zerstreut.

Die Ulrichsburg bei Rappoltsweiler. Nach Golbéry/Schweighaeuser, Antiquités de l'Alsace, ▷
Mülhausen 1828

ROMANTISCHE STÄDTCHEN HAUFENWEISE

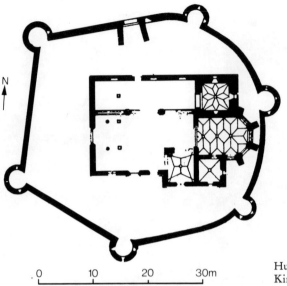

Hunaweier, Grundriß der befestigten Kirche

Der älteste Teil der Kirche, wie sie sich heute darstellt, ist der Glockenturm aus dem 14. Jahrhundert. 1968 wurden Fresken, die man schon vor hundert Jahren unter Putz wiederentdeckt hatte, freigelegt und aufgefrischt. Die Bilder von 1492 erzählen die Nikolauslegende. Das Turm-Erdgeschoß, in dem sie sich befinden, war ursprünglich der Chor der Kirche; heute ist er Nebenchor. Mit einem neuen, 1524 begonnenen Chor sollte der Ausbau zu einer größeren Wallfahrtskirche eingeleitet werden, aber dazu kam es durch die Reformation nicht mehr. Was von den Plänen blieb, ist nun eben dieser in seinen Verhältnissen sehr harmonisch wirkende, sterngewölbte Chor, der im Schlußstein das Wappen der Bauherrn trägt. Im 13. Jahrhundert war der Ort im Besitz der Grafen von Horburg, von 1324 an württembergisch.

Die Bewehrung von Kirche und Friedhof mit vier bis sieben Meter hohen Mauern, aus denen sechs halbkreisförmige Bastionen mit Schießscharten herausragen, dürfte älter als die jetzige Kirche sein und wird vermutungsweise ins 12. Jahrhundert datiert. Es wäre dies etwa die Zeit, in der Kirche und Dorf in einer Urkunde von Kaiser Heinrich V. erstmals genannt wurden (1114).

Reichenweier

Auf der Weinstraße sind es nur wenige Kilometer zur Hauptattraktion unter den mittelalterlichen Städtchen des Elsaß: Reichenweier (Farbt. 32). Doch Vorsicht in der Hauptreisezeit, denn da quillt dieses zum Glück autofreie Klein-Rothenburg auf französischem Boden von Menschen vieler Nationen förmlich über, und deren Benzinkutschen legen sich wie ein Blechpanzer um den ohnehin schon mauerbewehrten Ort.

Reichenweier ist ein Nest, das Eile nicht verträgt, sondern zum genüßlichen Umherschlendern einlädt, und es ist alles in allem so klein, daß es keine Mühe macht, es bis in den letzten Winkel zu erkunden. Betritt man es durch das untere Tor, so hat man über sich das 1809 erbaute klassizistische Rathaus und sieht gleich links den einfachen Renaissancebau des um 1540 errichteten Schlosses der Grafen und Herzöge von Mömpelgard-Württemberg, in deren Besitz sich die Herrschaft Horburg-Reichenweier seit 1324 befand. 1793 wurde sie als Nationalgut eingezogen und das Schloß später als Schule verwendet. Eine Gedenktafel besagt, daß in Reichenweier 1487 Herzog Ulrich von Württemberg und 1750 Maria Karoline Flachsland, die Frau Herders, geboren wurden.

An der Langen Straße (Rue Général de Gaulle) reiht sich ein bauliches Schmuckstück an das andere. Wo es möglich ist und die Tore offenstehen, sollte man sich auch in den Höfen umschauen, so etwa im Haus Liebrich ›Zum Storchennest‹ (rechts, Nr. 15) mit seiner den Hof umziehenden Holzgalerie auf gedrehten Holzsäulen, einem Ziehbrunnen, einer Kelter und mancherlei altertümlichem Hausrat (Farbt. 33, Abb. 104). Ein anderes Prachtexemplar – doch immer nur eines unter vielen – ist das Haus Preiss-Zimmer, das alte ›Weinsticherhaus zum Stern‹, ein reichverzierter Fachwerkbau mit einer Flucht malerischer Innenhöfe und der Trinkstube der Rebleutezunft in der Hoftiefe.

Dabei ist die Hauptstraße keineswegs ein Aushängeschild, hinter dem sich weniger Erfreuliches zu verbergen hätte. Was sie verspricht, wird viel mehr auch in den Nebensträßchen und Gassen gehalten. Eine von ihnen, die Dreikirchengasse (Rue des trois Églises), führt zu den drei Kirchen hin, die ein altes elsässisches Sprichwort meint, wenn es mit den ›drey Kirchen auf einem Kirchhoff‹ auf den Reichtum des Landes abhebt. Zwar ist die gotische Margarethenkirche in der Mitte des vergangenen Jahrhunderts abgebrochen und durch einen nicht gerade überwältigenden neuen Bau ersetzt worden, und auch die Liebfrauenkirche von 1337 existiert als solche so wenig mehr wie die gotische Spitalkapelle St. Erhard. Beide sind profaniert und in Wohnhäusern aufgegangen, aber immer noch erinnern spitzbogige Arkaden, Teile gotischen Maßwerks, ein gotisches Fenster und auch ein Rest von steinernen Chorschranken auf dem Platz an das Gewesene. Es ist dies ein Straßenraum mit unverwechselbarer Atmosphäre, zu der auch der alte Ziehbrunnen noch sein Teil beiträgt. Ein kleines Lapidarium, ein Steinmuseum neben der Kirche zeigt fränkische Steinsärge, gotische Skulpturen und einen ›Freiheitsaltar‹ von 1790.

Am oberen Ende der Langen Straße ragt der berühmte Dolder empor, der ziemlich unbestritten schönste Torturm des Elsaß (Farbt. 34). Sein unterer Teil ist jetzt bald

Ansicht von Reichenweier. Nach Merian, Topographia Alsatiae ▷

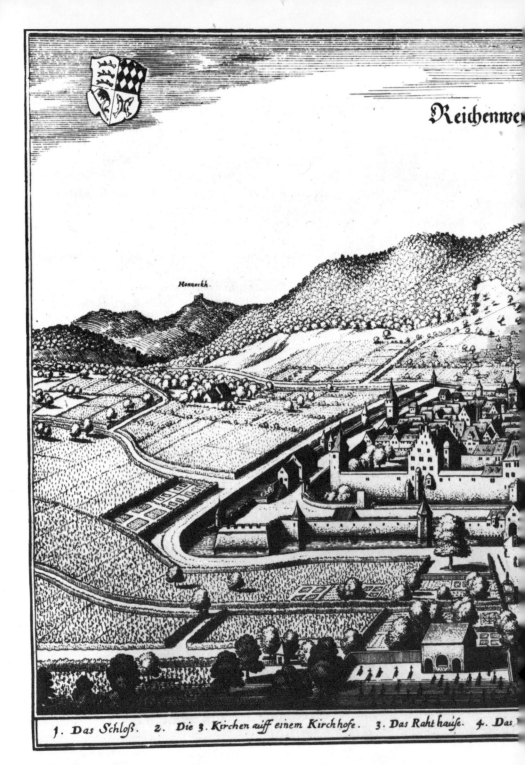

1. Das Schloß. 2. Die 3. Kirchen auff einem Kirchhofe. 3. Das Rahthauſe. 4. Das

5. Das Oberthor. 6. Der Schanenberg, da der Edelste wein dises lands wachset.

siebenhundert Jahre alt, die Fachwerkwände kamen im 16. Jahrhundert dazu. Mit dem niedrigeren Außentor zusammen war er Teil einer imponierenden Wehranlage. Am Obertor sind noch die Schlitze zu sehen, in denen einmal die Ketten der Zugbrücke liefen. Mit dem nahegelegenen Diebsturm an der Nordwestecke der Stadt hatte es noch eine andere Bewandtnis: hier saßen kleine Gauner und große Verbrecher ein und machten auch mit der Folterkammer Bekanntschaft, in der wir Heutigen uns mit ein wenig Gänsehaut umsehen. Entschieden freundlichere Gefühle weckt das beim Dolder eingerichtete kleine Heimatmuseum. Ein elsässisches Postmuseum befindet sich im alten Schloß.

Wer es vor seinem Besuch in Reichenweier noch nicht wußte, findet sich hinterher aufs gründlichste darüber belehrt: hier ist ein, wenn nicht *das* Zentrum des Weinbaus im Elsaß. Die Weine, die in Reichenweier gedeihen (und im Ort an allen Ecken und Enden angeboten werden), gehören zu den vortrefflichsten im ganzen Lande. Ein alter Weinspruch sagt es so:

> Zu Thann im Rangen,
> Zu Gebweiler in der Wannen,
> Zu Türkheim im Brand
> wächst der beste Wein im Land.
> Doch gegen den Reichenweirer Sporen
> Haben sie alle das Rennen verloren.

Sigolsheim

Von Reichenweier über Mittelweier und Bennweier führt die Weinstraße zu einer Kreuzung, an der es rechts nach Kaysersberg weitergeht. Die erste Ortschaft am Wege ist Sigolsheim, wo die schon von weitem sichtbare Pfarrkirche St. Peter und Paul leicht zu finden sein wird.

Das schon 759 erwähnte Winzerdorf wurde bei den Kämpfen um den Colmarer Brückenkopf im September 1944 vollständig zerstört. Nur die Kirche, die zwar ebenfalls stark beschädigt wurde, blieb in der Substanz erhalten, darunter auch bedeutende Teile eines um 1200 errichteten spätromanischen Neubaus, die schon tiefgreifende Umbauten im 19. Jahrhundert überdauert hatten.

Das Innere der mit großer Sorgfalt und beträchtlichem Aufwand wiederhergestellten Mutterkirche des Kaysersbergertales macht ganz den für die elsässische Romanik so typischen Eindruck gedrungener Schwere, zu dem die viereckigen Pfeiler und die derben Arkaden wesentlich beitragen. Doch ist es ein Raum, der einen wohlig bergend umschließt, und von dem man sich nur ungern wieder löst.

Ornament und Skulptur sind auf das Westportal konzentriert, und dies auf recht eigenartige Weise. Seltsame Untiere, Adler und Sirenen, ein Storch mit Schlange, Köpfe mit Judenhüten, Flechtband und Ranken dekorieren die Säulenkapitelle und

Kämpferplatten (Abb. 107). Mit Kugeln sind die Gewändekehlen ausgesetzt. Medaillons der Evangelisten und des Gotteslamms bedecken den Türsturz, und im Bogenfeld thront Christus zwischen Petrus und Paulus. Eine Stifterfigur und ein Winzer mit Faß gehören dazu. Einfacher und kräftiger wirkt demgegenüber das Südportal, das stark an das Nordportal von St. Fides in Schlettstadt erinnert.

Auf der Höhe über Sigolsheim ist ein französischer Nationalfriedhof für die am Colmarer Brückenkopf gefallenen Soldaten angelegt.

Kienzheim und Kaysersberg

Die Straße nach Kaysersberg umgeht das Dorf *Kienzheim*, aber niemand ist daran gehindert, die Ortsdurchfahrt zu benutzen und auch einmal anzuhalten, um zum Beispiel gleich am westlichen Eingang das 1944 zerstörte, nach dem Krieg wieder aufgebaute Schlößchen der Familie von Türkheim zu sehen, oder das ehemalige Schloß des Freiherrn Lazarus von Schwendi, das dieser im ausgehenden 16. Jahrhundert ausbauen ließ, oder die Grabsteine Schwendis und seines Sohnes Hans Wilhelm in der Oberkirche, die Türme und Mauern der Stadtbefestigung wie überhaupt das ganze adrett hergerichtete Dorf, das sich durchaus wie ein Städtchen zu benehmen weiß. Es war einmal Sitz der habsburgischen Herrschaft Hohlandsberg, gehörte dann den Herren von Lupfen und Landgrafen von Stühlingen am Südabfall des Schwarzwaldes und wurde im 16. Jahrhundert Lazarus von Schwendi übereignet.

Nun aber doch in *Kaysersberg* angelangt, kommt es einem so vor, als sei da eine Zweitauflage von Reichenweier hingebaut worden, nur größer in den Dimensionen, mit der doppelten Einwohnerzahl auch und außerdem mit dem Autoverkehr, den man in Reichenweier so angenehm vermißt (Farbt. 35).

Der teils noch von der alten Befestigung umgebene Ort war ehedem Reichsstadt und hat seinen Namen von der 1227 erstmals erwähnten Kaiserburg, die ihn mit ihrem mächtigen Rundturm überragt und mit in die Stadtumwallung einbezogen war. Den schönsten Blick zu ihr hinauf – über das breite Badhaus hinweg – hat man von der befestigten *Weiß-Brücke* aus, wie überhaupt diese mauerbewehrte Brücke aus dem Jahr 1524 mit ihrem spätgotischen Heiligenhäuschen eines der bezauberndsten städtebaulichen Panoramen im ganzen Elsaß um sich ausgebreitet hat.

Es lohnt sich sehr, die Häuser und Gassen in der näheren Umgebung und die besonders schönen Partien an der Weiß (Farbt. 36) genauer anzusehen und dann auch einmal bis zum westlichen Stadtende weiterzugehen, wo in einem mit einer Gedenktafel bezeichneten Haus linker Hand beim Obertor Albert Schweitzer geboren wurde. Ein anderer berühmter, wenn auch – genau genommen – in Schaffhausen geborener Sohn der Stadt war Straßburgs scharfzüngiger Kanzelredner Geiler von Kaysersberg, an den ein Denkmal erinnert.

ROMANTISCHE STÄDTCHEN HAUFENWEISE

Wieder über die Weiß-Brücke zurückschlendernd in den Stadtkern sollte man tun wie überall im Elsaß: auf eigene Faust neugierig sein und selber finden, was es an Interessantem zu sehen gibt – beispielsweise im Hof des Hauses Nr. 54 an der Langen Straße (Rue Général de Gaulle) auch den Wandbrunnen des Matthias Hiffel und der Elisabeth Bircklerin mit einer Inschrift, an der sicher viele Gefallen finden werden: »Drinckstu Waser in Deim Kragen über Disch, es kält din Magen / drink mäsig alten subtiln Wein rath ich und las mich Waser sein.«

Wenn wir nun wieder in der Gegend des repräsentativen, 1604 aus dem Umbau eines älteren Gebäudes entstandenen *Rathauses* im Renaissance-Stil mit seinem Erker über dem Eingang, den Holzgalerien im Hof und dem prachtvollen holzgetäfelten Ratssaal angelangt sind, ist es an der Zeit, gleich nebenan den bis dahin aufgesparten Höhepunkt unseres Besuchs in Kaysersberg zu erleben: die *Pfarrkirche* vom Heiligen Kreuz. Kurz nach der ersten Erwähnung des ›Castrum Keisersberg‹ im Jahr 1227 war mit der Errichtung dieser Kirche begonnen worden, die sich dann allerdings mehrfach durch spätgotische Umbauten veränderte. Geblieben sind von dem spätromanischen Bau die drei Mittelschiffjoche, die Vierung und das kraftvolle, schwere Westportal.

Ähnlich wie in Sigolsheim sind die Kapitelle und Kämpferplatten auf den Säulen in dem dreifach gestuften Portalgewände mit seltsamen Tierfiguren und Masken geschmückt, die Portal- und Bogenkanten mit Kugeln besetzt. In der Skulptur des Bogenfelds, einer Marienkrönung, deutet sich allerdings schon eine für damals ›modernere‹, gotische Auffassung an. Eine Beziehung dieser Marienkrönung zu der anderen am südlichen Querhaus des Straßburger Münsters ist unverkennbar (Abb. 108).

Im Inneren zieht sogleich die riesige Kreuzigungsgruppe, die den ganzen Raum vor dem Chor zu beherrschen scheint, alle Aufmerksamkeit auf sich. Fast schon zu groß, zu gewaltig für die Dimensionen dieser Kirche, ist dies auf alle Fälle ein sehr expressives Werk eines unbekannten Meisters aus der Zeit um 1500 (Abb. 109).

Das andere Hauptstück der Ausstattung ist der berühmte Altaraufsatz aus der Werkstatt des Hans Bongart von Colmar (um 1518), ein Schnitzwerk von hervorragender Qualität, dessen Teile in den ausgewogensten Verhältnissen zueinander stehen (Abb. 110). Seinen künstlerischen Wert mindert es keineswegs, daß es von Passionsbildern Martin Schongauers inspiriert ist und diese zum Teil getreulich nachempfindet. Ein romanischer Taufstein, ein Heiliges Grab im nördlichen Querschiff unter einer spätgotischen Bogennische, ein hölzernes Sitzbild des älteren Jakobus, das mit der Schule Nikolaus Gerhaerts in Verbindung gebracht wird, eine geschnitzte Tafel mit der Beweinung Christi und eine Darstellung des Kalvarienbergs auf einem Glasfenster von Peter Hemmel von Andlau sind weitere beachtenswerte Teile der im wesentlichen spätgotischen Ausstattung.

Auf einem Platz unmittelbar hinter der Kirche und an den Friedhof angelehnt steht die mit Fresken geschmückte, 1464 vollendete Michaelskapelle als zweites Geschoß auf einem Beinhaus mit ungezählten Totenschädeln im Gewölbe. Die lebensgroße Steinfigur des Kaisers Konstantin auf dem barocken Laufbrunnen vor der Kirche ist zweihundert Jahre älter als der Brunnen selbst und wurde 1521 von dem gleichen Colmarer Bildhauer Hans Bongart geschaffen, von dem auch der Hochaltar stammt.

Ammerschweier und Türkheim

Die Straße 415 von Kaysersberg nach Colmar führt über *Ammerschweier,* eine der bedeutendsten Winzergemeinden des Elsaß. Das alte Städtchen hat leider den Zweiten Weltkrieg in aller Härte zu spüren bekommen und wurde nahezu vollständig zerstört; nur in dem zum Obertor hin gelegenen Viertel sind einige alte Bauten erhalten geblieben, so das Obertor selbst aus dem 13. Jahrhundert. Überstanden haben den Krieg auch die spätgotische Martinskirche und der einem Zuckerhut ähnliche, mit Schießscharten bewehrte Schelmenturm, dessen Stockwerksgürtel ihn wie ein Korsett einzuschnüren scheinen (Abb. 112). Er trägt die Wappen des Heiligen Römischen Reiches sowie der Herrschaften Hohlandsberg und Rappoltstein, die hier alle drei Eigentumsrecht hatten, und von denen jede ein Tor besaß.

Ammerschweier verdient Aufmerksamkeit gerade nicht um der spärlichen Zeugen seiner Geschichte willen, sondern wegen des vorbildlichen, von Gustav Stoskopf geleiteten Wiederaufbaus. Er ist ein Lehrbeispiel dafür, wie man den Wohn- und Lebensbedürfnissen heutiger Zeit voll genügen und dennoch mit den Bauformen den Charakter der alten Siedlung wieder aufnehmen und das Ganze so in die umgebende Landschaft einfügen kann, daß es als dazugehörig empfunden wird.

Das nächste Ziel wäre nun Egisheim, aber wem die vier oder fünf Kilometer Umweg über *Türkheim* nicht zuviel sind, der wird sicher seine Freude daran haben, sich in der einst zum Zehnstädtebund gehörenden Reichsstadt mit ihrem noch unverfälscht altertümlichen Charakter umzusehen. Sie ist auf einem nahezu dreieckigen Grundriß erbaut worden und besitzt außer Teilen der Ummauerung auch noch ihre drei Türme aus dem 16. Jahrhundert (Farbt. 38, Abb. 115).

In unmittelbarer Nähe Türkheims fand 1675 die entscheidende Schlacht zwischen den kaiserlichen Truppen unter der Führung des Großen Kurfürsten und den französischen Truppen von Marschall Turenne statt, in deren Folge die besiegte Reichsarmee das Elsaß räumte.

Egisheim

Eines der ältesten Adelsgeschlechter des Elsaß, aus dem 1002 auch der nachmalige Papst und Heilige Leo IX. hervorging, hatte in Egisheim seinen Stammsitz. Nach dem Erlöschen der Familie im Jahr 1144 kamen der Ort und die Burg an die Nebenlinie derer von Dagsburg und noch später (1251) an das Bistum Straßburg, das Egisheim zur Stadt erhob und ummauern ließ.

ROMANTISCHE STÄDTCHEN HAUFENWEISE

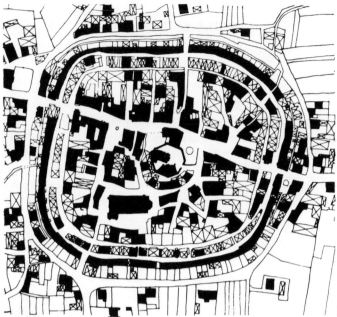

Egisheim, Stadtgrundriß

▮ Wohnhäuser und öffentliche Gebäude
⌧ Scheunen und Stallungen

Den ganzen Sommer über von einem Blumenmeer überwogt, ist Egisheim eine Kleinstadt, wie sie im Buche steht. Sie ist konzentrisch um die ursprünglich mit Gräben umgebene Wasserburg angelegt. Der Umriß beschreibt einen regelrechten Kreis innerhalb der Mauern, 400 Meter im Durchmesser und die Hauptachse ausgespannt zwischen Unter- und Obertor, von denen allerdings nur noch Reste des oberen Tors vorhanden sind. Innerhalb dieser Umfriedung entfaltet sich ein weiteres Mal der ganze Zauber elsässischer Städteromantik, wetteifern die Bürgerhäuser miteinander um das stattlichste Aussehen, tut sich in der schmalen Häuserzeile längs der Stadtmauer ein malerischer Winkel nach dem anderen auf und führt im übrigen der Wein sein Regiment, dem sich auch die Fremden gern unterwerfen (Umschlagvorderseite, Farbt. 39, Abb. 114).

Von der in der Französischen Revolution zerstörten Burg lassen nur noch die restaurierten Reste erkennen, wie die ganze Anlage einmal ausgesehen haben muß. Sie ist in der zweiten Hälfte des 13. Jahrhunderts an der Stelle eines noch älteren Herrensitzes entstanden. Die mit Buckelquadern verblendete Mantelmauer bildet ein regelmäßiges Achteck von je 12 Meter Seitenlänge, und achteckig war auch der Turm, der in der Mitte des Hofes stand. Die Südseite des Burgraums, an die sich später veränderte gotische Wohnbauten anlehnen, ist noch am besten erhalten. Die jetzt im Hof stehende

Leokapelle hat allerdings mit der alten Anlage nichts zu tun. Sie ist vielmehr ein Stück Neuromanik vom Ende des vergangenen Jahrhunderts und dem Andenken des heiligen Leo gewidmet. Die Egisheimer Burg hat große entwicklungsgeschichtliche Bedeutung im Hinblick auf die Disposition späterer staufischer Burgenbauten in Italien, zu denken vor allem an Enna auf Sizilien und Castel del Monte in Apulien (Farbt. 37).

Von der 1807 größtenteils abgebrochenen und durch einen klassizistischen Neubau ersetzten Pfarrkirche stehen noch die Untergeschosse des romanischen Turms und der Ansatz des Langhauses. Doch gerade in diesem bescheidenen Relikt der alten Pfeilerbasilika bewahrt Egisheim eine weitere Sehenswürdigkeit: das frühere Westportal in der Turmhalle, ein qualitativ hervorragendes Säulentor mit drei Säulenpaaren vor abgeschrägtem Gewände und einem vierten als Rahmen, mit Knospenkapitellen und Blattwerkkämpfern. Eine Darstellung der Klugen und der Törichten Jungfrauen im Türsturz und der zwischen Petrus und Paulus thronende Christus im spitzbogigen Tympanon sind stilistisch von Straßburg beeinflußt und weisen zur Gotik hin. Entstanden ist dieses Portal wohl im ersten Drittel des 13. Jahrhunderts.

Geberschweier und Pfaffenheim

In südlicher Richtung sind es von Egisheim nur wenige Minuten bis *Geberschweier*, wo es zunächst wieder das nun schon Übliche zu bewundern gibt, wenn wir zum hochgelegenen Kirchplatz hinauffahren: ein von den Zeitläuften fast unberührt gebliebenes Winzerdorf, das voller Reize steckt; dann aber vor allem den stehengebliebenen viergeschossigen Vierungsturm der im übrigen abgebrochenen und neuromanisch wiedererrichteten Kirche – einen üppig gegliederten und geschmückten Turm, den ein Kenner wie Kautzsch den vielleicht schönsten im ganzen Land nannte (Abb. 113).

Nur einen Katzensprung weiter, in *Pfaffenheim*, ist es wieder nur ein Rest vergangener Pracht, dem wir besondere Aufmerksamkeit zuwenden wollen: dem spätromanischen, schon in den Übergangsstil hineinreichenden Chor einer nach 1200 errichteten Kirche, dem ein komplettes neues Gotteshaus angebaut ist (Abb. 117). Auf Distanz zunächst blockhaft wirkend, präsentiert der Pfaffenheimer Chor im näher besehenen Detail (zu dem auch die oben als Zwerggalerie umlaufende Blendarkatur gehört), erst recht dann im Inneren Architektur- und Schmuckformen, deren Charakteristikum viel mehr das Feingliedrige, Schlanke ist als je ein Eindruck von romanischer Schwere oder gar Schwerfälligkeit.

Gerade die sehr gut gelungene Verbindung von romanischer Grundhaltung mit den neuen Tendenzen der Gotik macht den besonderen Reiz dieses Torsos einer im Unverstand zerstörten Kirche aus, den Dehio ein Hauptwerk oberelsässischer Dekorationskunst und Hotz ein geistvolles Beispiel bodenständiger spätstaufischer Architektur nannten. Der Gegensatz zu dem 1894 angeflickten dreischiffigen Langhaus in Neuromanik stimmt einen um keinen Deut froher, als es Golbery angesichts einer noch

ROMANTISCHE STÄDTCHEN HAUFENWEISE

Die Kirche von Geberschweier. Nach Golbéry/Schweighaeuser, Antiquités de l'Alsace, Mülhausen 1828

früheren Neuauflage des Pfaffenheimer Kirchenschiffs von 1836 zumute gewesen sein muß: »Nichts ist trauriger als der Gegensatz zwischen diesem ordinären Bau, der dem Gottesdienst nur eben, weil er so groß ist, dient, und der eleganten Vollkommenheit dieser edlen Überreste.«

Rufach

Wie vorsichtig auch immer mit Superlativen man sein soll, läßt sich doch wenig dagegen sagen, wenn die Rufacher ihren *Marktplatz* mit dem alten Rathaus, dem Hexenturm und der Kornhalle für den schönsten im ganzen Elsaß halten (Abb. 120). Die beiden Giebel des Rathauses gehören zu zwei miteinander verbundenen Gebäuden, die 1581 und 1620 mit vorbildlicher Rücksicht auf das schon Vorhandene errichtet wurden. Wie an vielen Ecken und Enden der liebenswerten kleinen Stadt wird uns da gezeigt, mit welcher Lust die einheimischen Baumeister damals eine neue, von Italien herübergekommene Farbe in das – wie sie ja sicher meinten – gotische Einerlei braver Bürgerhäuser hineinsetzten und der Renaissance zum Durchbruch verhalfen.

Der Stolz Rufachs ist indessen die *Liebfrauenkirche* (St. Arbogast), die nicht nur zu den bedeutendsten Bauten aus alter Zeit im Elsaß zählt, sondern geradezu als Lehrbuch der Baustile vom 11. bis 16. Jahrhundert dienen könnte. Daß die ältesten Teile, vornehmlich am Querhaus, überhaupt noch auf uns überkommen sind, grenzt fast schon an ein Wunder, denn die Geschichte Rufachs hat es alles andere als gut mit dem Hauptort des oberen Mundats (mit den Vogteien Rufach, Sulz und Egisheim) gemeint. In nüchternen Daten: die auf Königsgut entstandene Siedlung etwa 662 an Bischof Arbogast von Straßburg verliehen, 1107 von Heinrich V. verbrannt, 1199 von Philipp von Schwaben zerstört, seit 1238 Stadt, 1260 durch Feuer verwüstet, 1444 von den Armagnaken geplündert, im Dreißigjährigen Krieg nacheinander und wechselweise im Besitz von Schweden und Kaiserlichen, Lothringern und Franzosen.

Die Kirche hat's, wie gesagt, ausgehalten, aber fertig ist sie immer noch nicht. Die Außenwände der Seitenschiffe, der nördliche Arm des Querhauses und die Apsiden an den Ostwänden der Querhausarme gehörten schon zu einer Anlage, die in den Jahren um 1060 entstand. Bei einem Umbau zu Anfang des 13. Jahrhunderts wurden die Vierungspfeiler spätromanisch erneuert, das Querhaus gewölbt und der Außenbau mit Strebepfeilern versehen.

Den Ausbau des dreischiffigen Langhauses übernahm eine Bauhütte, die reiche Erfahrungen von den frühgotischen Kirchen in der Champagne mitbrachte. Sie münzte diese Erfahrungen jetzt um in einen vornehm wirkenden und sehr harmonisch gegliederten Innenraum, der zum frühesten Beispiel eines rein gotisch gedachten und verwirklichten Baus solcher Dimension im Elsaß wurde (Abb. 119). Der Chor folgte Ende des 13. Jahrhunderts nach. Die im 14. Jahrhundert begonnene Westfassade, deren Anlehnung an Straßburg offensichtlich ist, kam jedoch nur im Mittelteil voran. Die Türme blieben in Erdgeschoßhöhe stecken, und ihren heutigen, zudem noch sehr unterschiedlichen Grad von Unfertigkeit haben sie auch erst seit den siebziger Jahren des letzten Jahrhunderts. Nur der achteckige Vierungsturm hat das ihm zugedachte Aussehen.

Die Hauptportalfront mit dem ganz in Maßwerk aufgelösten Wimperg, einer schönen Radrose und einem Giebel, in dem eine Galerie drei Nischen miteinander verbindet, sieht tatsächlich fast wie eine kleinere, bescheidenere Schwester der Straßburger Westfassade aus (Abb. 118). Dafür, daß man sie in der Revolution ihres ganzen Skulpturenschmucks beraubte, kann sie schließlich nichts.

Hoher künstlerischer Wert ist im Kircheninnern den figürlichen Konsolen beizumessen, auf denen im Chor die Gewölbedienste ruhen. Sehr gute, reiche Arbeiten sind der spätgotische Taufstein im südlichen Querhausflügel und die nach Art eines Sakramentshäuschens gestaltete, in drei Stufen bis zum Gewölbe hinaufgeführte Marienleuchte aus der Zeit um 1500. Vom abgebrochenen Lettner sind beiderseits nur noch die Aufgänge vorhanden.

Zu einem Kloster gehörte einmal die Rufacher *Franziskanerkirche,* die unmittelbar an der Hauptdurchgangsstraße liegt und, selbst wenn sie heute als Gotteshaus gar nicht mehr genutzt wird, ein interessantes Baudenkmal aus der Gotik doch auch insofern ist, als es an ihr eine Außenkanzel gibt. Sie erinnert daran, daß die Franziskaner Prediger waren, die das Volk nicht nur in ihre Kirchen kommen ließen, sondern es auch auf der Straße anredeten – und dies in einer Sprache, die verstanden wurde!

Sulzmatt

Von Rufach noch eine kurze Strecke südwärts, dann rechts auf das Gebirge zu, an Westhalten vorbei nach Sulzmatt: von den fünf Schlössern, die für diesen Ort bezeugt sind, ist noch der spätgotische Bau der Wagenburg mit seinem runden Turm erhalten, der ziemlich am Anfang des Dorfes linker Hand ins Bild kommt. Unser Hauptinteresse gilt jedoch der Kirche (Abb. 121) und hier wiederum dem Turm und einem der Grabmäler im Kircheninnern.

Die zweimal zerstörte Kirche wurde in spätgotischer Zeit teilweise wiederhergestellt, 1760 mit einem größeren barocken Chor versehen und das Mittelschiff 1895 um zwei Joche verlängert. Aus romanischer Zeit, zu datieren etwa in die Jahre zwischen 1120 und 1140, stehen noch besagter Turm sowie das nördliche Seitenschiff mit sechs Arkaden und gedrungenen würfelförmigen Kapitellen.

Was den ins Ostende des nördlichen Seitenschiffs hineingebauten, viereckigen Turm betrifft, so ist seine schlanke, von einem Satteldach beschirmte Erscheinung ausgesprochen schön zu nennen. An ihr fällt, wenn man genauer hinsieht, das ganz und gar regelmäßige Quadermauerwerk am Sockelgeschoß auf. Den hohen Blendarkaden auf langen, schmalen Pilastern werden wir ähnlich in Murbach wiederbegegnen.

Das Grabmal des Wilhelm Capler und seiner Ehefrau gilt Kunstkennern als eine vorzügliche Arbeit. Es ist mit der Jahreszahl 1495 bezeichnet und wird dem Kreis um Conrad Seyfer zugeschrieben. Die vor Maria knienden Engel und die Figuren der beiden Stifter schließen sich zu einem großflächigen Relief der Verkündigung zusammen, dem nur leider die schmückende Helmzier im Hintergrund und die Wappen abgemeißelt wurden. Merowingische Steinsärge in Verbindung mit Resten einer älteren Vorläuferkirche sowie Grabungsfunde aus römischer und vorgeschichtlicher Zeit zeigen an, daß Sulzmatt ein uralter Siedlungsplatz ist.

Lautenbach

Durch anmutige Vogesenlandschaft geht die Fahrt hinüber in das von der Lauch durchflossene Gebweiler Tal, dem wir zunächst etwa zwei Kilometer aufwärts bis Lautenbach folgen. Die Anfänge des Klosters, das hier bis etwa 1200 bestand, bevor es in ein weltliches Kollegialstift umgewandelt wurde, liegen im Dunkel. Sicher ist so viel, daß es um 730 von Benediktinern aus Honau bezogen wurde. In seiner späteren Funktion als Chorherrenstift spielte es im Investiturstreit eine wichtige Rolle, wurde 1075 auf Veranlassung Heinrichs IV. zerstört und 1134 als Augustiner-Chorherrenstift neu begründet. Im 15. Jahrhundert machte ein Brand Restaurierungen nötig.

Zu einem Neubau, der vermutlich um 1100 begonnen wurde, gehören das dreischiffig basilikale, flachgedeckte Langhaus mit Stützenwechsel von Säule und Pfeiler in der Arkadenzone, die Vierung und die großquadrig gemauerten Querhausarme mit einer Fenstergliederung, die in enger Verbindung zur Chorfront der benachbarten Mur-

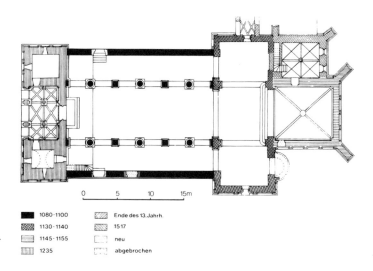

Lautenbach, Grundriß der Stiftskirche

1080-1100
1130-1140
1145-1155
1235
Ende des 13. Jahrh.
1517
neu
abgebrochen

bacher Abteikirche steht. Der Chor wurde in späterer Zeit hinzugebaut beziehungsweise erneuert. Beachtenswert sind drei figürliche Reliefs über einem zugemauerten Portal am südlichen Seitenschiff (Abb. 125).

Das Lautenbacher Glanzstück indessen – und ein Hauptwerk der elsässischen Romanik insgesamt – ist der Westbau der Stiftskirche. Ob er ursprünglich einmal einen Mittelturm hatte und damit dem Erscheinungsbild von Maursmünster recht ähnlich gewesen wäre, ist unsicher. Der jetzige Ausbau zu einer zweitürmigen Anlage, von der allerdings der Südturm über das dritte Geschoß auch nicht mehr hinauskam, ist eine Nacharbeit des 19. Jahrhunderts. Aus romanischer Zeit stammen nur die beiden unteren Geschosse der Türme.

Auch wenn die Westfassade von Lautenbach hinter dem Reichtum und der Feinheit der Westansicht von Maursmünster zurückbleibt, ist doch die in zwei Joche unterteilte, innen noch einmal auf zwei Säulen gestützte und vollständig mit Rippen gewölbte Vorhalle eines der bestgelungenen Bauwerke dieser Art im Lande – ganz abgesehen von dem herrlichen Schmuck der Sockel und Kapitelle sowie des von Wulsten umrahmten Rundbogenportals, an dessen Kämpferband ein phantasiereicher Bildhauer mit ziemlich derber Hand Menschengestalten, Tiere und seltsame Fabelwesen anbrachte (Abb. 126, 129). Im Bogenfeld waren ursprünglich Christus in der Mandorla und die beiden Titelheiligen der Kirche (Michael und Gangolf) dargestellt. Die Revolution hat davon nur noch ein paar spärliche Umrisse übrig gelassen.

Alles in allem wirkt das Äußere des Lautenbacher Westbaus, wenn man sich weiter auf einen Vergleich mit Maursmünster einlassen will, leichter und schlanker, freier und eleganter, wobei trotz allem noch ein beträchtlicher Rest der für die hier bodenständige Romanik so charakteristischen Kraft und Fülle verbleibt.

Auch die Ausstattung verdient einen würdigenden Blick, etwa die Glasmalereien, das Chorgestühl, das Triumphbogenkreuz, unter den Altären vor allem der Rosenkranzaltar im nördlichen Querhaus, die Kanzel, eine Kreuzabnahme im südlichen Seitenschiff und nicht zuletzt eine ausdrucksvolle bäuerliche Muttergottes im Querhaus.

Bühl

In Bühl, durch das wir talabwärts auf dem Weg nach Murbach kommen, birgt die rechts auf einer Anhöhe gelegene Kirche im Altarraum eine große dreiteilige Tafel, die je nach ihrem Öffnungszustand die Geschichte der Christgeburt, Passionsszenen, Kreuzigung und Jüngstes Gericht zeigt. In der Regel findet der Besucher die 1965/66 restaurierten Flügel des Altaraufsatzes voll geöffnet vor.

Die Tafelbilder waren während der Revolution aus dem Katharinenkloster in Colmar nach Bühl verbracht worden. Ihre Zuschreibung ist bis heute noch nicht restlos klar. Frühere Meinungen, Schongauer selbst oder seine Werkstatt könnten dafür in Anspruch genommen werden, ließen sich nicht halten. Eher könnte zutreffen, daß es sich um eine

Gemeinschaftsarbeit von Schülern Schongauers handelt, aber durchgesetzt hat sich mehr die Ansicht, Urban Huter, der in Colmar zwischen 1471 und 1497 tätig war, sei der Urheber. Auf jeden Fall steht fest, daß der Bühler Flügelaltar wie kein anderer unter dem Einfluß des Kreises um Schongauer steht.

Murbach

Ein weiteres Mal betreten wir Boden, in den die Geschichte eine unverlierbare Spur eingezeichnet hat. Im 12. Jahrhundert war Murbach die mächtigste aller Reichsabteien, doch schon der Merowingerkönig Childerich IV. hatte dem von dem heiligen Pirmin gegründeten Kloster Immunität – gleichbedeutend mit einem Verzicht auf die staatlichen Rechte – verliehen, und Bischof Widegern von Straßburg stellte es frei von bischöflicher Gewalt. Einen der glanzvollsten Abschnitte seiner Geschichte erlebte Murbach bald nach den Anfängen. Zahlreiche Pfarrkirchen und mehrere Klöster bis nach Luzern hinüber wurden gegründet, Künste und Wissenschaften blühten auf, in der Schule von Murbach entstand eines der berühmtesten Werke karolingischer Annalistik. Das kaum weniger berühmte ›Wessobrunner Gebet‹ und die ›Murbacher Hymnen‹ wurden ebenfalls hier aufgezeichnet.

Schwere Rückschläge brachten die Ungarn-Einfälle, doch die Folgen wurden dank der großherzigen Förderung bald überwunden, die die Burgunderin Adelheid, Gattin Ottos des Großen, Murbach angedeihen ließ. Sie hat wohl auch die Verbindung zu dem burgundischen Reformkloster Cluny eingeleitet, das seine Reform Ende des 10. Jahrhunderts in Murbach einführte.

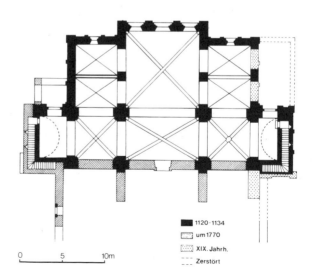

Murbach, Grundriß

ROMANTISCHE STÄDTCHEN HAUFENWEISE

Die gegen 1145, nach Meinung mancher Autoren auch schon wesentlich früher begonnene Abteikirche Murbach, deren Langhaus 1740 abgebrochen wurde, um einem geplanten, aber nie ausgeführten Neubau Platz zu machen, gehört mit dem verbliebenen Rest zum Gewaltigsten, das uns die elsässische Romanik hinterließ, und hat als architektonische Leistung europäischen Rang. Eingebettet in ein einsames Waldtal unter dem Gebweiler Belchen, erhebt sich der rechteckige, apsidenlose Chor zwischen den beiden Türmen, die gegen die gängige Regel auf den Querhausarmen aufsitzen, mit einem einzigen Schwung zu seiner himmelstrebenden Höhe und gibt darin den kühnsten gotischen Kathedralen nichts nach. Zwei ebenfalls rechteckige Nebenchöre, die sich im Inneren in Arkaden zum Mittelraum hin öffnen, betonen und bändigen zugleich den vehementen Elan der Außenfront (Farbt. 41, Abb. 131).

Kann man das Raumgefühl heute nur noch erahnen, das dieses Gotteshaus einmal vermittelt haben muß, so könnte der Anblick von draußen stolzer gar nicht sein. Die Größe und Strenge dieses steinernen Bildwerks, in dem noch die einzelnen Steine durch ihre verschiedene Farbe eine wichtige gestaltende Rolle spielen, dürfen durchaus einzigartig genannt werden. Die klare, präzise Gliederung der Flächen, der originelle Rhythmus der Fensteröffnungen, die sicher gesetzten schmückenden Akzente wie auch der ungemein belebende Kontrast zwischen dem spielerischen Umgang mit Formen und Ornamenten im Obergeschoß und Giebel des Chors auf der einen, der strengen Chorfront auf der anderen Seite – das alles fügt sich zu einem Akkord, den einer nicht leicht wieder vergessen wird, und schon gar nicht im Gedanken an die Wiesen, die dunklen Tannen, das lichte Laub und die Berge ringsum, in die diese Architektur hineinklingt. Und wer sich in Murbach Zeit nahm, sah auch das repräsentative Gedächtnisgrab des Grafen Eberhard im südlichen Querhausflügel sowie den seltsamen ›Sarkophag‹ der Märtyrer des Ungarneinfalls 926. Das schöne Klostertor muß ihm zwangsläufig aufgefallen sein, als er es durchfuhr oder womöglich gar durchschritt.

Gebweiler

An der Hauptstraße (Rue de la République), auf der wir in Gebweiler, ehedem Hauptort einer murbachischen Vogtei, anlangen, öffnet sich links ein weiter Platz, der von der *Kirche St. Leodegar* beherrscht wird (Abb. 130). Abgesehen von dem gotischen Chor und zwei später angebauten von insgesamt vier Seitenschiffen, ist diese Kirche noch so erhalten, wie sie 1182 begonnen und nach 1200 vollendet wurde. Sie bezeugt auf den ersten Blick den Einfluß, den St. Fides in Schlettstadt auf zahlreiche elsässische Kirchen hatte. Aber an dieser äußeren Erscheinung endet auch schon die Ähnlichkeit, denn bereits die Vorhalle, die in Schlettstadt in der Fassadenmitte eingekastelt ist,

104   REICHENWEIER   Hof des Hauses Liebrich ›Zum Storchennest‹ ▷

106 RAPPOLTSWEILER Metzgerturm, im unteren Teil 13. Jh.
◁ 105 Auenlandschaft in der Rheinebene mit Blick zur Hohkönigsburg

107 SIGOLSHEIM Pfarrkirche, Kapitelle am Westportal
108 KAYSERSBERG Pfarrkirche, Hauptportal mit Marienkrönung

109 KAYSERSBERG Pfarrkirche, Triumphbogenkruzifix

110 KAYSERSBERG Pfarrkirche, geschnitzter Altaraufsatz (um 1518) von Hans Bongart

111 KAYSERSBERG Kirchturm und Wirtshausschild ▷

112 AMMERSCHWEIER
    Schelmenturm

113 GEBERSCHWEIER
    Romanischer Kirchturm

114 EGISHEIM Weingutshof

116 Mädchen in Elsässer Tracht
115 TÜRKHEIM Fachwerkhaus

117 PFAFFENHEIM Spätromanischer Chor

118 RUFACH Liebfrauenkirche (St. Arbogast), Westfassade

119 RUFACH Liebfrauenkirche, Mittelschiff ▷

120 RUFACH Marktplatz mit altem Rathaus, Hexenturm und Kornhalle

123 Blick auf die Stadt Münster ▷

121 SULZMATT Pfarrkirche mit altem romanischen Turm

122 ENSISHEIM Ehemaliges Regimentshaus (Rathaus)

öffnet sich in Gebweiler breit und mächtig nach drei Seiten. Nur die Pfeiler und Eingangsbogen tragen die Türme mit ihren klar gegliederten Geschossen, von denen erst die beiden obersten mit den Klangarkaden den ganzen Reichtum künstlerischer Gestaltung entfalten, der hier so bewundernswert ist. Dabei hat jeder Turm noch sein ganz eigenes, unverwechselbares Gesicht.

Die besondere Pracht dieses Westbaus rührt aber von dem ungewöhnlich reich angelegten Mittelfeld zwischen den Türmen her, in dessen Innerem wie über allen elsässischen Vorhallen ein Emporenraum liegt. Doch eben dieser Raum ist hier einmal nicht nur andeutungsweise zur Westfassade hin geöffnet, sondern hat drei dicht nebeneinander gestellte hohe Rundbogenfenster erhalten, die zum Mittelpunkt und Blickfang der ganzen Gliederung wurden. Ein mit einem merkwürdigen Rautenmuster überzogener Giebel krönt das Ganze.

Der gedrungene Innenraum, dessen Querhausteil übrigens wesentlich breiter auslädt als in St. Fides und dessen durchgehende Rippenwölbung auch in den Seitenschiffen ebenfalls eine spätere Entwicklungsstufe kennzeichnet, wirkt ungeachtet des ›Störfaktors‹, den der spätgotische Chor und die Seitenkapellen des Langhauses bilden, schwer und lastend. Die üppige Dekoration der Gewände am dreifach abgetreppten Säulenportal in der Vorhalle sollte dem Besucher nebenbei nicht entgehen (Abb. 128).

An der gleichen Straße stadteinwärts in Bahnhofsnähe, am gotischen *Rathaus* von 1514 mit seinem hübschen Erker und einer Marienstatue vorbei, liegt die der Tradition der Vorarlberger Schule verbundene *Liebfrauenkirche,* die der Fürstabt von Murbach zwischen 1760 und 1785 erbauen ließ – ohne Frage ein bedeutendes Werk mit imponierender Fassade draußen und überwältigender Raumwirkung drinnen, wobei die natürliche Sandsteinfarbe eigentlich unbarock genannt werden muß. Ohnedies sind Kanzel und Orgelprospekt bereits klassizistisch, und die Seitenschiffe haben Kassettendecken. Das Chorgestühl mit seinen geschnitzten Reliefs erfreut durch seine Vornehmheit.

Nicht weit von der Liebfrauenkirche dient die ehemalige *Dominikanerkirche* heute profanen Zwecken. Gleichwohl sollte man ihre strengen gotischen Formen, ihren noch erhaltenen Lettner und eine Reihe qualitätvoller, wenn auch zum Teil zerstörter Fresken beachten, bevor man sich dem im Chor untergebrachten Museum des Blumentals (Musée du Florival) mit seinen archäologischen Funden sowie heimat- und volkskundlichen Ausstellungsstücken zuwendet.

Sulz, Thierenbach und Ensisheim

In *Sulz*, das der Ebene zu vor Gebweiler liegt, erwartet den Gast am Marktplatz (Place de la République) wieder eine jener städtebaulichen Gruppierungen, die trotz aller Vielfalt voller Harmonie sind, und an denen man sich immer wieder begeistern kann. Dazu gehören die alte Kornhalle (Rathaus) mit doppelläufiger Freitreppe, mehrere alte Häuser, darunter das eine der Metzgerei Strauer mit einem auffallenden Renaissance-Erker, ein Brunnen und vor allem die in rotem Vogesensandstein erbaute Pfarrkirche St. Mauritius (Abb. 132). Teil ihrer geschmackvollen Innenarchitektur ist eine Renaissance-Kanzel, wie man sie so üppig gearbeitet weit und breit nicht wieder findet.

Von Sulz sind es mit dem Auto kaum fünf Minuten in Richtung Gebirge zur Wallfahrtskirche *Thierenbach* (zugleich Pfarrkirche der Gemeinde Jungholz). Die Marienwallfahrt an diesem Ort reicht vermutlich ins 8. Jahrhundert zurück. Eine wunderbare Heilung gab um 1130 den Anstoß zur Gründung eines Klosters von Cluny aus. Die heutige Kirche ist ein barocker Neubau von Peter Thumb und wurde 1731 geweiht. Die teils etwas laute Ausmalung der im Grunde recht schlichten dreischiffigen Halle stammt aus der Zeit nach 1884, nachdem ein Brand die ebenfalls von Thumb errichteten Klostergebäude zerstört und die Kirche stark in Mitleidenschaft gezogen hatte. Den neubarocken Zwiebelturm erhielt das Gotteshaus 1932.

Ensisheim. Nach Merian, Topographia Alsatiae

»Fiel anno 1492, den 7. November, um halbzwölf mit Donnerschlag von oben herab aus dem Gewülk« berichtet die Chronik von dem Ereignis, das ein Flugblatt des Sebastian Brant 1497 mit einem beängstigenden Bild illustrierte. Der Meteorit, der ursprünglich 127 kg wog, wird jetzt neben geschichtlich interessanten Dokumenten im Saal des Rathauses von Ensisheim gezeigt.

Sehr gute Stücke der Ausstattung sind die Simsonkanzel in ländlichem Barock und ihr gegenüber an einem Pfeiler eine spätgotische Pietà (um 1500) von einem unbekannten, wohl von Riemenschneider beeinflußten Holzschnitzer. Sie übertrifft an künstlerischem Wert bei weitem das aus anderen Gründen ehrwürdige Gnadenbild auf einem Altar in der Kapelle des rechten Seitenschiffs. Bemerkenswert sind ferner die gotischen Figuren der Barbara, Margaretha, Katharina und des Dominikus an den Seitenwänden sowie historistische Gemälde elsässischer Künstler wie Beltz, Feuerstein, Kuder u. a.

In *Ensisheim,* das wir über Riedersheim und Ungersheim (neues Freilichtmuseum mit zwanzig altelsässischen, meist Sundgauer Bauernhäusern einschließlich ihrer Einrichtung) anfahren und damit auch wieder an die Route Nationale nach Colmar anschließen, ist das ehemalige Regimentshaus und heutige Rathaus eine Art Wahrzeichen der Stadt: eine markig dastehende zweigeschossige Anlage mit einer offen gewölbten Säulenhalle im Ostflügel und einem großen Saal im Obergeschoß, dessen Fenster noch gotisch gegliedert sind (Abb. 122). Der Landvogt Gabriel von Salamanca hat sie im ersten Drittel des 17. Jahrhunderts erbauen lassen. Das schräg gegenüberliegende Doppelhaus ›Zur Krone‹ mit seinen beiden Volutengiebeln und mit zweigeschossigem Erker auf einer Säule und einem darüberliegenden Balkon mit Maßwerkbrüstung ist ein architektonisches Schmuckstück und ohne weiteres wert, mit ihm eine Fahrt durch ›Romantische Städtchen haufenweise‹ zu beschließen.

Zwischen Vogesen und Jura - der Sundgau

Mülhausen/Mulhouse – Ottmarsheim (13 km) – Homburg, Sierenz, Bartenheim, Blotzheim, Hesingen, in Richtung Pfirt/Ferrette (RN 73) bis Buchsweiler/Bouxwiller (52 km) – Pfirt/Ferrette (3 km) – Feldbach (6 km) – Altkirch (13 km) – Thann (26 km) – Mülhausen (16 km). Insgesamt 129 km.

Der letzte Fahrtenvorschlag zu bisher noch nicht besuchten Zielen geht von der zweitgrößten Stadt des Elsaß, Mülhausen, aus und führt auf einem kleinen Umweg über Ottmarsheim südwärts in den Sundgau, eine der bezauberndsten, friedvollsten und ländlichsten Landschaften am Oberrhein, in der selbst die – in einem Falle – rund 50 Kilometer zwischen zwei Punkten unseres Besichtigungsprogramms eine einzige Kurzweil sind.

Die charaktervolle Schönheit dieses Hügellandes offenbart sich um so mehr, je weiter im Süden es an die Höhen des Jura heranreicht, der mit seinen grauen Felsen inmitten satter Laubwälder dem Vielerlei von Ackerland, Weiden und Wiesen, von Teichen und Seen noch zusätzlichen Kontrast gibt. Über die Maßen schön ist es hier im frühen Sommer, wenn die Wiesen blühen – anders zwar, aber alles in allem so üppig, wie man's von der Alpenflora her kennt.

Einst gehörte der größte Teil des Sundgaus, von Thann im Norden bis Belfort am Tor nach Burgund, den Grafen von Pfirt aus dem Stamm derer von Egisheim. Nach dem Aussterben der Pfirter Linie fiel diese Herrschaft an die habsburgische Verwandtschaft.

Mülhausen

Ursprünglich im Besitz des Bischofs von Straßburg, war Mülhausen im 13. Jahrhundert Reichsstadt geworden und gehörte zwischen 1515 und 1798 zweimal für längere Zeit zur schweizerischen Eidgenossenschaft, bevor es französisch wurde.

Um die Mitte des 18. Jahrhunderts fing es in Mülhausen mit der Textilindustrie an, deren Produkte den Namen der Stadt bald in der ganzen Welt berühmt machten. Sie entwickelte sich zu einer Größe, die Straßburg als Industrieplatz in kurzer Zeit auf den zweiten Rang verwies. Als 1904 in unmittelbarer Nähe der Stadt auch noch riesige Kalilager entdeckt wurden, war der bis heute andauernde, durch die beiden Weltkriege nur vorübergehend unterbrochene Aufschwung Mülhausens zu einem mächtigen Industriezentrum nicht mehr aufzuhalten.

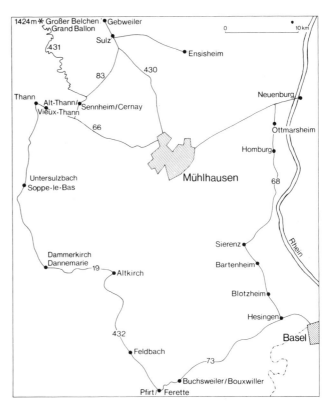

Alemannenland
im Dreiländereck

Die Textilindustrie hat übrigens zu diesem Aufschwung auch noch in der Weise beigetragen, daß sich in ihrem Sog als weiterer neuer Gewerbezweig der Kattundruck entwickelte und beide wiederum Maschinenindustrie, Baumwollveredelung und Baumwollspinnerei in großem Maßstab nach sich zogen. Damit sind wir aber auch bei einem Punkt unseres speziellen Interesses angelangt, das hier von den berühmten Sammlungen des *Stoffdruckmuseums* (Musée de l'impression sur étoffes) in Bahnhofsnähe am Rhône-Rhein-Kanal angesprochen wird. Diese Sammlungen, die zusammen mit dem ebenfalls recht gut bestückten Kunstmuseum im gleichen Gebäude untergebracht sind, zeigen ausgesucht schöne, zum Teil auch sehr kostbare Stoffe aus vielen Ländern und Zeiten, alte Druckmaschinen, Druckstempel und noch mehr Interessantes (Abb. 135, 136). Mülhauser Attraktionen sind auch das *Automobil-Nationalmuseum* (192, avenue de Colmar; tägl. außer di 11–18 Uhr) und das *Französische Eisenbahnmuseum* (2, rue Alfred de Glehn; mo–fr 10–17 Uhr, sa, so 10–18 Uhr) geworden.

Mülhausen ist, alles in allem, eine moderne Stadt – zum großen Teil zwangsweise, weil ihr die beiden letzten Kriege so schwere Wunden schlugen, daß von ihrem alten Gesicht, ihren Bürgerhäusern wie von der Stadtbefestigung (bis auf drei Türme) nur noch verhältnismäßig wenig übrig blieb. Dieses Wenige jedoch, das sich vor allem auf das Gebiet um den Marktplatz herum konzentriert, lohnt einen gemächlichen Stadtbummel schon deshalb, weil man dann gleich nahebei in den neuen Wohn- und Geschäftsvierteln auf eine Reihe respektabler Beispiele moderner Architektur stößt, so u. a. auf das Ringhaus und den 100 Meter hohen Europaturm mit seinen konkaven Fensterwänden und einem rotierenden Restaurant an der Spitze.

Die evangelische *Stephanskirche* am Marktplatz (Place de la Réunion) steht am Ort einer ursprünglich romanischen, später gotisch erweiterten, 1858 abgebrochenen Kirche. In dem 1866 fertiggestellten neugotischen Bau sind beachtliche Teile der alten, um das Jahr 1340 von den Grafen von Pfirt gestifteten Farbverglasung zu bewundern. Aus der Renaissance wurde ein gut gearbeitetes Chorgestühl in die neue Kirche übernommen.

Die 1351 erbaute *Johanneskapelle* beherbergt heute ein Lapidarium, steinerne Zeugen einer lange zurückliegenden Geschichte. Die vom Anfang des 16. Jahrhunderts herrührenden Wandmalereien mit Bildern aus dem Leben Johannes des Täufers und mit **Passionsszenen** werden von Kennern einhellig als hervorragende Beispiele oberrheinischer Malerei bewertet.

Das jetzt als Historisches Museum eingerichtete *Rathaus* von 1552 ist neben der Stephanskirche die andere Dominante des Marktplatzes – ein stattlicher zweigeschossiger Bau mit geschweiften Giebeln an den Schmalseiten, einer überdachten Doppeltreppe auf der dem Platz zugekehrten Längsseite und mehrfach erneuerter Wandmalerei (Abb. 133, 134). Am Rathaus erinnert eine Nachbildung des sogenannten ›Klappersteins‹, dessen Original sich im Museum befindet, an einen für die Betroffenen nicht gerade angenehmen, doch um so wirkungsvolleren Brauch: Klatschbasen und Verleumder mußten sich diesen Stein umhängen lassen und mit ihm durch die Stadt gehen, vorzugsweise an den Markttagen.

Ottmarsheim

Von Mülhausen gelangt man entweder auf der Hauptverkehrsstraße in Richtung zur deutschen Grenze oder über Rixheim nach Ottmarsheim zu einem der ehrwürdigsten Denkmäler elsässischen Kirchenbaus. An dem Ort, der einmal Mittelpunkt der habsburgischen Hausgüter im Elsaß war und an dem Rudolf von Altenburg aus dem Habsburger Haus um 1030 eine später in ein adeliges Damenstift umgewandelte Benediktinerinnen-Abtei gründete, weihte Papst Leo IX. im Jahr 1049 die Kirche, die uns heute in Verbindung mit den beiden Namenspatronen Peter und Paul geläufig ist (Abb. 137, 138). Der Gründer hatte sie allerdings der Gottesmutter Maria gewidmet, und dies liefert schon die eine Erklärung dafür, daß sie weitgehend eine Nachbildung der Pfalzkapelle Karls des Großen in Aachen, des zu seiner Zeit bedeutendsten Marienheiligtums in Deutschland, ist. Ein weiterer Grund ist der, daß die ottonische Reichs-

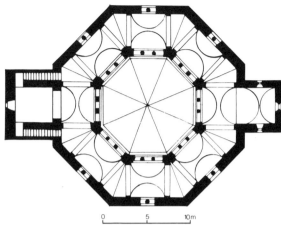

Ottmarsheim, Grundriß der Kirche

idee sehr bewußt zurückgriff auf die karolingische Tradition, und daß von daher der Gedanke nahelag, die Erneuerung dieser Überlieferungen auch in einem solchen Bauwerk auszudrücken. Und was drittens den religiösen Aspekt betrifft, so führt ein Zentralbau wie in Aachen oder Ottmarsheim nicht nur alle Teile seiner Architektur, sondern auch den Geist des Menschen auf den einen und einzigen Mittelpunkt des Ganzen hin, sichtbar und fühlbar für jeden, der in Ottmarsheim den Raum betritt und von seiner Atmosphäre augenblicklich ergriffen wird.

Das Erlebnis ist überwältigend, wie da aus dem achteckigen Umgang der Tambour, der Unterbau der Kuppel, zur Höhe emporstrebt, sich dabei in zwei Stockwerken auf je acht Eckpfeiler stützt und mit je zwei übereinanderstehenden, durch einen Zwischensturz getrennten Rundsäulenpaaren die wesentlich höheren Rundbogen des Obergeschosses gliedert und optisch festigt. Das gibt dem Raum eine Feierlichkeit und eine Größe, die sich in Maß und Zahl allein nicht fassen läßt (Abb. 139).

Das innen wie außen unverputzte Mauerwerk entspricht sicher nicht dem früheren Zustand. Es ist viel mehr anzunehmen, daß große Teile des Innenraums nicht nur verputzt, sondern auch ausgemalt waren. Von dieser Ausmalung zeugen noch zahlreiche Bilder, vor allem in den Gewölbefeldern der Taufkapelle und der Oberkapelle. Doch dieser Schmuck war und ist hier nicht entscheidend, sondern viel mehr die zugleich einfache und in ihrer Einfachheit doch wiederum unerhört kunstvolle Harmonie des Raumes, die Ottmarsheim zu einem Juwel frühmittelalterlicher Baukunst im Elsaß und im ganzen Oberrheingebiet machte.

Freilich hat man sich, um an die Ursprünge zurückzugehen, einige für den Eindruck des Ganzen nicht sehr wesentliche Zutaten im zentralen Bau und dann besonders die späteren Zufügungen wegzudenken: den gotischen Kapellenanbau im Nordosten und die jetzige Taufkapelle im Südosten. Viel weniger fremd wirken der kleine, viereckige

Chor aus romanischer Zeit – die heutige Quirinuskapelle – sowie der viereckige Eingang unter dem Turm, die beide ebenfalls ›Nachträge‹ waren.

Ob Ottmarsheim die Klarheit seiner architektonischen Gliederung, die einer der hervorstechendsten Eindrücke auf den Besucher ist, den einfachen Maßverhältnissen zu verdanken hat, die hier walten? Der Gesamtdurchmesser beträgt 20,30 Meter, die Höhe 20 Meter, der Durchmesser der Kuppel 10,80 Meter, und dieses Maß wiederum gilt auch für die Höhe des Emporengeschosses. Es fällt schwer, zu glauben, daß sich die in diesen Maßen begründeten Zahlenverhältnisse von 1:1 und 2:1 rein zufällig ergeben haben könnten.

Buchsweiler

Auf Wegen, die der oben vorangestellte ›Fahrplan‹ näher beschreibt, gelangen wir von Ottmarsheim aus zu jenem anderen Buchsweiler, das genauso heißt wie das Städtchen im Hanauer Land. Seine Dorfkirche wird, wenn überhaupt, in der einschlägigen Literatur nur beiläufig erwähnt. Aber wir sollten dem Pfarrer François Burrus von Buchsweiler doch die Ehre antun, der in seiner Kirche eine kleine, in Schreibmaschinenschrift vervielfältigte Dokumentation in französischer und deutscher Sprache auslegte. »Als echte Sundgaukirche besitzt sie einen romanischen Sattelturm (12. Jahrhundert), der neben dem Schiff keck und schlank steht und in die Landschaft paßt«, heißt es da. Daß Chor und Schiff 1777/78 erbaut wurden, erfahren wir weiter. Und dann wird detailliert auf die großzügige Ausstattung verwiesen, auf künstlerisch bedeutende Stücke genauso wie auf die einfachere Bauernkunst, auf den stattlichen Hochaltar beispielsweise, der zu Teilen aus Luppach hierher verbracht wurde, die beiden Seitenaltäre aus der Zisterzienserabtei Lützel, die Altarbilder des Franz Karl Stauder aus Konstanz, der u. a. auch für die Colmarer Kapuzinerkirche gearbeitet hatte, auf die geschnitzte Kanzel aus Luppach und noch vieles andere mehr.

Pfirt

In Pfirt, dem ehemaligen Sitz der Sundgau-Grafschaft, gilt es weniger die Einzelheiten als viel mehr das Ganze dieses kleinsten Städtchens im Elsaß zu sehen, wie es da mit seinen teils schon im 16. und 17. Jahrhundert errichteten Häusern an einer bergan führenden Straße hübsch aufgereiht ist. Auch die beiden Burgen, das erstmals 1125 erwähnte Oberschloß und das im 14. Jahrhundert hinzugekommene Unterschloß, die beide stark zerstört sind, wirken hauptsächlich durch ihr Gesamtbild im Zusammenhang mit dem malerischen Anblick der Ortschaft (Abb. 140). Das 1914 im neugotischen Stil erbaute Schiff der Pfarrkirche bietet für sich allein ebensowenig Besonderes. Als Bauwerke hervorzuheben sind in Pfirt der alte gotische Turm dieser Kirche und das Renaissance-Rathaus.

Feldbach

Von Pfirt in Richtung Altkirch führt die Straße geradewegs nach Feldbach, wo Graf Friedrich I. von Pfirt 1145 auf eigenem Grund und Boden ein Benediktinerinnen-Kloster gründete und die Klosterkirche zur Grablege seiner Familie bestimmte. Zu einer größeren Entfaltung des mit der burgundischen Abtei Cluny verbundenen Priorats ist es allerdings nie gekommen, und nach den Bauernkriegen hatte das Kloster auch keinen Konvent mehr.

Geteilt sind die Meinungen der Kunsthistoriker darüber, ob der Bau der Kirche zeitlich etwa mit der Klostergründung in Verbindung zu bringen ist oder ob nicht schon vorher eine im zweiten Drittel des 11. Jahrhunderts errichtete Kirche bestand, die im ursprünglichen Stil nur erweitert und ihrer neuen Bestimmung angepaßt wurde. Die Entscheidung für die eine wie für die andere Annahme ändert nichts daran, daß Feldbach von den Gotteshäusern im Elsaß eines der ältesten ist.

Altertümlich wirken auch die Raumverhältnisse im Inneren der dreischiffigen Basilika, deren Grundriß an karolingische Modelle erinnert. Die Schiffe sind mit Holzbalken gedeckt und hatten ursprünglich Apsiden, von denen allerdings nur die mittlere erhalten blieb beziehungsweise im letzten Jahrhundert wiederhergestellt wurde. Der links neben der Eingangsseite stehende, etwas zu klein geratene Turm ist eine sehr späte Zutat aus dem Jahre 1909 (Abb. 142, 143).

Die räumlichen Proportionen sind heute gegenüber den Anfängen insofern verfälscht, als der Fußboden jetzt um etwa 80 bis 90 Zentimeter höher liegt. Eine bei Grabungen 1966 gefundene Mauer mit drei Durchlässen muß das Schiff einmal in der Breite in der Weise geteilt haben, daß der Ostteil als Klosterkirche, der Westteil als Pfarrkirche genutzt werden konnte. Auf eine solche Teilung weist auch eine andere Besonderheit von Feldbach hin: die drei ersten, westlichen Arkadenbögen ruhen auf Säulen und werden im Obergaden von Rundbogenfenstern begleitet. Die im Osten gelegenen Bögen stützen sich dagegen auf viereckige Pfeiler und haben kleine, kreisrunde Fenster über sich. Ein quadratischer Vorchor schließt sich an. Kleine viereckige Kapellenräume bilden auch die Enden der Seitenschiffe und hatten sich zu den abgebrochenen Nebenapsiden geöffnet. Die Verschiedenartigkeit der Stützen im Hauptraum, deren Kapitelle mit derben Blattformen geschmückt sind, folgt einem cluniazensisch-hirsauischen Reformbrauch, wonach Pfeiler der Mönchskirche, Säulen der Laienkirche zugeordnet wurden.

Von der Kirche ein kleines Stück die Straße zurückgehend und dann links um die Ecke kommt man zum sogenannten Schlössle, dem ehemaligen Prioratshaus von 1542 mit seinem ausladenden Walmdach und einem runden Treppenturm.

ZWISCHEN VOGESEN UND JURA – DER SUNDGAU

Altkirch

Der auf einem Hügel über der Ill gelegene Hauptort des Sundgaus, Altkirch, wurde um 1215 von den Grafen von Pfirt im Anschluß an eine Burg gegründet, doch ist der Name Altkirch schon 1102 zum erstenmal erwähnt. Der Kern der mit Mauern umgebenen und zur Stadt erhobenen Siedlung schloß sich um die zur Burg führende Hauptstraße und die parallel verlaufende Hintergasse zusammen. Das Schloß an der Stelle der heutigen neuromanischen *Kirche* war im 17. Jahrhundert zerstört worden; seine Ruinen wurden 1845 abgetragen.

Einige ältere Ausstattungsstücke in der Kirche, insbesondere ein in Holz gearbeitetes Vesperbild aus dem 15. Jahrhundert, etliche alte Häuser in der Stadt, der Marktbrunnen, der vornehme, wohlproportionierte Barockbau des *Rathauses* (Abb. 141) gegenüber und gleich nebenan das in einem Renaissancegebäude untergebrachte Historische Museum sowie Reste der Stadtbefestigung können als Höhepunkte eines kleinen Rundgangs gelten.

In unmittelbarer Nähe von Altkirch lag die ältere *Talsiedlung St. Christoph*, wo Graf Friedrich I. von Pfirt 1105 ein Cluniazenserpriorat gründete. Seine Blüte verdankte das Kloster dem ›Apostel des Sundgaus‹, dem heiligen Morand, der 1115 starb, und dessen Grab zum Ziel zahlloser Wallfahrten wurde. Das Grabdenkmal des Heiligen ist in der neuromanischen Kirche erhalten. Von dem älteren Vorläuferbau wurde auch ein Bogenfeld mit Christus zwischen Petrus und Paulus übernommen. Das von den Jesuiten 1752 errichtete Stiftsgebäude dient heute als Spital. Seine stuckierte Hauskapelle hat Appiani ausgemalt.

Thann

Von Altkirch nach Thann gibt es, wie die Karte zeigt, mehrere Wege, darunter einen, der ein bißchen weiter als die anderen, dafür aber landschaftlich reizvoller ist. Er führt zunächst westlich in Richtung Belfort bis Dammerkirch/Dannemarie, zweigt dort nach Norden ab, folgt bei Untersulzbach/Soppe-le-bas ein kleines Stück weit der RN 83 Belfort – Colmar und geht dann erneut nordwärts auf Thann zu.

In Thann erleben wir zum guten Schluß noch einmal eine liebenswerte kleine elsässische Stadt, hingebreitet an einen munter dahinfließenden, glasklaren, von silbrigem Gischt überglänzten Bergbach, die Thur, – eine Stadt auch, die um ihrer Lage willen an einem alten Keltenweg und Vogesenzugang vieles hat erleiden müssen. Doch was ihr blieb an gotischen Häusern, freundlichen Erkern, geschnitzten Toren, an vielerlei Formenschmuck der Fenster, Säulen und Balustraden, das zeigt sie dem Fremden mit Stolz her: auch die Kornhalle beispielsweise, die heute als Stadtbibliothek und Historisches Museum genutzt wird, den Hexenturm an der Thur, den Theobaldsbrunnen nicht

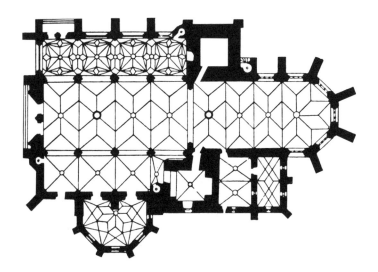

Thann, Münster
St. Theobald,
Grundriß

minder und auch den Winzerbrunnen, der daran erinnert, daß die Thanner Weine zu den vorzüglichsten im Elsaß zählen.

Doch kommen wir zur Hauptsache, dem Thanner *Münster St. Theobald* als dem bedeutendsten gotischen Kirchenbau im Elsaß nach Straßburg und einem der wichtigsten Beispiele der Spätgotik überhaupt (Abb. 144–148). Gebaut wurde an ihm in mehreren Abschnitten von 1320 bis 1629, und zwar nicht nach einem ein für allemal vorgefaßten Plan, sondern im Sinne der Aneinanderreihung jeweils selbständig geplanter Teile. Dabei trat der Gedanke an architektonische Symmetrie mehr und mehr in den Hintergrund, und der Kontrast, die Dissonanz wurde am Ende sogar ganz bewußt als Mittel eingesetzt, um Spannung zu erzeugen, ungewöhnliche Effekte zu erzielen, das gotische Formenspiel flammengleich emporzüngeln zu lassen bis zur durchbrochenen Spitze des Turms, der von allen Nachbildungen des Freiburger Münsterturms das zur größten Vollkommenheit geratene Werk ist. Das ganze Bauwerk scheint in Bewegung zu sein, auf bildhafte Wirkung und üppige Prachtentfaltung auszugehen und hierfür auch figürliche und dekorative Plastik bis zur Maßlosigkeit in Dienst zu nehmen.

Aus der von Häusern eng umstellten Westseite ist zwischen 1340 und 1350 eine regelrechte Portalwand geworden; offenbar hat man es ein rundes halbes Jahrhundert nach der Errichtung dieses Riesenportals für nötig und zweckmäßig erachtet, es durch den Einbau eines wesentlich kleineren Doppelportals zu untergliedern und wieder auf menschliches Maß zurückzuholen. Was dann das 19. Jahrhundert im Zuge einer Restaurierung der Kirche noch hinzutat, eine ganze Galerie schlanker Säulen vor allem, das wäre besser unterblieben, weil es den Kontrast zwischen Portal und Wand nur unnötig minderte.

Weil nun den Thannern ihr Westportal allem Anschein nach so gut gefiel, bauten sie um die Mitte des 15. Jahrhunderts ein zwar nicht ganz so großes, aber doch sehr ähnliches Portal in die Vorhalle auf der Nordseite hinein. Nun hatte ihr Münster eine zweite Schauseite, aber wenn man's genau nimmt, ist es eigentlich von allen Seiten herrlich anzusehen. Und schon gar von innen! Hier teilt sich dem Besucher ein Eindruck von vornehmer Eleganz mit, der durch die verhältnismäßig knappen Maße des Münsterschiffs nicht gemindert, durch die Höhe und Länge des Chors wie auch durch die hohen, von schlanken, schmalen Rippen gefaßten und kostbar verglasten Chorfenster um so mehr bestärkt wird.

Und was gibt es da sonst nicht alles noch zu sehen: das einer ziemlich verwegen blühenden Phantasie entsprungene Chorgestühl aus dem 14. Jahrhundert beispielsweise; oder die steinerne Renaissancekanzel, die die Gotik noch nicht ganz vergessen hat; oder das bildschöne Sterngewölbe und die Farbverglasung im nördlichen Seitenschiff, die polychromierte, ausdrucksvolle, an einem Pfeiler stehende Holzplastik der Madonna der Rebleute mit dem Jesuskind, das gerade eine Weintraube hinter seinem Rücken versteckt hält, und eine weitere Muttergottes in der Marienkapelle; oder die bald nach 1500 entstandene polychromierte Sitzfigur des Thanner Kirchenheiligen in der Theobalduskapelle. Man braucht nur um sich zu schauen, und man wird an allen Ecken und Enden Dinge entdecken, die zum Betrachten einladen. Und am Ende wird wohl keiner mehr den Thannern darin widersprechen wollen (falls er dies je vorgehabt hätte), daß sie ihre Kirche für das feinste unter den gotischen Münstern am Oberrhein halten.

Wenn jetzt ohnedies der Heimweg nach Mülhausen, Colmar oder zu irgendeinem anderen Ziel am Ende unserer Elsaßreise an *Alt-Thann* (Vieux-Thann) vorbeiführt, dann sollte man in der einschiffigen Wallfahrtskirche aus der Mitte des 15. Jahrhunderts wenigstens einen Blick auf die qualitätvolle Baldachinarchitektur eines Heiligen Grabes, auch auf die Marmorkanzel und das Sakramentshaus im Chor werfen. Damit bekäme das Besichtigungsprogramm dieses Tages noch eine letzte kleine Abrundung, und man behielte auch wieder frisch in Erinnerung, daß es nicht nur die weitläufig bekannten Baudenkmäler sind, die eines Menschen Herz bewegen, daß es vielmehr auch die unscheinbareren sein können, wenn man nur offen gegen sie ist und auch da noch Schönheiten zu entdecken vermag, wo viele Menschen längst nichts mehr zu finden meinen, das ihr Interesse fesselt.

Mit Kunstbegleitung zu Vogesengipfeln

Auf den Kammhöhen der Vogesen gibt es zwar nichts, wohin ein Kunst-Reiseführer den Leser zu geleiten hätte. Andererseits gehört aber das herbe Gebirge mit seinen würzigen Wäldern und kahlen Kuppen, den Augenlichtern seiner schwarzgrünen Seen und der einsamen Feierlichkeit der vom Wind umtosten Gipfel so unverzichtbar zur elsässischen Landschaft, hat es überdies die hier behausten Menschen durch seine Allgegenwart so tiefgreifend prägen helfen, daß der Fremde eigentlich nur die halbe Wahrheit über das Elsaß erführe, wenn er die Vogesen aus seinem Reiseprogramm ausklammerte.

Die folgenden drei Vorschläge sind als Anregung zu verstehen, wie sich Kunstbetrachtung und Landschaftserlebnis zwanglos miteinander verbinden lassen. Ob das nun im zeitigen Frühjahr, im hohen Sommer oder gar erst im Herbst geschieht, spielt keine entscheidende Rolle; die Vogesen haben zu jeder Jahreszeit ihre besonderen Reize. Manche schwören zwar auf den Frühsommer, wenn sich auf den Mooren der Hochtäler oder zwischen Heide und Heidelbeere auf den baumlosen, allenfalls noch von Legföhren besiedelten Bergwiesen eine voralpine Flora austobt. Andere – und zu ihnen gehört auch der Autor – sind am meisten vom Herbst in den Vogesen angetan, wenn aus den Tälern flammende Farben zu den Gipfeln emporleuchten, die kahlen Hochflächen ins Rot der Heidel- und Preiselbeersträucher getaucht sind und es oft wochenlang Fernsichten gibt, die über dem Dunst und Nebel der Täler die Vogesen- und Schwarzwaldberge glasklar herausmodellieren und im Süden als grandioses Schlußbild dieses Panoramas die Alpenkette hinstellen.

Die Vogesenstraße

Die Vogesenstraße (s. Karte in der hinteren Umschlaginnenklappe) ist gewissermaßen die kleine Schwester der berühmten Route des Crêtes in den Südvogesen. Um sie anzufahren, kann man zunächst das Programm unserer dritten Rundfahrt ab S. 137 bis zum Odilienberg absolvieren und ganz am Anfang vielleicht auch noch Rosheim mit hineinpacken. Dann aber geht es vom Odilienberg über den Aussichtspunkt Neuntelstein weiter hinaus zum Hochfeld / Champ du Feu. Hier bietet sich in 1100 Meter Höhe, die ein Aussichtsturm noch einmal um weitere 20 Meter aufstockt, ein begeisternder Rundblick.

Die Route führt jetzt über den Col de la Charbonnière und den Col de Steige zum Donnersberg, den die Römer Clivius Mons nannten, und der bei den Franzosen Climont heißt (Fußweg von der Straße bei den Climonthöfen zum Gipfelturm eine Stunde). In der alten Richtung bleibend, erreicht man am Col d'Urbeis das Ende der Vogesenstraße und hat nun die Wahl, entweder über Urbeis und Weiler/Villé nach Schlettstadt oder in entgegengesetzter Richtung hinunter ins Tal der Breusch/Bruche und dann nordwärts in Richtung Straßburg zu fahren. In beiden Fällen kann man – je nach Zeit und Lust – Teile der ab S. 104 beziehungsweise S. 137 beschriebenen Besichtigungsprogramme anhängen.

Die Route des Crêtes

Die Hochvogesen-Kammstraße (s. Karte wie vor), französisch Route des Crêtes genannt, ist der unüberbietbare Höhepunkt einer Vogesenfahrt. Diese könnte mit den ersten Besichtigungen nach Seite 218 beginnen und von Kaysersberg an ihre eigenen Wege gehen: zunächst über Schnierlach/Lapoutroie und Diedolshausen / Le Bonhomme hinauf zum Diedolshausener Sattel / Col du Bonhomme und über den Luschbachsattel zur Kammstraße.

Spätestens jetzt sollte der rechte Fuß nur noch behutsam aufs Gaspedal gesetzt werden, damit einem von dem Zauber dieser Berglandschaft möglichst wenig entgehe. Am Schluchtsattel / Col de la Schlucht angelangt, ist zu überlegen, ob die zweimal 15 Kilometer nach Gerardmer und zurück (am Teufelsfelsen / Rocher du Diable mit seinem Tiefblick in die wilde Schlucht vorbei) noch ins Programm eingeschoben werden sollen. Immerhin ist Gerardmer ein sehr gepflegter, renommierter Kurort, der wegen seiner Lage an einem zwei Kilometer langen See (mit noch zwei weiteren ganz in der Nähe) gern besucht wird und auch durch seine im zeitigen Frühjahr erblühenden Wildnarzissenwiesen berühmt wurde.

Vom Schluchtsattel aus südwärts berührt die Kammstraße den überaus sehenswerten Bergpflanzengarten der Universität und Stadt Nancy (Jardin Botanique du Haut Chitelet) mit heute schon mehr als 3500 Arten aus aller Welt. Sie zieht weiter am Hohneck vorbei, zu dem man auf einem Fahrweg hinaufgelangen kann, falls man die bekömmlichen 20 Minuten Fußweg dorthin scheut. Dann aber heißt es, oben angekommen, nur noch staunen über soviel unverdorbene Bergherrlichkeit zu beiden Seiten – mit steilen Abstürzen nach Osten und tiefen Tälern west- und südwärts, an die die Höhenrücken dicht an dicht herangeschichtet sind. Von tief unten grüßt ein See herauf, der zur Seengruppe bei Gerardmer gehört.

Im Weiterfahren auf der Kammstraße, die stets auf einem Höhenniveau von etwa 1200 Metern bleibt, eröffnen sich rechter Hand immer neue An- und Aussichten, um derentwillen man gelegentlich auch einmal anhalten sollte. Wenn schließlich der Mark-

Vogesenlandschaft beim Col de la Schlucht. Nach einer Lithographie von Jules Laurens in Jean Joseph Bellell, Les Vosges, Paris 1860

stein erreicht ist, scheiden sich die Wege. Wer will, kann jetzt an dem immer noch 900 Meter hoch gelegenen Lauchensee / Lac de la Lauch vorbei ins Lauchtal hinunterfahren und in Lautenbach, Murbach und Gebweiler wieder zur Kunst zurückkehren.

Sehr zu empfehlen ist andererseits die Weiterfahrt zum Großen Belchen / Grand Ballon (1424 m), wo es von den Parkplätzen beim Belchenhotel nur noch 15 Gehminuten zum Gipfel sind.

Hinter dem Belchen fällt die Straße ab, zieht an der Ruine Freundstein, der einst höchstgelegenen Burg des Elsaß, vorbei und langt schließlich am Silberloch-Sattel gegenüber dem blutgetränkten Hartmannsweiler Kopf / Vieil Armand an. Diese Schlüsselstellung am Übergang von der Burgundischen Pforte zum Rheintal war im ersten Weltkrieg eine der am meisten umkämpften Höhen an der Westfront und forderte rund 60 000 Menschenleben. An diese Opfer erinnern das terrassenförmig über einer Krypta angelegte französische Nationalmonument und der Soldatenfriedhof Silberloch, dessen Gräber bis an den Fuß des Hartmannsweiler Kopfes heranreichen. Die Gebeine von nahezu 12 000 französischen Soldaten ruhen hier. Die deutschen Soldaten sind auf dem nahen Nationalfriedhof von Sennheim/Cernay bestattet.

Unaufhaltsam talwärts geht jetzt die Fahrt. Wer sie in Richtung Gebweiler fortsetzen und dort noch mit Kunst anreichern will, biegt an einer Straßenverzweigung nach Wattweiler ab. Im anderen Falle erreicht man die Rheinebene bei Uffholtz und kann jetzt entweder noch Thann besuchen oder sich rheinwärts nach Mülhausen und Ottmarsheim wenden.

Drei-Ähren – Sulzbach – Münster – Pairis – Markirch

Eine weitere, diesmal sehr individuelle Vogesenroute, die auch keinen besonderen Namen hat wie die Vogesenstraße oder die Route des Crêtes, ist nicht nur landschaftlich ungemein reizvoll, sondern berührt auch einige, zum Teil nur noch in Resten vorhandene Kunstdenkmäler, die vereinzelt in dieser Landschaft zurückgeblieben sind. Die Fahrt ist in beiden Richtungen gleich lohnend (vgl. Karte in der hinteren Umschlagklappe).

Nehmen wir an, sie beginne in Colmar. Dann wäre das erste Ziel *Drei-Ähren / Les Trois-Epis*, das über Ingersheim schnell erreicht wird. Drei-Ähren ist einerseits ein viel besuchter Sommerkurort mit guten und besten Hotels, andererseits der Ort einer seit 1491 bestehenden Wallfahrt, an dem einst einem Schmied Maria mit drei Kornähren in der Hand erschienen war. Umfassungsmauern der Kirche und das Gewölbe der Sakristei sind noch gotisch, das Gewölbe des Chors nach dem Dreißigjährigen Krieg neu eingesetzt. Außer dem Gnadenbild (Mitte 15. Jh.) auf dem Hochaltar ist ein Heiliges Grab unter der Orgel beachtenswert.

Von Drei-Ähren führt eine Straße ins Münstertal, dem wir nun in Richtung Münster folgen – entweder eilig auf der südlichen Durchgangsstraße oder beschaulicher auf der Provinzstraße am nördlichen Talrand, auf der es viel mehr zu sehen gibt. Bei Weier im Tal/Wihr-au-Val bietet sich ein Abstecher an zu dem Badestädtchen *Sulzbach/Soultzbach-les-Bains* im vorderen Krebsbachtal, das seinen Mineralquellen im Mittelalter den Ruf eines Modebades verdankte. In der Pfarrkirche Johannes Baptista befinden sich ein vorzüglich gearbeitetes Sakramentshaus (etwa um 1500), für das der Kreis um Conrad Seyfer in Anspruch genommen wird, ferner beachtliche Barockaltäre sowie ein gutes Doppelgrabmal des Jakob von Hattstatt und seiner Frau Mergen von Rathsamhausen. Beide sind im Hochrelief abgebildet.

Auf der Straße im Münstertal geradeaus weiter ist der nächste Ort Günsbach als Wahlheimat Albert Schweitzers weltbekannt geworden. Von der bedeutenden Vergangenheit, auf die schon der Name der jetzt nicht mehr weit entfernten Talhauptstadt *Münster* hinweist, ist an baulichen Zeugnissen kaum noch etwas geblieben (Abb. 123). Eine Benediktinerabtei war hier um das Jahr 660 zu Ehren des Papstes Gregor I. gegründet worden (weshalb das Münstertal auch heute noch gern Gregoriental genannt wird). Das Kloster wurde später Reichsabtei, die in seinem Schatten entstandene Siedlung Reichsstadt.

124 Hochvogesen über Breitenbach im hinteren Münstertal

125 LAUTENBACH Stiftskirche, figürliche Reliefs an der Südseite
126 LAUTENBACH Stiftskirche, Vorhalle

127 GEBWEILER Liebfrauenkirche   128 GEBWEILER St. Leodegar, Portalgewände
129 LAUTENBACH Stiftskirche, Kapitelle in der Vorhalle

130 GEBWEILER St. Leodegar

131 MURBACH Ehemalige Abteikirche

132 SULZ Marktplatz ▷

133, 134 MÜLHAUSEN   Freitreppe und Giebel des alten Rathauses von 1552

135, 136 MÜLHAUSEN   Stoffdruckmuseum: Druckmuster von 1830;
Druck in japanischer Manier, 1900

137 OTTMARSHEIM St. Peter und Paul   139 OTTMARSHEIM St. Peter und Paul, Oktogon ▷
138 OTTMARSHEIM St. Peter und Paul, Symbol des Evangelisten Markus

140 PFIRT Stadt und Ruine Hochpfirt

141 ALTKIRCH Rathaus und Marktbrunnen

142 FELDBACH Pfarrkirche, Arkade

143 FELDBACH Pfarrkirche

145 THANN   Münsterturm
◁ 144 THANN   Innenraum des gotischen St. Theobald-Münsters

146 THANN St. Theobald-Münster, Westportal
147 THANN St. Theobald, Ausschnitt aus dem Tympanon des Westportals ▷

Die Abtei war wiederholt durch Brände verwüstet, wieder neu gebaut oder umgebaut worden. Von ihrer 1802 abgebrochenen Kirche existiert nichts mehr, und von den mittelalterlichen Abteigebäuden zeugen nur noch wenige Mauerreste mit einem spätgotischen Portal. Das im 18. Jahrhundert als schlichter Barockbau neu errichtete Abtspalais ist im Gelände der Textilfabrik Hartmann erhalten geblieben, im Stadtkern ferner das Rathaus aus dem Jahr 1550.

Von Münster auf breiter Panoramastraße weiter zum Schluchtpaß / Col de la Schlucht und etwa 15 km auf der Höhenstraße nordwärts bis zur Kreuzung Calvaire: hier rechts abbiegend gelangen wir am Weißen See / Lac Blanc und am Schwarzen See / Lac Noir vorbei in Richtung Urbeis/Orbey zunächst nach *Pairis*, wo in der herrlichen Wiesenlandschaft das einst so bedeutende Zisterzienserkloster stand, das Graf Ulrich von Pfirt 1138 gegründet hatte und das 1432 der Abtei Maulbronn unterstellt wurde. Abt und Konvent von Maulbronn hielten sich während der Reformationswirren mehrfach in Pairis auf, bis sie 1649 endgültig hierher übersiedelten.

In der Revolution wurde das Kloster auf Abbruch versteigert, im Konventbau später ein Spital eingerichtet, der Bau selbst nach einem Brand 1910 wiederhergestellt. Heute beherbergt er ein Altersheim. In der neuromanischen Spitalkapelle (Ende 19. Jh.), die vom Brand verschont blieb, befindet sich ein zum Weihwasserbecken umgestaltetes Kapitell in Würfelform, dessen reicher Schmuck Schlüsse auf einen entsprechend ausgestatteten Gründungsbau zuläßt. Erhalten sind das alte Klostertor sowie größere Teile der Umfassungsmauer, in der noch Reste gotischer Gewände stecken. Die überaus wertvollen Bestände der Klosterbibliothek wurden gerettet und werden in Colmar verwahrt.

Von Pairis weiter nach Urbeis/Orbey, dem in einem malerischen Wiesenhochtal gelegenen Luftkurort (nicht zu verwechseln mit dem auch in der Amtssprache so genannten Urbeis in der Nähe des Donnersbergs), und dann abwärts zur Talstraße, die nach Kaysersberg und Colmar führt, der wir aber nur ein kleines Stück bis zu dem Weiler Eschelmer/Hachimette folgen, um anschließend über Urbach/Fréland zum Col de Fréland hinaufzufahren. Von hier aus ließe sich ein Abstecher auf einem Fahrweg über das Sanatorium Salem zum 1229 m hohen Brézouard mit seiner großartigen Aussicht einschieben (ca. 11 km). Ansonsten aber steuern wir geradeaus Altweier/Aubure, das höchstgelegene Dorf des Elsaß, an und gelangen von dort hinunter nach *Markirch/ Sainte-Marie-aux-Mines*. Im Mittelalter war dieses ursprünglich Mariakirch genannte Städtchen ein Zentrum des Kupfer-, Blei- und Silberbergbaus; heute ist die Textilindustrie der wichtigste Arbeitgeber. Ein Kuriosum ist es, daß früher der Ortsteil rechts vom Leberfluß Eigentum der deutschsprechenden Grafen von Rappoltstein war und später evangelisch wurde, während das linke Leberufer den welschen Herzögen von Lothringen gehörte und katholisch blieb – eine Trennung von Sprache und Konfession, die sich

◁ 148 THANN St. Theobald, Johannes der Täufer (1456)

ungeachtet einer mit der Zeit zwangsläufig begonnenen Durchmischung doch noch bis heute erkennbar erhalten hat.

Zum Vorort *Eckerich/Echery* gehörte seit dem 8. Jahrhundert eine Benediktinerabtei, von der die Kirche *St. Peter in Zillhart / Saint-Pierre-sur-l'Hâte,* die spätere Bergmannskapelle des Lebertals, auf einer Anhöhe über dem Dorf die Zeiten überstanden hat. Es ist ein Kirchlein, dem man das Alter wahrlich ansieht, und das man um seiner idyllischen Lage und seiner ganz schlichten, stillen Schönheit willen einfach liebgewinnen muß. Sein frühester Ursprung reicht ins 10. Jahrhundert zurück, doch der romanische Satteldachturm, der später gebaut wurde, präsentiert schon ein gotisches Eingangsportal, und gotisch ist auch der erhöhte Chor, in dem sich eine entzückende Sakramentsnische befindet. Der Raum erhält Wärme von einer Holzbalkendecke, und den Charakter bäuerlicher Gedrungenheit vermittelt ihm die 1604 eingebaute Empore aus derbem Holzwerk, die nahezu drei Viertel des Kirchenschiffs überspannt.

Wieder unten in Markirch, bleibt jetzt die Wahl, entweder über Leberau/Lièpvre nach Schlettstadt in die Ebene hinauszufahren oder – was sehr zu empfehlen ist – in Leberau links über Rombach nach Weiler/Villé im Gießental abzubiegen, hier ein kleines Wegstück talaufwärts bei St. Martin erneut in nördlicher Richtung das Gebirge zu queren und über Hohwald entweder Andlau, Barr oder Oberehnheim anzusteuern (was sich dann auch leicht noch mit einer Erkundung des Odilienberges verbinden ließe).

Kloster Murbach während des Abbruchs. Nach einer Lithographie von Frédéric Piton, 1836 ▷

Ortsverzeichnis französisch – deutsch

Aubure	Altweier
Bernardvillé	Bernhardsweiler
Bitche	Bitsch
Châtenois	Kestenholz
Cernay	Sennheim
Dabo	Dagsburg
Echery	Eckerich
Ferrette	Pfirt
Haut-Barr	Hohbarr
Husseren-les-Châteaux	Häusern
Lièpvre	Leberau
Marmoutier	Maursmünster
Masevaux	Masmünster
Mulhouse	Mülhausen
Niedernai	Niederehnheim
Obernai	Oberehnheim
Orbey	Urbeis
Petite-Pierre, La	Lützelstein
Ribeauvillé	Rappoltsweiler
Riquewihr	Reichenweier
Saint-Hippolyte	St. Pilt
Saint-Jean-Saverne	St. Johann bei Zabern
Sainte-Marie-aux-Mines	Markirch
Saint-Pierre-sur-l'Hâte	St. Peter in Zillhart
Sainte-Odile, Mont	Odilienberg
Saverne	Zabern
Sélestat	Schlettstadt
Soppe-le-Haut	Obersulzbach
Soultzbach-les-Bains	Sulzbach
Trois-Epis, Les	Drei-Ähren
Trois-Tours d'Eguisheim	Hohegisheim (Drei Exen)
Villé	Weiler
Vieux-Ferrette	Alt-Pfirt
Vieux-Thann	Alt-Thann
Wasselonne	Wasselnheim
Wihr-au-Val	Weier im Tal
Wissembourg	Weißenburg

Erläuterung von Fachbegriffen der Architektur

Akroterien In der antiken Baukunst die Bekrönung der Mitte und der Ecken eines Giebels

Apsis Ursprünglich halbrunder, später auch mehreckiger, meistens mit einer Halbkuppel überwölbter Raumteil (Altarraum)

Archivolte Bogenlauf über einem romanischen oder gotischen Portal

Arkade(n) Auf Säulen oder Pfeilern ruhender Mauerbogen (in fortlaufender Reihe)

Basilika Amtssitz des archon basileus, des obersten Richters im alten Athen, drei- oder fünfschiffige Gerichts- und Handelshalle der Römer. In frühchristlicher und romanischer Zeit eine Kirchenform mit Mittel- und Querschiff sowie zwei oder vier niedrigeren Seitenschiffen, über deren Dachstühlen das Mittelschiff seine eigenen Fenster hat

Bergfried Hauptturm einer Burganlage und letzte Zuflucht der Burgbewohner bei feindlicher Belagerung

Blendarkaden Einer Mauer vorgesetzte, nur zur Dekoration dienende, nichttragende Arkaden (oder auch nur auf Konsolen aufruhende Blendbögen)

Chor Ostteil einer Kirche, ursprünglich für den Chorgesang der Mönche bestimmt, in der Regel bestehend aus einem quadratischen Raumteil in Verlängerung des Mittelschiffs (Chorquadrat) und der nach Osten zurückgeschobenen Apsis (Chorhaupt)

Dienste Viertel-, Halb- oder Dreiviertelsäulchen vor einem Pfeiler oder einer Wand mit der Aufgabe, die Gurte und Rippen eines gotischen Kreuzrippengewölbes zu tragen

Fiale Schlankes gotisches Türmchen als Bekrönung eines Strebepfeilers oder Baldachins

Fries Meist waagrechter Streifen mit ornamentalen oder figürlichen Darstellungen für Schmuck, Gliederung oder Abschluß einer Wand

Gewände Die eine Fenster- oder Türöffnung seitlich begrenzende Einschnittfläche im Mauerwerk

Gurtbogen Bogen zur gurtartigen Abgrenzung der Joche an einem Kreuzgewölbe oder zur Verstärkung eines Tonnengewölbes; Gurtbogen betonen die Jocheinteilung eines Schiffs

Hallenkirche Kirchenform mit annähernd gleich hohen Schiffen

Joch Die jeweils durch vier Stützen bezeichnete Raumeinheit über rechteckigem oder quadratischem Grundriß in mehrschiffigen Räumen, die durch Pfeiler oder Säulen gegliedert sind

Kämpfer Die vorspringende Platte auf Pfeilern oder Säulen, auf der Bögen oder Gewölbe aufliegen

Kapitell Der Kopf einer Säule oder eines Pfeilers, Bindeglied zwischen den Stützen und den tragenden Elementen (Bogen oder Querbalken) eines Bauwerks, teils in schlichten Formen, teils reich ornamentiert

Krypta Unterirdischer Raum unter dem Chor insbesondere von romanischen Kirchen, meist mit Grabkammern oder auch zur Aufbewahrung von Reliquien

Laterne Mit Fenstern versehener Aufsatz über einer Gewölbeöffnung

Lettner Halbhohe, in der Spätgotik vielfach durchbrochene und reich gezierte, im Barock mehr und mehr aufgegebene Wand in Stifts-, Kathedral- und Klosterkirchen, die den für den Gottesdienst des Klerus bestimmten Altarraum von der übrigen Kirche trennte; auf der Lettnerwand eine über Treppen zugängliche Bühne

Lisene Ein nur wenig aus einer Wand hervortretender, senkrechter, glatter Streifen zur Gliederung dieser Wand

Maßwerk Geometrisch konstruiertes, schmückendes Bauelement, ›gemessen‹ mit dem Zirkel und verwendet ausschließlich an gotischen Bauwerken

Narthex Ursprünglich in der frühchristlichen und byzantinischen Kunst die Vorhalle der Kirche

Pfeiler Stütze über rechteckigem Grundriß

Pilaster Einer Wand vorgelegter, mehr oder weniger aus ihr herausgetretener Pfeiler mit Basis und Kapitell

Säule Stütze über kreisförmigem Grundriß

Stützenwechsel Regelmäßiger Wechsel von Pfeilern und Säulen in Innenräumen romanischer Kirchen, aber auch von Pfeilern mit und ohne Vorlage

Tambour Runder oder mehreckiger Unterbau einer Kuppel mit mehr oder weniger dicht gereihten Fenstern

Tympanon Türfeld zwischen Türsturz und oberem Bogen eines Portals, ein bevorzugter Platz für die Anbringung plastischen Schmucks

Vierung Raum, in dem sich Langhaus und Querschiff kreuzen und durchdringen

Volute Bandartiges Schmuckglied, das sich an den Enden spiralartig aufrollt

Vorlage Senkrechtes, einer Mauer oder einem Pfeiler vorgelegtes Architekturelement

Westwerk Einer Basilika im Westen vorgelegter, selbständiger Bauteil mit unterschiedlicher Höhe von Mittelstück und Seitenteilen; über einer Eingangshalle mit Seitenräumen lag in der Regel ein Altarraum, früher als Taufkapelle oder für Laiengottesdienste genutzt; ein Zusammenhang mit der germanischen Königshalle wird vermutet

Wimperg Giebelartige Bekrönung von Fenstern und Portalen in der Gotik

Zentralbau Ein Bauwerk, dessen Teile ausnahmslos auf einen Mittelpunkt bezogen sind, Grundriß kreisförmig, vieleckig, meist achteckig oder auch elliptisch, der Unterbau häufig durch Anbauten erweitert

Literaturverzeichnis (Auswahl)

Adam, Ernst: Baukunst der Stauferzeit in Baden-Württemberg und im Elsaß. Stuttgart/Aalen 1977
Dehio, Georg: Handbuch der deutschen Kunstdenkmäler, Band IV b, unveränderter Nachdruck der 2. Aufl. v. 1926. Berlin 1940
Haug, Hans: L'Art en Alsace. Paris 1962
Hotz, Walter: Handbuch der Kunstdenkmäler im Elsaß und in Lothringen. 3. Aufl., München 1976
Kautzsch, Rudolf: Der romanische Kirchenbau im Elsaß. München 1944
Legros, Jacques: Vogesen. Osnabrück 1964
Meier, Michael: Oberrhein. München/Berlin 1959
Merian: Das Elsaß (Beiträge von Binder-Hagelstange, Haug, Schmitt, Schwabe, Skulima u. a.). XIV/5 Hamburg 1961
Oberrheinische Heimat: Jahresband 1940 – Das Elsaß (mehrere Autoren, u. a. Konow, Helma: Staufische Baukunst im Elsaß; Büttner, Heinrich: Zur Geschichte des Elsaß). Freiburg i. Br.
Richter, Georg: Elsaß, Vogesen, Burgundische Pforte. Nürnberg 1972
Prinz zu Sayn-Wittgenstein, Franz: Elsaß. 2. Aufl., München 1968
Scheja, Georg: Der Isenheimer Altar. Köln 1969
Will, Robert: Das romanische Elsaß. La Pierre-qui-vire/Yonne 1966

Die Badische Landesbibliothek Karlsruhe war bei der Beschaffung und Reproduktion der Textillustrationen in dankenswerter Weise behilflich. Die Baugrundrisse gehen zurück auf Hotz, Kautzsch und Will.

Fotonachweis

Karlheinz Ebert, Waldbronn   Farbt. 6, 11, 12; Abb. 4, 5, 11–20, 45, 48–53, 57, 58, 64–67, 69–73, 82, 83, 91, 107, 108, 118, 121, 122, 125–131, 137, 141–143, 145

Klaus D. Francke, Hamburg   Umschlagrückseite, Farbt. 25–31

Leif Geiges, Staufen   Farbt. 8, 9, 42; Abb. 2, 22, 54–56, 59, 61, 68, 74, 77, 86, 90, 94, 97, 103, 104, 112, 133, 147

Michael Jeiter, Aachen   Abb. 84, 119

Gerlinde Keller, Völkersbach   Farbt. 7

Bert Koch   Farbt. 16, 17

Joachim Kinkelin, Worms (M. Mehlig, F. Pahlke, F. Wirz)   Farbt. 2, 3, 5, 10, 13, 15, 34, 37–39

Kunsthist. Institut der Universität des Saarlandes, Saarbrücken   Abb. 33

Karl Robert Langewiesche Nachf. H. Köster, Königstein i. T.   Abb. 7, 9, 21, 63, 81

Pressefoto Willy Pragher, Freiburg   Abb. 95, 96, 144

Werner Neumeister, München   Umschlaginnenklappe vorn, Farbt. 23, 32, 41; Abb. 1, 28, 29, 42, 89, 92, 99, 102, 105, 106, 109, 120, 148

Fritz Prenzel, Gröbenzell   Farbt. 20, 43

roebild, Frankfurt/M.   Abb. 26, 33, 60, 79, 85, 87, 88, 124

Theodor Seeger, Egg/Schweiz   Abb. 3, 6, 8, 10, 62, 78, 93, 110, 113, 117

Toni Schneiders, Lindau   Farbt. 1, 14, 33

Arthur Stoll, Karlsruhe   Farbt. 19

Werner Stuhler, Hergensweiler   Farbt. 40; Abb. 23–25, 27, 30–32, 35–41, 43, 44, 46, 47, 75, 76, 80, 98, 100, 101, 111, 114–116, 123, 132, 134–136, 138–140, 146

ZEFA, Düsseldorf (G. Marche, Péllisier/Vloo, E. Streichan, A. Striemann)   Umschlagvorderseite, Farbt. 4, 18, 21, 22, 24, 35, 36

Praktische Reisehinweise

Der deutsche oder auch der aus den deutschsprachigen Nachbarländern Schweiz und Österreich kommende Reisende hat es verhältnismäßig leicht, sich im Elsaß zu informieren und zu orientieren, weil hier neben der französischen Amtssprache nahezu überall auch das ›Elsässerdütsch‹ gesprochen wird. Es ist dies eine keineswegs einheitliche Mundart. Sie variiert vom eher noch fränkischen Sprachlaut im Norden bis zum Hochalemannischen, wie es nicht nur im Oberelsaß, sondern auch am Südhang des Schwarzwaldes und in der Schweiz gesprochen wird. Da mag freilich der Norddeutsche gelegentlich schon einmal die eine oder andere Frage wiederholen müssen, bis er die Antwort ganz verstanden hat, doch man gewöhnt sich schnell aneinander. In den größeren Städten kann der Fremde zwar in Restaurants, Geschäften, am Bankschalter oder auf der Straße Menschen begegnen und sie ansprechen wollen, die nur Französisch verstehen, doch fast immer springt in solchen Fällen ein anderer, ein Passant, Kollege, Geschäftsführer oder wer sonst gerade in der Nähe ist, ein, um aus der Verlegenheit zu helfen.

Ähnlich problemlos ist der Zahlungsverkehr. Natürlich empfiehlt es sich auch im Elsaß, einen angemessenen Betrag in französischer Währung mitzunehmen oder nach Ankunft umzuwechseln, um für etwaige ›amtliche‹ Zahlungen, beispielsweise am Fahrkarten- oder Postschalter, gerüstet zu sein, oder auch um Kleingeld für Parkgebühren, Trinkgelder oder ähnliches zur Hand zu haben. Ansonsten werden aber so gut wie überall in Hotels, Restaurants und Geschäften Deutsche Mark und Schweizer Franken korrekt nach dem Tageskurs verrechnet.

Allgemeine Auskünfte

Vor einer Reise in das Elsaß erteilt alle gewünschten Auskünfte das **Amtliche Französische Verkehrsbüro** mit Sitz in 6000 Frankfurt 1, Kaiserstraße 12, Postfach 2927; 4000 Düsseldorf, Berliner Allee 26, 2000 Hamburg 1, c/o Air France, Alstertor 21; CH 8022 Zürich, Bahnhofstraße 16, Postfach 842; A 1010 Wien 1, Walfischgasse 1. Anfragen beantworten ferner die **Fremdenverkehrsverbände** für die Departements **Bas-Rhin**, 67000 Strasbourg, Préfecture, und **Haut-Rhin**, 68000 Colmar, Préfecture, sowie die **Verkehrsvereine (Offices de Tourisme)** in Strasbourg, Colmar und 68100 Mulhouse. Außerdem gibt es in jeder Stadt ein meist

PRAKTISCHE REISEHINWEISE

zentral gelegenes **Syndicat d'Initiative**, das dem Fremden gern mit Rat und Tat, mit Prospekten, Stadtplänen und Hotelverzeichnis, gegebenenfalls auch mit der Vermittlung einer Unterkunft an die Hand geht. Man kann, wenn man sich über einzelne Reiseziele schon im voraus genauer ins Bild setzen will, die entsprechenden Syndicats d'Initiative auch anschreiben und sich die vorhandenen Informationen zusenden lassen.

Und mit der Eisenbahn?

Wenngleich unser Kunstreiseführer so angelegt ist, daß er für Reisen mit dem Auto die einfachste Handhabe bietet, erleichtert andererseits gerade die im Interesse des Autotouristen überlegte Unterteilung des Elsaß in kleine, zusammenhängend beschriebene Bereiche auch dem Bahn- und Busreisenden die Planung seiner individuellen Reiserouten.

Bahnen und Busse überspannen das Elsaß mit einem dichten Netz, das zumindest von den wichtigen Zielen dieses Führers keines ausläßt. Auskünfte über Eisenbahnreisen und Touristenbusse, auch über die teils beträchtlichen Fahrpreisermäßigungen für Familien, Senioren und für Touristen mit größerem ›Kilometerverbrauch‹, gibt die Vertretung der Französischen Eisenbahnen in 6000 Frankfurt, Rüsterstraße 11.

Die Anreise

Reisende aus Rheinland-Pfalz und dem Saarland haben genauso wie die Badener und die Schweizer das Elsaß vor der Haustür und bedürfen keiner besonderen Wegweisung. Aus den anderen deutschen Bundesländern und aus Österreich wird man in der Regel zunächst auf der Rheintalstrecke Karlsruhe – Basel ankommen, von der zahlreiche Rheinübergänge ins Elsaß hinüberführen. Sie sind in die Karte auf der vorderen Umschlagseite eingezeichnet. Zu beachten ist, daß die Rheinbrücke Ottenheim – Gerstheim (auf Höhe Lahr) von Montag bis Freitag ab 20 Uhr, an Samstagen, Sonntagen und Feiertagen ab 22 Uhr, von November bis Februar an allen Tagen ab 19 Uhr geschlossen ist, die Rheinbrücke Sasbach – Marckolsheim (auf Höhe Riegel/Kaiserstuhl) von Montag bis Freitag ab 22 Uhr, an Samstagen, Sonntagen und Feiertagen ab 24 Uhr.

Die Rheinübergänge in Verbindung mit der Nord-Süd-Autobahn auf deutscher und mit der großenteils autobahnähnlich ausgebauten Schnellstraße Straßburg – Colmar – Mülhausen auf elsässischer Seite machen es auch Urlaubern im Schwarzwald leicht, das Elsaß auf tageweisen Erkundungsfahrten kennenzulernen.

Zur Einreise mit dem Auto werden keine besonderen Papiere benötigt. Nationaler Führerschein, nationale Zulassung und Nationalitätenkennzeichen am Fahrzeug sowie der Personalausweis genügen.

Eine Handvoll nützlicher Tips

Vorhandene Sicherheitsgurte müssen benutzt werden; in Frankreich besteht Anschnallpflicht.

Auf das Thema Alkohol am Steuer und auf riskante Promille-Rechnungen läßt man sich am besten erst gar nicht ein. Die französische Polizei greift neuerdings gegen Alkoholsünder scharf durch und drückt auch gegenüber Ausländern kein Auge zu.

Wer im Elsaß in kurzer Zeit viel sehen und kennenlernen will, tut ohnedies gut daran, die Hauptmahlzeit auf den Abend zu verlegen und sich mittags mit einer kleinen Zwischenmahlzeit, einem Kaffee, nach Belieben auch mit Proviant vom Bäcker, Metzger oder aus dem Selbstbedienungsladen zu versorgen. In der Boucherie (Metzgerei) werden neben der üblichen Wurst in der Regel vorzügliche Schinken, leckere Pasteten, in Blätterteig Gebackenes und andere Spezialitäten angeboten. Der Verzicht auf ein regelrechtes Mittagessen, bei dem man unter zwei Stunden nicht wieder vom Tisch kommt, hat mehrere Vorteile: man reist unbeschwerter, gewinnt wertvolle Tageszeit und das hellste Licht, fährt über leere Straßen, findet über Mittag leicht Parkplätze und kann auch ungestörter fotografieren.

In den großen Städten sind vor allem im Sommer die Sonntage die beste Zeit für Rundgänge und Besichtigungen, weil da der Berufsverkehr fehlt und die Straßburger, Colmarer und Mülhausener ihrerseits gern aufs Land hinausfahren.

Es empfiehlt sich, eine kräftig leuchtende Taschenlampe und ein Fernglas auf die Reise mitzunehmen – die eine, um in manchmal nur spärlich beleuchteten Krypten oder Kirchenwinkeln mehr sehen zu können, das andere zur besseren Verdeutlichung entfernter architektonischer Details oder bildlicher Darstellungen auf Friesen u. a. m.

Reisezeit im Elsaß ist immer, die beschaulichste im Winter, die angenehmste von der Baumblüte im Frühjahr an bis zum Frühsommer, die ›malerischste‹, stimmungsvollste im Herbst. Doch hat auch der Hochsommer seine großen Reize, nur nimmt da der Touristentrubel an besonders vielbesuchten Plätzen, zum Beispiel in einigen Orten längs der Weinstraße, zeitweise Formen an, die nicht mehr das reine Vergnügen sind.

In der Hauptsaison, vor allem im Juli und August, wenn auch in Frankreich Ferien sind, darf man sich nicht darauf verlassen, man werde am Abend noch ein Hotelbett oder einen Camping-Stellplatz finden. Wer die Reise nicht von langer Hand vorgeplant und Zimmer bestellt hat, sollte sich zumindest schon früh am Tag darum kümmern, wo er in der Nacht bleiben wird. In den übrigen Zeiten des Jahres ist es im allgemeinen nicht schwierig, kurzfristig unterzukommen.

Geschäfte sind in Frankreich an Sonn- und Feiertagen sowie an Montagen geschlossen. Auch Lebensmittelläden, Bäckereien und Metzgereien öffnen an Montagen, wenn überhaupt, dann nur stundenweise beziehungsweise halbtags. Man tut also gut daran, sich als Selbstverpfleger beizeiten um die nötigen Einkäufe zu kümmern. Andererseits gibt es vielerorts an Sonntagvormittagen frisches Brot und auch die meisten Lebensmittel. Dafür kann es einem passieren, daß man den einen oder anderen Lebensmittelladen am Mittwochnachmittag geschlossen vorfindet. Beste Empfehlung: man fragt nach dem örtlichen Brauch. Im übrigen sind – wie in den Nachbarländern – die Öffnungszeiten an den Geschäften angeschrieben.

Hotels

Über Hotels und Restaurants informiert mit der in Frankreich gewohnten Zuverlässigkeit, die man seiner deutschen Ausgabe nicht mehr unbedingt und in allen Fällen nachsagen möchte, der *Guide Michelin*. Man kann sich aber auch vom Amtlichen Französischen Verkehrsbüro das jährlich auf den neuesten Stand gebrachte Verzeichnis staatlich überprüfter Hotels in der Region Elsaß-Lothringen zuschicken lassen, in dem Bettenzahl, Komfortmerkmale und Preise genau angegeben sind.

Im Lande selbst sind die staatlich geprüften Hotels kenntlich an einem achteckigen Schild mit einem großen weißen H in der Mitte, dem blauen Schriftzug ›Hôtel de Tourisme‹ darüber, der Jahreszahl links und den Sternen rechts, deren Zahl den Gütegrad der Einstufung und damit in erster Näherung auch die Preiskategorie anzeigt. Erhältlich ist ferner eine Liste der ›Logis de France‹, die vor allem einfache, aber doch gut geführte Gasthöfe verzeichnet. Wer sich auf diese Listen und die entsprechenden Schilder an den Hotels und Gasthöfen verläßt, kann in aller Regel davon ausgehen, daß ihm unliebsame Überraschungen erspart bleiben werden und er in der gewählten Kategorie optimal bedient wird.

Für den schmalen Geldbeutel gibt es im übrigen an den großen Durchgangsstraßen noch die mit einem runden Schild gekennzeichneten ›Routiers‹, in denen vor allem Berufsreisende, Fernfahrer und auch viele Einheimische verkehren. Man erhält dort nicht nur billige Unterkunft, sondern auch preiswerte Menüs, wenn auch meist ohne Karte: man ißt gut, ja sogar sehr gut, doch eben nicht das, was man gerade gern möchte, sondern was der Patron gerade gern kocht.

Essen und Trinken

Wenn es zu Tisch geht, ist der Elsässer mit Haut und Haaren Franzose. Das will heißen: ihm bedeutet Essen weit mehr als bloße Nahrungsaufnahme, obwohl auch er in seinem Alltag um eine schnelle, achtlose Mahlzeit oft nicht herumkommt. Doch wo und wann immer er kann, pflegt er die Freuden einer erlesenen Küche, deren Geheimnis zuvörderst die frischen, unverfälschten Produkte aus dem Lande sind. Er betrachtet Essen durchaus als ein Stück persönlicher Kultur und Teil eines bedachtsamen Lebensgenusses, der nichts mit Völlerei, alles mit gutem Geschmack zu tun hat.

Da steht dem Elsässer neben der häuslichen Küche aber auch eine schier unermeßliche Vielfalt des Angebots zur Wahl – vom weltberühmten gastronomischen Tempel bis zum einfachen Landgasthof, in dem sich der Herr Wirt oder die Frau Wirtin immer noch einiges mehr als nur alltägliche Küchenroutine einfallen lassen.

Ißt man im Elsaß also unvergleichlich besser als anderswo? Die badischen und die schweizerischen Nachbarn haben da ihre Vorbehalte, und in der Tat können sie auf zahlreiche genau so renommierte Küchen im eigenen Lande verweisen. Aber die Produkte, die sie verarbeiten, lassen die Küchenchefs zu einem großen Teil allemal aus dem Elsaß, aus Frankreich herüberholen.

Da wären wir also beim Kern der Sache und verstehen nun auch besser, warum selbst die ländlicheren, die regionalen Spezialitäten im Elsaß einen anderen Geschmack haben, als wenn sie die deutsche Hausfrau mit Konfektionsware aus der Tiefkühltruhe zuzubereiten versucht.

Ein paar Beispiele für die regionale Küche gefällig? Da lockt als Vorspeise der *Zwiebelkuchen* (Tarte à l'oignon), der gern auch nur zum Wein gegessen wird; oder die eigentlich im benachbarten Lothringen beheimatete *Quiche lorraine*, ein flacher Blätterteigkuchen (Küch, Kiech, Quiche!) mit Eiern, Sahne, Speck und Käse als Auflage; die *Hasenpastete, gefüllte Straßburger Zunge*, die *Leberklößchen* (Quenelles de foie), *Schinken im Teig*, die *Geflügel-Blätterteigpastete* (Vol-au-vent de volaille) und über allem die berühmte *Gänseleberpastete* (Foie gras), falls man sich nicht mit *Schnecken*, von Butter, Kräutern und Knoblauchduft umgeben, begnügt.

Dann die Fische aus Rhein und Ill, *Hecht, Zander* und *Barsch, Aal* und *Schleie*, das eine Mal blau im Sud, ein anderes Mal gebacken, der Hecht auch mit Vorliebe in einer mit Weißwein und frischen Champignons angereicherten Rahmsoße (Brochet à la crème) oder verarbeitet zu luftigen Hechtklößchen (Quenelles de brochet), einer Delikatesse, die gern mit einer Krebssauce gereicht wird. Die *Forelle* kommt vielfach noch aus vogesischen Wildbächen statt aus der Zuchtanstalt und hat dann einen unvergleichlichen Geschmack. Köstlich ist auch ein Matrosengericht, die *Matelotte*, zubereitet aus vier oder fünf Sorten Süßwasserfisch, dem nach und nach ein Schuß Weißwein, ein wenig Cognac, Pfefferkörner, Kräuter, Knoblauch, Champignons, Perlzwiebelchen, Fleischbrühe, Mehlbutter, Rahm und frische Petersilie den richtigen Pfiff geben.

Berühmt sind die zarten *Masthühnchen* aus dem Elsaß, die man entweder schlicht gebraten ißt oder — besonders delikat — in Riesling gekocht (Coq au Riesling). Die *Poularde* in Sahne mit Morcheln findet ebenfalls leicht ihre Liebhaber, der *Fasan* auf Sauerkraut allemal, das auf vielerlei Arten zubereitete *Wildbret* ebenfalls. Im Frühjahr ist es eine ganze Palette von *Spargelgerichten*, die das Herz der Gourmets höher schlagen läßt; der Spargel kommt hier auf dem kürzesten Weg aus dem Boden in die Küche.

Das *Sauerkraut* braucht etwas länger, aber dafür gehört es als Choucroute garnie à l'Alsacienne zu den einheimischen Gerichten, die auch in der Fremde von sich reden machen. Bereitet wird es im irdenen Topf, zugefügt zu feingeschnittener Zwiebel, die in Gänse- oder Schweineschmalz gedämpft wurde, abgelöscht mit Weißwein und guter Fleischbrühe, bestückt mit geräuchertem Fleisch, Speck, gesalzenen Wädele und Ripple sowie mit Gewürzen in einem Leinenbeutelchen. Das ganze dämpft nun, mit feingeschnittenem Knoblauch überstreut, im gut verschlossenen Topf seine drei bis vier Stunden leise vor sich hin, wobei allerdings das Fleisch schon früher herausgenommen wird, damit es nicht verkocht. Beim Anrichten kommen noch Leber-, Grieben-

und Bauernbratwürste hinzu. Gewiß keine Kost zum Abmagern, aber zu schade auch, daß man sie ignoriert.

Falls Ihnen auf einer ländlichen Speisekarte einmal ›Süri Lawerle‹ begegnen sollten, halten Sie das bitte nicht für chinesisch, sondern erwarten Sie auf dem Teller feine Kalbsleberstückchen in einer sauren Soße (saure Leberle!). Das ist einfache Küche, aber kann hinreißend schmecken. Und wenn Sie nicht wissen, was Sie von ›Baeckeoffe‹ halten sollen: dieses Gericht besteht aus lagenweise in einem irdenen Topf übereinandergeschichteten Kartoffelscheiben, in Streifen geschnittenen Zwiebeln, Schweinefleisch (oft auch mit Ochsen- und Hammelfleisch gemischt), das eine Nacht lang in Weißwein mit viel Knoblauch, Petersilie, Pfeffer und Salz mariniert wurde, dann noch einmal aus einer Lage Kartoffeln und Zwiebeln. Man gießt Weißwein und Fleischbrühe an, verschließt den Topf dicht, notfalls mit einem Teigrand, und läßt gut drei Stunden im Backofen dämpfen.

Auch den Schnaps, der jetzt vielleicht zur besseren Verdauung nötig ist, brennt der Elsässer selbst, und auf diese Kunst versteht er sich sogar so gut, daß seine ›Wässer‹ weit übers Land hinaus bekannt und begehrt sind: der *Kirsch*, der *Quetsch* (Zwetschge), das *Mirabellenwasser*, der *Himbeer-* und der *Heidelbeergeist*.

Zum Essen ein *Bier*? Davon werden im Elsaß ungeheure Mengen gebraut, und dies in einer Qualität, die nicht nur in ganz Frankreich, sondern auch im Ausland bis nach Übersee ihre Abnehmer findet. Und zwischen Hauptgericht und Dessert vielleicht *Käse*? Natürlich bietet jedes französische Restaurant, das etwas auf sich hält, auf dem Brett eine Auswahl gepflegter Käse im besten Reifezustand an; im Elsaß den *Münsterkäse* mit seinem würzigen Geschmack, seinem üppigen Bukett dabeizuhaben, ist Ehrensache. Er wird in der Gegend um das Münstertal produziert, in kleinen Berghütten auf den hochgelegenen Vogesenalmen, zu denen die Bauern im Frühjahr ihr Vieh hinauftreiben, neuerdings aber mehr in Käsefabriken.

Und dann natürlich der *Wein*! Er hat sich von seiner sprichwörtlichen Qualität, die sich auch in der Konkurrenz zu den großen innerfranzösischen Weißweinen behauptet, durch keinen modischen Trend auch nur einen Deut abhandeln lassen, sich also weder wie in deutschen Landen der weichen Welle der Coca-Cola-Umsteiger angepaßt, noch sich auf solche modernen Ausbautechniken eingelassen, die den Charakter des Produkts verändert hätten. Es sind grundehrliche, meist herbe, in besonders guten Jahren oder bei später Lese auch mildere, jedenfalls aber durchgegorene, nicht auf Restsüße getrimmte Weine, wie man sie auf der anderen Rheinseite gerade wieder neu zu entdecken begonnen hat. Sie verdanken ihren Charakter zwar auch dem Boden und einem besonders günstigen Klima, vor allem jedoch dem Festhalten an den herkömmlichen Rebsorten in Verbindung mit dem natürlichen Ausbau und einem geduldigen Reifenlassen. Es gibt im Elsaß Weingüter, wo man sich gelegentlich schon dafür entschuldigt hat, daß ein vor mehr als zwei Jahren geernteter Wein bereits ins Angebot genommen wurde, obwohl er doch eigentlich im Keller noch hätte liegen müssen, aber man habe es mit der Kundschaft nicht verderben können und deshalb ein wenig Nachschub gebraucht ...

Sozusagen auf der untersten Etage sind die einfacheren Weine ›zuem Süffe‹ angesiedelt. Sie werden aus zwei oder mehreren Rebsorten gekeltert, zu denen auch der *Gutedel* (Chasselas) gehört, und heißen *Zwicker, Knipperle* und *Edelzwicker*. Sie werden offen ausgeschenkt, sind leicht, ohne besonders charakteristische Blume, schmecken trotzdem und kommen denen gerade recht, die sich mit Wasser zum Durstlöschen partout nicht anfreunden können.

Der frische *Sylvaner* und der ebenfalls sehr erfrischende, delikate, körperreiche *Pinot blanc*, ein Weißburgunder, der zur Familie der Clevner gehört, passen zu allem und dürfen durchaus ein ganzes Menü begleiten. Weine großer Klasse mit viel Frucht und Fülle liefert die *Pinotgris-Traube*. Weil der Feldherr Lazarus von Schwendi diese Rebe von den Türkenkriegen ins Elsaß mitgebracht haben soll (wie auch schon auf S. 213 kurz erwähnt), ist sie unter der Bezeichnung *Tokay d'Alsace* bekannt. In Wahrheit ist sie jedoch identisch mit der Rebsorte *Ruländer*, die aus Burgund stammt, und die ein gewisser Herr Johann Seger Ruland anno 1709 in seinem Garten in Speyer entdeckte. Der Pinot gris paßt vorzüglich zu hellem Bratenfleisch vom Kalb, Schwein, auch vom jungen Lamm, von Huhn, Poularde oder Pute. Zu solcher Begleitung eignet sich zur Not auch der *Gewürztraminer,* obgleich dieses edle, hochfeine, dabei schwere und ungemein buketreiche Gewächs besser als Dessertwein am Platz ist, sich aber auch mit Gänseleber oder Münsterkäse gut versteht. Ein bißchen laut zwar, doch herrlich im Geschmack, empfiehlt sich der *Muscat* ebenfalls zum Käse, soweit man da nicht einen Rotwein vorzieht; er macht ebenso als Apéritif oder zu Fischplatten eine gute Figur. Sehr geschätzt wird außerdem der *Pinot Noir*, bekannt auch unter dem Namen *Rosé d'Alsace;* er hat ein ausgesprochen köstliches, elegantes Bukett.

Der unumstrittene König unter den Elsässer Weinen ist und bleibt aber der *Riesling* mit seiner frischen Frucht, dem leichten Muscatgeschmack, seiner Rasse und Feinheit. Er will vor allem zu Vorspeisen, zu Fischvorgerichten, Austern, Muscheln oder zum Hummer getrunken werden, paßt sich aber auch zahlreichen anderen Gerichten gut an.

Übrigens: in vielen elsässischen Restaurants wird ein Wein des Hauses, deklariert etwa als ›Vin du Patron‹ oder unter einer anderen leicht verständlichen Bezeichnung, angeboten. Ist man in Sachen Wein ein wenig ratlos und entscheidet sich der Einfachheit halber für den Hauswein, so ist man nie schlecht beraten, denn dies ist ein point d'honneur, ein Punkt, bei dem es um die Ehre eines Hauses geht.

Öffnungszeiten der Museen

Auf die wichtigsten Museen wurde bei der Beschreibung der Orte und ihrer Sehenswürdigkeiten hingewiesen. Bei längerem Aufenthalt in einer Stadt wird man sich ohnehin einen Prospekt besorgen und erfährt dann Genaueres über alle Besichtigungsmöglichkeiten.

PRAKTISCHE REISEHINWEISE

Die Öffnungszeiten der Museen ändern sich gelegentlich. Sie sind auch innerhalb einer Woche oder im Gang der Jahreszeiten nicht einheitlich. In der Reisezeit gibt es vielfach auch Abendöffnungen, während außer Saison manche Museen mehrere Tage in der Woche schließen. Man tut deshalb immer gut daran, sich nach Ankunft an Ort und Stelle zu informieren.

Grundsätzlich ist davon auszugehen, daß die mehr als nur lokal bedeutenden Museen zwischen Frühjahr und Herbst mit Ausnahme des Dienstags von 10 bis 12 und von 14 bis 17 Uhr geöffnet sind. Für die Straßburger Museen, auf die im Text hingewiesen ist, gelten zur Zeit folgende Öffnungszeiten: vom 1. April bis 30. September täglich von 10 bis 12 und von 14 bis 18 Uhr; vom 1. Oktober bis 31. März täglich außer dienstags von 14 bis 18 Uhr, sonntags zusätzlich von 10 bis 12 Uhr; geschlossen: Karfreitag, Oster- und Pfingstsonntag, 1. Mai.

Das *Unterlindenmuseum in Colmar* hat vom 1. April bis 31. Oktober täglich von 9 bis 12 und 14 bis 18 Uhr geöffnet; von November bis März schließt es um 17 Uhr und bleibt außerdem auch dienstags geschlossen, ferner am 1. Januar, 1. Mai, 1. November und 25. Dezember. Das Colmarer Bartholdi-Museum öffnet das ganze Jahr hindurch täglich von 10 bis 12 und 14 bis 18 Uhr. Das *Stoffdruckmuseum in Mülhausen* ist mit Ausnahme des Freitagvormittags täglich von 10 bis 12 und 14 bis 17 Uhr, vom 1. Juni bis 30. September bis 18 Uhr zugänglich. Montags und mittwochs gibt es von 14.30 bis 16.30 Uhr Vorführungen an Stoffdruckmaschinen.

Permanente Veranstaltungen (Auswahl)

Pfingstmontag: Trachtenfest in Weißenburg
1. Junihälfte: Alt-Colmarer Woche. Mittelalterliches Fest mit Umzug und Vorführungen im Freien
Juni: Musikfestspiele in Straßburg
Juni in ungeraden Jahren: Rosenfest in Zabern
1. Julisonntag: Gedenkfeier am Hartmannsweiler Kopf
Letzter Julisonntag bis Mitte August: Messe in Mülhausen
1. Augustsonntag: Blumenkorso und Weinmesse in Schlettstadt
2. Augustsonntag: Bierfest mit Wagenumzug in Schiltigheim
1. Augusthälfte: Weinmesse in Colmar
1. Septembersonntag: Pfeifertag in Rappoltsweiler
1. Septemberhälfte: Europäische Messe in Straßburg
Mitte September bis 1. Oktoberhälfte: Sauerkrautfest in Colmar
Ende September und Oktober: Weinlesefeste entlang der Weinstraße, besonders in Oberehnheim, Barr, Dambach, Reichenweier, Türkheim und Gebweiler

Einige Wandervorschläge

Wenn auch Kunst im Elsaß unser Hauptthema ist, so sind doch die Vogesen ein anderes, das sich nicht ignorieren läßt. Das letzte Kapitel im Hauptteil dieses Buches trägt dem bereits Rechnung. Vielleicht tragen zum Schluß noch ein paar Wandervorschläge zu der Erfahrung bei, daß das Elsaß nicht nur eine Schatzkammer der Kunst, sondern auch ein paradiesisches Urlaubsland ist.

Man muß keineswegs gleich die drei Hauptwanderwege von 388, 282 und 324 km Länge zwischen der elsässischen Nordgrenze und dem Südabfall der Vogesen hinter sich bringen, um die drei Grundcharaktere dieses Gebirgszuges zu begreifen: die undramatische Anmut des kaum über 500 Meter Höhe hinausreichenden, von dichten Laub- und Nadelwaldbeständen überzogenen Wasgenwaldes mit seinen oft bizarr verwitterten Sandsteinfelsen im Norden; dann die Übergangszone zwischen Sandstein und Granit in den *Mittelvogesen*, die bis zu Höhen um 1000 Meter reicht, jedoch das am wenigsten einheitliche Landschaftsbild präsentiert; schließlich die *Südvogesen* mit ihrem ausgesprochenen Hochgebirgscharakter. Die kahlen, abgerundeten Kuppen, die ›Belchen‹, die schroffen Abstürze daneben, eiszeitliche Kare, tief eingeschnittene Täler, steile Talhänge vermitteln hier einen Eindruck von herber Großartigkeit. Südlich des Schlucht-Übergangs verläuft die Kammlinie durchweg auf einer Höhe um 1300 Meter und steigt am Großen Belchen bis auf 1424 Meter Gipfelhöhe an.

Die folgenden Wandervorschläge können nicht mehr als eine Anregung sein. Wer es ernst mit dem Wandern meint, wird die paar Mark für eine der auch in Deutschland, erst recht im Elsaß erhältlichen Wanderkarten des Vogesenclubs kaum scheuen. Im übrigen kann man sich meistens anhand der Orientierungstafeln und Wegmarkierungen an Ort und Stelle recht gut zurechtfinden. Die Karte auf der hinteren inneren Umschlagklappe gibt nur eine großräumige Übersicht.

Burg Fleckenstein

Ein Parkplatz liegt unmittelbar neben der Burg (siehe auch S. 81). Man kann sie sich aber auch erwandern, und zwar so: Zunächst mit dem Auto von Lembach in Richtung Bitsch. Vier Kilometer hinter Lembach, wo sich die Straße in Richtung Bitsch beziehungsweise Schönau gabelt, beginnt der Wanderweg über den Riegelsberg- zum Litschhofsattel (weiß umrandetes blaues Kreuz), weiter zur Hohenburg (weiß umrandetes rotes Viereck; siehe auch S. 81) und zur Ruine Löwenstein. Von dort (wiederum rotes Viereck) zur Burg Fleckenstein. Zurück zur Brücke bei der Straßengabel (rotes Dreieck Richtung Lembach). *Zeit: ca. 4 Stunden; Höhenunterschied: ca. 350 m.*

Hohbarr – Geroldseck

Mehr Spaziergang als Wanderung von Hohbarr (siehe auch S. 130) über die beiden Burgen Groß- und Klein-Geroldseck, Hexentisch, Brotschberg und zurück (rotes Rechteck). *Zeit: gut 1½ Stunden.*

Schneeberg

In Wangenburg (siehe S. 131) bis zum Kriegerdenkmal in Richtung Obersteigen. Hier links aufwärts zum Schneeberg (rotes Rechteck). Aufstieg ca. 1½ Stunden; sehr lohnende Aussicht. Auf gleichem Weg zurück (ca. 1 Stunde). Ergiebiger ist jedoch der Rückweg in Richtung Windsburg (Wegweiser) und über

PRAKTISCHE REISEHINWEISE

die Schneeberghöfe / Fermes du Schneeberg sowie über den Kohlberg nach Wangenburg. Die Markierung zwischen Windsburg und Wangenburg ist allerdings dürftig, Karte daher sehr zu empfehlen. *Gesamtzeit: ca. 5 Stunden; Höhenunterschied: ca. 300 Meter.*

Girbaden

Ein Zugang zur Ruine Girbaden von Grendelbruch aus ist bereits in Verbindung mit der ›Romanikfahrt‹ (s. S. 133) beschrieben. Girbaden läßt sich andererseits in eine schöne Rundwanderung vom Bahnhof Heiligenberg im Breuschtal über Forsthaus Girbaden und die Burg nach Grendelbruch, durch das Grendelbachtal und am Breuschufer entlang bis zum Bahnhof Heiligenberg einbauen. *Zeit: ca. 4½ Stunden; Höhenunterschied: ca. 350 Meter.*

Ottrotter Schlösser – Hagelschloß

Von Ottrott auf einem links über der Straße nach Klingenthal verlaufenden Parallelweg und schließlich durch den Wald zu den Ottrotter Schlössern (Burg Rathsamhausen und Lützelburg). Von hier weiter hinauf, zuletzt ein bißchen unbequem, zu dem schon stark verfallenen, unmittelbar auf dem nördlichsten Stück der Heidenmauer erbauten Hagelschloß (bis hierher etwa 2½ Stunden). Abstieg über das Vorbachtal ins Ehntal nach Vorbruck, einem Ortsteil von Klingenthal, und zurück nach Ottrott. *Zeit insgesamt: 4½ Stunden; Höhenunterschied: ca. 300 m.*

Hochfeld / Champ du Feu

Anfahrt zum Luftkurort Hohwald. Auf dem mit einem roten Rechteck gekennzeichneten Wanderweg hinauf zum Hochfeld (prächtiger Rundblick). Einem blauen Kreuz als Markierung folgend zum Forsthaus Kreuzberg und zurück nach Hohwald. *Zeit: ca. 3 Stunden; Höhenunterschied: ca. 500 m.*

Brézouard

Von Eckerich/Echery im Lebertal nahe bei Markirch / Sainte-Marie-aux-Mines hinauf zum Bergkirchlein St. Peter in Zillhart / Saint-Pierre-sur-l'Hâte (siehe S. 290) und – Wegweiser gleich hinter der Kirche – über den Chauffour zum 1229 m hohen, zweigipfligen Bergrücken des Brézouard, den die Einheimischen ›Die Brüschebückel‹ nennen. Großes Panorama, das nur nach Osten durch Wald verstellt ist. Von hier weiter zum Haïcot (Berggasthaus Auberge Haïcot und Naturfreundehaus Haïcot) und auf dem sogenannten Uhrturmweg über den Uhrturmbuckel / Le Rain de l'Horloge geradewegs zum Uhrturm von Eckerich. *Zeit: 6 Stunden; Höhenunterschied: knapp 800 Meter.*

Sulzerner Eck

Im hinteren Münstertal zweigt von der Straße zwischen Münster und Schlucht rechts eine Straße zum Grünen See / Lac Vert (1044 m) ab (Farbt. 43). Von hier auf Weg mit gelbem Punkt zum Forlenweiher / Lac des Truites, dem höchstgelegenen, in eine wilde Hochgebirgsszenerie eingebetteten Vogesensee. Dann dem roten Punkt nach bis zum Waldeck, von hier aus auf einem mit gelbem Rechteck markierten Pfad zum Sulzerner Eck/ Gazon du Faing (Gazon = Wasen). Jetzt auf dem einzigartig schönen Kammweg (rotes Rechteck) nach Süden in Richtung Schlucht, bis der Weg die Höhenstraße erreicht. Von hier aus dem roten Punkt folgend zum Grünen See zurück, den die Einheimischen den ›Sulzerner See‹ nennen. *Zeit: ca. 3¹/₂ Stunden; Höhenunterschied: ca. 250 m.*

Hohneck

Dies ist eine Prachtwanderung, aber von vornherein nichts für Spaziergänger, die sich gelegentlich auch einmal als Wanderer versuchen wollen. Der Aufstieg führt zunächst durch felsiges Gebirge, doch ist der Weg überall dort, wo er Gefahr bringen könnte, durch Geländer und Drahtseile gesichert. Ausgangspunkt ist der Schluchtpaß / Col de la Schlucht. Gleich hier beginnt der Strohmeyerpfad / Sentier des Roches, der längs der Bergwand steigend und fallend zum wildromantischen Frankenthal-Kessel hinaufführt. Von hier weiter in Richtung Gaschney bis zu einer Wegteilung, von der aus rechts ein blaues Dreieck zum Schäferthal-Sattel hinaufweist. Ein rotes Rechteck führt jetzt vollends zum Hohneckgipfel (1361 m), um den sich eines der großartigsten Gebirgspanoramen ausbreitet. Der etwa einstündige Weg zurück zur Schlucht belohnt noch viele Male alle vorangegangene Mühe. *Gesamtzeit: ca. 4¹/₂ Stunden; Höhenunterschied: ca. 230 Meter.*

Drei Exen und Staufenkopf

Die ›Drei Exen‹, mächtige Türme auf dem Schloßberg über Egisheim, die eine Art Wahrzeichen dieser Gegend sind und zu den Burgen Weckmund, Wahlenburg und Dagsburg gehörten, sind aus der Nähe am bequemsten zu besichtigen, wenn man von einem Parkplatz unterhalb in knapp zehn Minuten zu ihnen aufsteigt. Als Wegbegleiter zur linken Hand aber hat man sie, wenn man von Egisheim über die Jägersruh / Repos des Chasseurs und die Staufenhütte / Refuge de Stauffen den Staufenkopf erwandert. Auch dies ist eine Tour, die das bißchen Mühe mit vielen schönen Aussichten reich belohnt. Nun könnte man zur Staufenhütte zurück und von hier aus über die Drei Exen nach Egisheim kommen. Sehr lohnend ist aber auch der Weg über den Marbacher Sattel und den Ort Häusern/ Husseren nach Egisheim.

Großer Belchen / Grand Ballon

Wandermöglichkeiten zwischen Schlucht, Hohneck und Großem Belchen gibt es ungezählte. Mit einem letzten Vorschlag für eine genußreiche, wenn auch etwas Ausdauer erfordernde Wanderung muß es für dieses Buch genug sein. Unsere Wanderung zum Großen Belchen geht vom Hotel St. Barnabé – auf halbem Weg zwischen Gebweiler Tal und Murbacher Abteikirche – aus und führt über das sogenannte Münsteräckerle und den Südhang des Ebeneckberges zum Judenhutplan und von hier auf der südlicheren von zwei Routen zum Belchenhotel und

PRAKTISCHE REISEHINWEISE

Belchengipfel. Vom Gipfel aus wird jetzt auf dem nördlich ziehenden Weg der Judenhutplan wieder erreicht. Hier wählen wir ein zweites Mal die nördliche Wegvariante für den Abstieg und gelangen über Lieserwasen, Wolfsgrube und die Abtei Murbach (s. S. 239) nach St. Barnabé zurück. Auf der ganzen Strecke gute Markierung. *Zeit: 6¹/₂ Stunden; Höhenunterschied: 1000 Meter.*

Ein Hinweis noch auf zwei empfehlenswerte Wanderbücher: ›Wanderwege im Elsaß – Rundwanderungen in den Vogesen‹ beschreibt Rudolf Ritter bis ins kleinste Detail. Ein handlicher und wirklich ›narrensicherer‹ Führer mit 27 Wandervorschlägen (Moritz Schauenburg Verlag, Lahr / Schwarzwald). – ›Fahrten und Wanderungen im Elsaß‹ ist der Titel eines im Verlag Rombach, Freiburg, bereits in vierter Auflage erschienenen Buches von Lucien Sittler, das viele Anregungen gibt für Autotouren, kombinierte Fahrten und Rundwanderungen, Wanderungen auf Tagesdistanz und große Mehrtageswanderungen. Knappe Allgemeininformationen über Land und Leute, über einzelne Orte sowie Straßen- und Wegeskizzen ergänzen den Hauptteil.

Raum für Ihre Reisenotizen
Anschriften neuer Freunde, Foto- und Filmvermerke, neuentdeckte gute Restaurants, etc.

Raum für Ihre Reisenotizen
Anschriften neuer Freunde, Foto- und Filmvermerke, neuentdeckte gute Restaurants, etc.

Raum für Ihre Reisenotizen
Anschriften neuer Freunde, Foto- und Filmvermerke, neuentdeckte gute Restaurants, etc.

Raum für Ihre Reisenotizen
Anschriften neuer Freunde, Foto- und Filmvermerke, neuentdeckte gute Restaurants, etc.

Register

Orte und Länder

Aachen 23, 263
Ägypten 101
Alpen 16, 92, 269
Altdorf 24, **104ff.**, 134, 135
– St. Cyriak 104 (Abb. 48–50)
Altenstadt 82
Altkirch 260, **266**
– Rathaus 266 (Abb. 141)
Alt-Pfirt (Vieux-Ferrette) 292
Alt-Thann (Vieux-Thann) **268**
Altweier (Aubure) 289
Ammerschweier 218, **231**
– Martinskirche 231
– Schelmenturm 231 (Abb. 112)
Andlau 24, 97, 137, **178f.**, 230, 290 (Farbt. 13, Abb. 85–89)
Ansbach 89
Apulien 233
Argentoratum 12
Arras 17
Aubure s. Altweier
Avolsheim 23, 104, **108f.**, 180, 190
– Ulrichskapelle 23, **109** (Farbt. 12)

Bad Niederbronn **83**
Bamberg 24
Barr 137, **177**, 290, 304
– Rathaus 177 (Abb. 81)
– St. Martin 177
Bartenheim 260
Basel 20, 88, 298
Bas-Rhin 21, 64, 297
Baume-les-Dames 142
Bayern 32
Belfort 16, 213, 260, 266
Benfeld 190

Bennweiler 228
Bergheim 218f.
Birnau 189
Bitsch (Bitche) 51, 64, 305
Blotzheim 260
Bodensee 13
Börsch 32, 137, **139f.** (Farbt. 11)
Boston 212
Breitenbach (Abb. 124)
Breusch 104, 133, 270, 306
Brézouard 289, **306**
Brotschberg 305
Brumath 14
Buchsweiler (Bouxwiller) 51, **59f.**, 61 (Abb. 11)
Buchsweiler (Sundgau) **264**
Bühl 218, **238f.**
Burgund 17, 186, 192, 260, 303
Burgundische Pforte 271

Calvaire 289
Castel del Monte 233
Cernay s. Sennheim
Chartres 27
Chauffour 306
Cluny 104, 239, 258, 265
Col de Fréland 289
Col de la Charbonnière 270
Col de Steige 270
Col d'Urbeis 270
Colmar 12, 14, 17, 27, **192ff.**, 228, 230, 238, 259, 260, 268, 272, 289, 297, 298, 304
– Altes Spital 214
– Appellationsgerichtshof 213
– Bartholdi-Museum **212**, 304
– Dominikanerkirche 212, **214**
– – Madonna im Rosenhag 31, 192, 212, **214f.** (Abb. 101)

313

REGISTER: ORTE UND LÄNDER

- Franziskanerkirche 214
- Haus Pfister 212 (Abb. 99)
- Johanniterhaus 213
- Kapuzinerkirche 264
- Kaufhaus (Alter Zoll) 213 (Abb. 102)
- Klein-Venedig 213f. (Farbt. 15, Abb. 98)
- Kopfhaus 32, 215 (Abb. 100)
- Lauch 192, 214
- Martinsmünster 31, 210f.
- Neuer Bau 214
- Rösselmannbrunnen 213
- Schädelgasse 213 (Farbt. 18)
- Schwendibrunnen 213
- Stadtbibliothek 215
- Unterlindenmuseum 21, **215f.**, 304
- – Isenheimer Altar 32, 192, 216f. (Farbt. 16, 17)
Conques 186

Dagsburg (Dabo) 292, 307
Dambach 137, **180f.**, 304 (Farbt. 14)
Dammerkirch 266
Dangolsheim 27, 91
Dannemarie s. Dammerkirch
Deutsches Reich 21
Diedolshausen (Le Bonhomme) 270
Diedolshausener Sattel (Col de Bonhomme) 270
Domfessel 51, **64**
Dompeter 23, 104, 108, **109** (Abb. 56)
Donnersberg (Climont) 270, 289
Drei-Ähren (Les Trois-Epis) **272**
Drei Exen s. Hohegisheim
Düsseldorf 297

Ebeneckberg 307
Ebersheim 188
Ebersmünster 137
- Abteikirche 49, **188ff.** (Abb. 95–97)
Eckerich (Echery) 289, 306
Egisheim 218, **231ff.**, 235, 307 (Umschlagvorderseite, Farbt. 37, 39, Abb. 114)
Ehntal 306
Elbe 14
Elsaß-Lothringen 21, 300
England 17
Enna 233
Ensisheim 218, 258, **259**
- Rathaus 32 (Abb. 122)
Epfig 137, **179f.** (Abb. 91)
Eschau 23, 137, **190f.**

Eschelmer (Hachimette) 289
Etival 144

Fegersheim 190
Feldbach 23, 260, **265**
- Kirche 265 (Abb. 142, 143)
Ferrette s. Pfirt
Fleckenstein 51, **81**, **82**, **305**
Florenz 84
Forlenweiher 306
Frankenthal-Kessel 307
Frankreich 17, 20, 21, 131, 210
Freiburg 32, 88, 143, 212, 267
Freundstein 271

Gallien 17, 111
Gaschney 307
Geberschweier 218, **233f.** (Abb 113)
Gebweiler (Guebwiller) 218, 228, **240f.**, 271, 304
- Dominikanerkirche 257
- Liebfrauenkirche 49, **257** (Abb. 127)
- Rathaus 257
- St. Leodegar 24, **240f.** (Abb. 128, 130)
Gebweiler Belchen 240
Gebweiler Tal 237, 307
Gemar 218
Gengenbach 110
Gerardmer 270
Germania (Provinz) 12
Geroldseck 305
Gerstheim 298
Gießental 290
Gimbelhof 82
Girbaden 15, **133f.**, **306**
Gotthardpaß 216
Grendelbruch 133, 134, 306
Großer Belchen (Grand Ballon) **271**, 305, **307f.**
Grüner See (Lac Vert) 306, 307 (Farbt. 43)

Hagelschloß 306
Hagenau 17, 20, 27, 51, **56ff.**
- Burg/Pfalz 16, 24
- Fleckensteiner Hof 57
- Historisches Museum 57
- Kaufhaus 57
- St. Georg 57 (Abb. 8, 9)
- St. Nikolaus 57, **58** (Abb. 10)
Hagenauer Forst 12, 16, **51f.**

Haïcot 306
Hamburg 297
Hanauer Land **51 ff.**, 83, 104, 264
Hartmannsweiler Kopf (Vieil Armand) **271**, 304
Haseltal 132
Häusern (Husseren-les-Châteaux) 292, 307
Hausbergen 17
Haut-Barr s. Hohbarr
Haut-Rhin 21, 297
Heiligenberg 306
Hesingen 260
Hessen 64
Hexentisch 305
Hirsau 57
Hochfeld (Champ du Feu) 269, **306**
Hofen 83
Hohandlau **177** (Abb. 84)
Hohbarr (Haut-Barr) 104, **130 f.**, **305** (Abb. 61)
Hohegisheim / Drei Exen (Trois-Tours d'Eguisheim) 292
Hohenburg (Wasgenwald) **81 f.**, 305 (Abb. 21)
Hohenburg s. Odilienberg
Hohkönigsburg 137, **182 f.** (Ft. 19, Abb. 105)
Hohneck 270, **307**
Hohwald 306
Homburg 260
Honau 237
Hunaweier 218, **221 f.** (Farbt. 21)
Husseren-Les-Châteaux s. Häussern

Ill **11**, 92, **94 f.**, 266, 301
Ingersheim 272
Ingweiler 83
Isenheim 216
Italien 14, 104, 216
Ittersweiler 180

Jägersruh 307
Jerusalem 188
Judenhutplan 307, 308
Jura 12, 260

Kaiserstuhl 92, 298
Karlsruhe 298
Kaysersberg 17, 24, 218, **229 f.**, 270, 289 (Farbt. 35, 36)
– Pfarrkirche **230** (Abb. 108–110)
– Rathaus 230
– Weiß-Brücke 229, 230

Kaysersbergertal 228
Kienzheim **229**
Kinzheim 137
– Burg **181 f.**
Kirnecktal 177
Kirchzarten 181
Klingelfels 81
Klingenthal 140, 306
Kohlberg 306
Krebsbachtal 272
Kurpfalz 63

Lahr 298
Landau 17
Landsberg **141** (Abb. 82)
La Petite-Pierre s. Lützelstein
Laubenheim 133
Lauch 237
Lauchensee (Lac de la Lauch) 271
Lautenbach 24, 61, 218, **237 f.**, 271 (Abb. 125, 126, 129)
Leberau (Lièpvre) 290
Lebertal 306
Lembach 82, 305
Les Trois-Epis s. Drei-Ähren
Lichtenberg 51, 60, **83** (Abb. 22)
Lièpvre s. Leberau
Lieserwasen 308
Limburg 55
Litschhofsattel 305
Lotharingen 14
Lothringen 14, 21, 186, 289
Löwenstein 305
Luppach 264
Luschbachsattel 270
Lützel 264
Lützelburg 140, 306
Lützelstein (La Petite-Pierre) 51, **63**, 83
Lyon 212

Mackweiler 64
Magdeburg 24
Mageltal 133, 134
Mainz 86
Marbach 214
Marbacher Sattel 307
Marckolsheim 298
Marienburg 182
Markirch (Sainte-Marie-aux Mines) 272, **289**, 290, 306

315

REGISTER: ORTE UND LÄNDER

Markstein 270
Marlenheim 14, 109
Marmoutier s. Maursmünster
Marne-Rhein-Kanal 129
Maulbronn 289
Maursmünster (Marmoutier) 13, 24, 104, **109 ff.**, 186, 237 (Abb. 57-60)
Meersen 143
Metz 111
Mittelbergheim 178 (Abb. 83)
Mittelweier 228
Modertal 83
Moldau 220
Mollkirch 133
Molsheim 20, 104, **106 ff.**, 109
– Altes Haus 107
– Jesuitenkirche 32, 106, **107 f.** (Farbt. 5, 6, Abb. 51-54)
– Metzig 106 (Abb. 55)
– Rathaus 32
Monsweiler 129
Mülhausen (Mulhouse) 12, 17, 21, 32, 216, **260 ff.**, 268, 272, 298, 304
– Automobil-Nationalmuseum 261
– Französisches Eisenbahnmuseum 261
– Rathaus 262 (Abb. 134)
– Stephanskirche 262 (Abb. 133)
– Stoffdruckmuseum 49, **261**, **304** (Abb. 135, 136)
München 220
Münster 17, **272**, 306 (Abb. 123)
Münsteräckerle 307
Münstertal 272, 306
Murbach 13, 14, 24, 110, 218, 236, 237, **239 f.**, 271, 307, 308 (Farbt. 41, Abb. 131)
Murg 12
Mutzig 104, 133

Neuburg 58
Neuntelstein 269
Neuweiler (Neuwiller-lès-Saverne) 27, 51, **61 ff.**, 110
– St. Adelphi 24, **62 f.** (Abb. 18-20)
– St. Peter und Paul 24, **61** (Farbt. 8, 9, Abb. 12-15)
– – Adelphi-Grab 62 (Abb. 16)
– – Hl. Grab 62 (Abb. 17)
New York 213
Nideck 131
Niederbronn 83

Niederhaslach 27, 104, **131 f.**
– St. Florentius **132**, 188 (Abb. 65, 68-70)
Niederlande 216
Niedermünster 137, 139, **140**, 141
Niedersteinbach 51, 81, 82
Nimwegen 20
Nordgau 14

Oberehnheim (Obernai) 17, 20, **137 ff.**, 290, 304
– Kapellkirche 139 (Abb. 75)
– Rathaus 32, 139
– Sechseimerbrunnen 32, 139 (Abb. 76)
– Stadtmetzig 139
– Sternenplatz 139
– St. Peter und Paul 139
Obersteigen 104, **131**, 305 (Abb. 66, 67)
Obersteinbach 51, 64, 81, 83
Ödenburg 183
Odilienberg (Mont Sainte-Odile) 10, **13**, 16, 137, 139, 140, **141 ff.**, 182, 269, 290 (Abb. 80)
– Engelskapelle 143, **144 f.**
– Heidenmauer 10, **141**, 306 (Abb. 77)
– Hohenburg 24, 143
– Kloster 142 (Abb. 78, 79)
Oos 12
Orbey s. Urbeis
Ortenberg 181 (Abb. 90)
Österreich 298
Ottenheim 298
Ottersweiler 131
Ottmarsheim 23, 180, 190, 260, **262 ff.**, 272 (Abb. 137-139)
Ottrott 139, 140, **306**

Pairis 214, 272, **289**
Paris 50
Petersbach 64
Pfaffenheim 24, 218, **233** (Abb. 117)
Pfaffenhofen 51, **59**
Pfalz-Veldenz-Lützelstein 63
Pfalz-Zweibrücken 63, 64
Pfirt (Ferrette) 15, 260, **264** (Abb. 140)

Rappoltsweiler (Ribeauvillé) 218, **220 f.**, 304
– Augustinerkirche 221
– Girsberg 220
– Hohrappoltstein 220
– Metzgerturm 221 (Abb. 106)
– Pfeiferhaus 221

– Ulrichsburg 220, 222 (Farbt. 20)
Rathsamhausen 140, 306
Reichenau 13
Reichenweier 218, **224 ff.**, 304 (Farbt. 32)
– Dolder 225 (Farbt. 34)
– Haus Liebrich 225 (Farbt. 33, Abb. 104)
– Haus Preiss-Zimmer 225
– Schloß 225, 228
Reichshofen 83
Reims 53
Rhein 22, 92, 271, 272, 301
Rheinland-Pfalz 298
Rhône 216
Rhône-Rhein-Kanal 261
Ribeauvillé s. Rappoltsweiler
Riedersheim 259
Riegel 298
Riegelsberg 305
Riquewihr s. Reichenweier
Rixheim 262
Rohrbach 64
Rom 191
Rombach 290
Rosenweiler 104, 133, **134**
Rosheim 17, 24, 104, 105, 133, **134 ff.**, 139, 186, 269 (Farbt. 10)
– Romanisches Haus 136
– Sechseimerbrunnen 136
– St. Peter und Paul **134 ff.** (Farbt. 10, Abb. 71–74)
Rufach (Rouffach) 27, 218, **235 f.**
– Franziskanerkirche 236
– Liebfrauenkirche **235** (Abb. 118, 119)
– Rathaus **235** (Abb. 120)

Saarland 298
Saarunion 64
Saarwerden 64
Salzburg 84
Sasbach 298
Saverne s. Zabern
Schäferthal-Sattel 307
Schaffhausen 229
Scherweiler 181
Schiltigheim 304
Schlettstadt (Sélestat) 14, 16, 17, 20, 27, 31, 137, 182, **183 ff.**, 270, 290, 304
– Stadtbibliothek **184**
– St. Fides 24, 184, 185, **186**, 229, 240, 257 (Abb. 92, 93)

– St. Georg 184, 187, **188** (Abb. 94)
Schluchtsattel (Col de la Schlucht) **270**, 271, 289, 305, 306, 307
Schneeberg **305**
Schneeberghöfe 306
Schnierlach (Lapoutroie) 270
Schönau 81, 305
Schuttern 110
Schwarzer See (Lac Noir) 289
Schwarzwald 12, 92, 229, 297
Schweiz 297
Sélestat s. Schlettstadt
Sennheim (Cernay) 12, 271
Sens 27
Sesenheim **58**
Sierenz 260
Sigolsheim 24, 61, 106, 218, **228 f.**, 230 (Abb. 107)
Silberloch 271
Silberloch-Sattel 271
Sizilien 16, 216, 233
Soppe-le-bas s. Untersulzbach
Soultzbach-les-Bains s. Sulzbach
Speyer 52, 303
Staufenkopf 307
Steinbach 87
St. Barnabé 307, 308
St. Christoph 266
St. Dié 104, 106, 137
St. Gallen 13
St. Georgen 129
St. Hippolyte s. St. Pilt
St. Johann bei Zabern (St. Jean-Saverne) 60, 104, **129**, 130 (Farbt. 7)
Ste. Marie-aux Mines s. Markirch
St. Martin 290
St. Nabor 139, 140
Ste. Odile s. Odilienberg
St. Peter 189
St. Peter in Zillhart (Saint-Pierre-sur-l'Hâte) 290, 306
St. Pilt (Saint-Hippolyte) 137, 183
Straßburg 11, 12, 14, 16, 17, 18, 20, 32, 49, 55, 63, **84 ff.**, 104, 111, 130, 131, 132, 133, 137, 220, 229, 231, 260, 297, 298, 304
– Alt-St. Peter 100, **101**
– Alter Fischmarkt 94
– Broglie-Platz **101 f.**
– Elsässisches Museum 97 (Abb. 36)
– Ferkelmarkt 94

317

REGISTER: ORTE UND LÄNDER

- Frauenhausmuseum 32, 89, **93f.**, 190 (Abb. 34)
- Gedeckte Brücken 100 (Abb. 38)
- Gerbergraben **99** (Farbt. 4)
- Große Metzig 32, **95**
- Gutenbergplatz 92, 94
- Handelskammer 32, 94 (Abb. 46)
- Historisches Museum 32
- Hirschapotheke 94
- Ill 11, 92, **94f.**
- Jung-St. Peter **101**
- Kammerzellsches Haus 32, 94 (Abb. 40, 43)
- Karthause 108
- Kaufhaus 95
- Klein-Frankreich 99 (Abb. 45)
- Kleberplatz 100, **101** (Farbt. 2)
- Lange Straße 100, 101
- **Münster** 23, 24, 26, 27, **86ff.**, 99, 106, 192, 210, 215, 230, 236 (Umschlaginnenklappe vorn, Abb. 23, 24, 32, 33)
- – Andreaskapelle 91
- – Astronomische Uhr 91 (Abb. 31)
- – Ecclesia 27, 88, 94
- – Engelspfeiler 27, 86, **91** (Farbt. 1, Abb. 26)
- – Johanneskapelle 28, 89
- – Kanzel 28 (Abb. 30)
- – Katharinenkapelle 89, **91**
- – Laurentiuskapelle 89
- – Laurentiustor 89
- – Leichhöfel 89
- – Südportal/Marienkrönung, Marientod 27 (Abb. 28, 29)
- – Synagoge 27, **88f.**, 94 (Abb. 25)
- – Törichte Jungfrauen (Abb. 27)
- Münsterplatz 93, 94
- Neustadt **102f.**
- Nikolauskirche 17
- Oper 102 (Abb. 47)
- Pflanzbad 99 (Farbt. 3)
- Rabenbrücke 94, 95, 97
- Rabenhof 95, 96
- Rabenplatz 95
- Rathaus 102
- Rohan-Schloß 32, **92f.**, 97 (Abb. 37, 39)
- St. Thomas 24, **97ff.** (Abb. 41)
- – Mausoleum 99 (Abb. 42)
- Wilhelmer-Kirche 97
- Zweibrücker Hof 102
- Strohmeyerpfad 307

Stürzelbronn 64
Sufflenheim 58
Sulz 235, **258**
- St. Mauritius 258 (Abb. 132)
Sulz untern Wald / (Soultz-sous-Forêts) 83
Sulzbach (Soultzbach-les-Bains) 272
Sulzerner Eck **306**
Sulzmatt 218, **236f.**
- Kirche 236 (Abb. 121)
- Wagenburg 236
Sundgau 14, 15, **260**
Surburg 51, **54f.** (Abb. 6)

Thann 228, 260, **266ff.**, 272
- Münster St. Theobald 27, **267** (Abb. 144–148)
Thierenbach 258
Tiefenbach 64
Trier 64
Trois-Tours d'Eguisheim s. Hohegisheim
Türkheim 17, 228, **231**, 304 (Ft. 38, Abb. 115)

Uffholtz 272
Uhrturmbuckel 306
Ungersheim 259
Untersulzbach 266
Urbach (Fréland) 289
Urbeis 270, 289
Urbeis (Orbey) 289

Verdun 14
Versailles 21
Vieux-Ferrette s. Alt-Pfirt
Vieux-Thann s. Alt-Thann
Villé s. Weiler
Vogesen 12, 14, 22, 27, 60, 81, 92, 104, 131, 177, 260, **269ff., 304ff.** (Farbt. 40, 42, Abb. 124)
Vogesen-Kammstraße (Route des Crêtes) **270ff.**
Vogesenstraße 269f., 272
Vohrbachtal 306
Vorbruck 306

Wahlenburg 307
Walburg 51, **55** (Abb. 7)
Waldeck 307
Wangenburg 131, 305, 306
Wartburg 182
Wasgenwald 51, 52, **64ff.**, 83, 104, 305
Wasigenstein 81

Wasselnheim (Wasselonne) 109
Wattweiler 272
Weckmund 307
Weier im Tal (Wihr-au-Val) 272
Weiler (Villé) 270, 290
Weinstraße 178, 179, 220, 221, 228, 299
Weißenburg (Wissembourg) 13, 16, 17, 27, 51, **52 ff.**, 83, 304 (Abb. 2)
– Haus des Ami Fritz 53
– Haus Vogelsberger 53
– Haus Westercamp 54
– Rathaus 52
– Salzhaus **52 f.** (Abb. 4)
– St. Johann **54**
– St. Peter und Paul **53** (Abb. 3, 5)
– Zur alten Krone 53
Weißer See (Lac Blanc) 289
Wien 14, 297
Wihr-au-Val s. Weier im Tal
Windsburg 305, 306
Wissembourg s. Weißenburg
Wolfsgrube 308
Worms 24, 81

Zabern (Saverne) 13, 60, 83, 104, **111 ff.**, 130, 304
– Altes Schloß 112
– Haus Katz 112 (Abb. 62)
– Neues Schloß 32, 110, 129 (Abb. 63)
– Pfarrkirche 12 (Abb. 64)
– Rekollektenkirche 12
Zaberner Steige 104
Zürich 20, 297

Personen und Völker

Adala, Äbtissin 191
Adelheid, Gattin Otto des Großen 239
Adelheid von Büren 184
Adeloch, Bischof 97, 99
Adelphus, Bischof 61, 63
Ahnne, Paul 143, 187
Albrecht, Bischof 112
Alemannen 12
Andlau, Fam. 16, 177, 179
Anna von Oberkirch 144
Anshelm, Thomas 57

Antoniter 216
Antonius, Hl. 216
Appiani, Andrea 266
Arbogast, Bischof 235
Ariovist 11
Armagnaken 179, 235
Attendorn, Peter 98
Attich s. Eticho
Augustinerchorherren 131
Augustus, Kaiser 12

Bach, Johann Sebastian 101
Baldung, Hans, gen. Grien 30, **32**, 94
Bärbel von Ottenheim 28, **59 f.**
Bartholdi, August 212, 213
Beatrix von Burgund 15
Beblenheim, Edle von 211
Bellell, Jean Joseph 271
Benedikt, Hl. 110
Benediktiner 186, 190, 237
Berckheim, Fam. 16
Beyer, Johannes 181
Bircklerin, Elisabeth 230
Bock, Konrad 89
Boetius 98
Bongart, Hans 230, 231
Brant, Sebastian 29, 31
Brion, Friederike 58, 59
Broglie, Prince de 102
Bucer, Martin 20, 54
Burrus, François 264

Capito, Wolfgang 20
Capler, Wilhelm 237
Cäsar 12
Chamisso, Adalbert 131
Childerich IV., König 239
Chlodwig, König 12
Christian II. von Birkenfeld 220
Clemens VII., Papst 52
Clemens von Baden 58
Clemens de Badenwiler 55
Cotte, Robert de 92
Cranach, Lucas d. Ä. 94
Cyriakus, Hl. 104

Dagobert I., König 52
Dagsburg, Fam. 231
Dehio, Georg **107**, 11, 181, 233
Diocletian 13

REGISTER: PERSONEN UND VÖLKER

Dürer, Albrecht 32
Dyck, Anthonis van 93

Ebhardt, Bodo 182, 183
Ecclesiameister 27, 88, 99
Edelin, Abt 53
Egisheim, Eberhard von 104
Egisheim, Grafen von 15, 16, 260
Egisheim, Hugo von 104
Egisheim-Dagsburg, Grafen von 16, 134
Egisheim-Dagsburg, Hildegard von 186, 188
El Greco 93
Ensinger, Ulrich 88
Erckenbald, Bischof 104
Ermold der Schwarze 23
Erwin von Steinbach 87f., 89, 132, 188
Eticho, Herzog 13, 139, 142, 143

Fabri, Johann 184
Fischart, Johann 98
Flachsland, Maria Karoline 225
Fleckenstein, Fam. 16, 81
Florentius, Hl. 132
Franken 12
Franziskaner 112, 236
Franzosen 52, 56, 235
Franz-Xaver, Hl. 188
Friedrich I. Barbarossa 15, 16, 24, 55, 58, 140, 143, 186
Friedrich II. 16, 25, 182, 184
Friedrich III. 17
Friedrich der Einäugige 15
Friedrich der Große 49, 95
Friedrich von Büren 184
Friedrich von Schwaben 55
Friedrich Wilhelm von Brandenburg (Großer Kurfürst) 231

Gabriel von Salamanca 259
Gallier 12
Geiler von Kaysersberg 32, 89, 229
Gerhaert von Leyen, Nicolaus 28, 91, 94, 230
Geroldseck, Fam. 16
Gersi, Guido 216
Goethe, Johann Wolfgang v. 58, 60, 94, 144, 213
Golbéry, Marie-Philippe 91, 133, 183, 185, 222, 233, 234
Gottfried von Straßburg 25
Goya, Francisco de 93
Gregor I., Papst 272

Grünewald, Mathias 32, 94, **216 ff.**
Gunther, König 81
Gutenberg, Johannes 20

Habsburg 15, 16, 20, 218
Hadrian I., Papst 191
Hagenauer, Nikolaus 28, 216
Hammer, Hans 89, 112
Hanau-Lichtenberg, Grafen von 51, 59
Hans von Colmar 28
Hattstatt, Jakob von 272
Haug **22**, 31
Hausmeier, karoling. 14
Hedio, Caspar 20
Hedwig von Andlau 131
Heinrich I. 14, 15
Heinrich II. 53
Heinrich IV. 237
Heinrich V. 224, 235
Heinrich der Glichezaere 25
Hemmel, Peter (Peter von Andlau) 31, 55, 97, 139, 179, 214, 230
Herder, Johann Gottfried 225
Hessen-Darmstadt, Landgrafen von 59
Hiffel, Matthias 230
Hildegard von Büren 184
Hirtz, Hans 31
Hohenstaufen 15
Hohlandsberg, Fam. 229, 231
Horburg, Grafen von 224
Horburg-Reichenweier, Fam. 16, 225
Hültz, Johannes 91
Humbret, Baumeister 210, **211**
Huna, Hl. 221
Huno, Stammherr 221
Hupfuff, Mathias 15
Huter, Urban 239

Isenmann, Caspar 31, 216

Jesuiten 107, 108
Johann August, Pfalzgraf 64
Johannes der Täufer 144
Josef II., Kaiser 95

Karl IV., Kaiser 17
Karl V., Kaiser 53
Karl der Dicke 178
Karl der Große **14**, 23, 140, 143, 262
Karl der Kahle **14**, 143

320

Karl der Kühne 17, 192
Karolinger **14**, 92
Kautzsch, Rudolf 233
Kelten 10, 11
Kleber, Jean-Baptiste 101
Knoblauch, Johannes 13
Konow, Helma 23
Konrad III., König 182
Konrad von Busang 91
Konstantin, Kaiser 230
Krebs, Friedrich 89

Lambert, Heinrich 49
Landsberg, Egelof von 141
Landsberg, Herrad von 24, 141, 144
Landsberg, Fam. 16
Landsberg, Konrad von 141
Landshut, Jakob von 89
Laurens, Jules 271
Leo IX., Papst 14, 15, 101, 104, 109, 143, 178, 221, 231, 262
Leodegar, Bischof 144
Leopold, Bischof Erzherzog 107
Lerse, Franz 213
Leszczynska, Marie 54
Leszczynski, Stanislaus 54
Leyden, Lukas von 93
Lichtenberg, Bischof von 91
Lichtenberg, Grafen von 16, 81, 83
Lichtenberg, Jakob von 28, 59
Lothar I. 14
Lothar II. 14
Lothringen, Anton von 17
Lothringen, Herzog von 181
Lothringer 235
Lotz, François 59
Ludwig, König 17
Ludwig I. von Bayern 102
Ludwig XIV. 16, 51
Ludwig XV. 54, 99
Ludwig der Deutsche **14**, 143
Ludwig der Fromme 14, 23, 132, 143
Ludwig, Sohn Ludwigs des Frommen 14
Lupfen, Herren von 229
Lützelburg, Peter von 129
Lützelstein, Burkhard Graf 63

Magyaren 143, 239
Majolus, Abt 104

Mansfeld, Ernst II. Graf von 56
Massol, Joseph 52
Maurus, Abt 110
Maximilian I., König 220
Maximilian von Zweibrücken 102
Meister der Spielkarten 28, 31
Meister E. S. 28, 31
Meister Gerlach 88
Merian, Matthäus 18, 82, 107, 130, 226, 258
Merowinger **12**, 14
Mömpelgard-Württemberg, Herzöge von 225
Montclar, General 81
Morand, Hl. 266
Moritz von Sachsen 99
Moser, Anselm 110
Sickingen, Franz von 64, 81, 183
Sickingen, Hans von 64
Sigismund 210
Silbermann, Andreas 89, 99, 101, 106, 111, 214
Münster, Sebastian 210
Murner, Thomas 20, 32

Napoleon I. 54, 101
Napoleon III. 129
Nepomuk, Hl. 220

Ochsenstein, Johann 179
Odilia, Hl. 10, **13**, 139, 140, **142f.**, 144
Orliac, Jean d' 216
Österreicher 52
Otfried von Weißenburg 23, 52
Ottonen 15
Otto von Straßburg 186

Pankratius, Hl. 91
Paul V., Papst 20
Peter von Andlau s. Hemmel
Pfeffel, Konrad 213
Pfirt, Friedrich I. Graf von 265, 266
Pfirt, Grafen von 260
Pfirt, Ulrich Graf von 289
Philipp der Kühne 17
Philipp von Schwaben 179, 235
Pigalle, Jean Baptiste 99
Pippin 14
Pirmin, Hl. 61, 239
Prämonstratenser 58, 144
Puller von Hohenburg, Conrad 25, 61

REGISTER: PERSONEN UND VÖLKER

Rachio, Bischof 132
Rappoltstein, Fam. 16, 218, 220, 221, 231, 289
Rathsamhausen, Mergen von 272
Reinmar der Alte 25
Relindis, Äbtissin 16, 143
Remigius, Bischof 190
Rhenanus, Beatus 184
Richardis, Hl. 178, 179
Riemenschneider, Tilman 28
Rittberg, Franz Georg Adolph Graf 91
Ritter, Rudolf 308
Rohan, Louis de 129
Rohan-Soubise, Fam. 81
Römer 12, 83, 86, 270
Rubens, Peter Paul 93
Rudolf von Altenburg 23, 262
Rudolf von Habsburg 16, 214
Ruland, Johann Seger 303

Saint-Lô, Ignace de 188
Salier 15
Salins de Montfort, Alfred 110, 129
Scheja, Georg 216, 217
Schoch, Hans 95
Schongauer, Martin 31, 94, 212, 213, 215, 216, 230, 238
Schöpflin, Johann Daniel 11, 21, 49, 56
Schwaben 15
Schweden 56, 235
Schweighaeuser, Jean-Geoffrey 91, 133, 183, 185, 222, 234
Schweitzer, Albert 97, 99, 229, 272
Schwendi, Feldhauptmann von 213
Schwendi, Hans Wilhelm von 229
Schwendi, Lazarus von 229
Schwilgué, Jean-Baptiste 91
Sebastian, Hl. 181, 216
Seyfer, Conrad 63, 237, 272
Silbermann, Andreas 214
Sittler, Lucien 308
Sophia, Hl. 190, 191
Specklin, Daniel 83
Stauder, Franz Karl 264
Staufer 15, 23f., 52, 55, 134, 182, 192
Steinheil, Karl August von 220
Stephan, Hl. 104
Stoskopf, Gustav 231
Stoß, Veit 28

Stoßkopf, Sebastian 49, 94
Strub, Georg 181
Stühlingen, Landgrafen von 229
Sturm, Jakob 20
Sueben 11

Taurellus, Jakob 184
Thierstein, Grafen von 182
Thomas, Apostel 97
Thumb, Peter 32, 105, 189, 258
Tischbein, J.F.A. 59
Triboker 11
Turenne, Henri de Latour d'Auvergne 95, 20, 231
Türkheim, Fam. 229

Uhland, Ludwig 144
Ulrich, Hl. 108

Van de Velde, Adriaen 93
Vauban, Sébastien le Prestre de 81, 83
Vercingetorix 12
Vogelsberger, Bastian 53
Voltaire 95

Wagner, Veit 28, 58
Walburger Meister 55, 97
Walter von Aquitanien 81
Wenzel, König 220
Werd, Grafen von 16
Werd, Philipp von 97
Werd, Ulrich von 97
Werinher von Habsburg, Bischof 23, 86
Westhus, Johann von 184
Widegern, Bischof 239
Wilhelm II., Kaiser 182, 183
Wilhelm von Aquitanien 97
Wimpfeling, Jakob 31, 184
Winckelmann, Johann Joachim 88
Winterhalder, Clemens 181
Winterhalder, Philipp 181
Witz, Konrad 94
Wölvelin von Ruffach 97
Württemberg, Grafen von 16
Württemberg, Ulrich Herzog von 225
Württemberger 52

Zumsteg, Jacob 140

Von Karlheinz Ebert erschienen in unserem Verlag:

Bodensee und Oberschwaben
Zwischen Donau und Alpen: Wege und Wunder im ›Himmelreich des Barock‹
332 Seiten mit 50 farbigen und 137 einfarbigen Abbildungen, 55 Zeichnungen und Plänen, 12 Seiten praktischen Reisehinweisen, Literaturangaben, Register, kartoniert (DuMont Kunst-Reiseführer)

Der Schwarzwald
und das Oberrheinland
Wege zur Kunst zwischen Karlsruhe und Waldshut: Ortenau, Breisgau, Kaiserstuhl und Markgräflerland
336 Seiten mit 57 farbigen und 106 einfarbigen Abbildungen, 76 Zeichnungen und Plänen, 11 Seiten praktischen Reisehinweisen, Register, kartoniert (DuMont Kunst-Reiseführer)

Bitte beachten Sie auch folgende DuMont Kunst-Reiseführer:

Burgund
Kunst, Geschichte, Landschaft
Burgen, Klöster und Kathedralen im Herzen Frankreichs: Das Land um Dijon, Auxerre, Nevers, Autun und Tournus
Von Klaus Bußmann. 312 Seiten mit 32 farbigen und 182 einfarbigen Abbildungen, 66 Zeichnungen, Karten und Plänen, 15 Seiten praktischen Reisehinweisen, Literaturverzeichnis, Orts- und Namenverzeichnis
»Ein anschauliches Reisebuch, das mit einem sorgfältig bearbeiteten Text, vielen guten Abbildungen, Plänen und Grundrissen, Kirchen, Schlösser und Burgen Burgunds behandelt, dabei nicht nur die bedeutendsten Bauwerke berücksichtigt, sondern auch auf weniger Bekanntes von überraschender Schönheit hinweist. Neben der Kunst gibt es nützliche Hinweise auf landschaftliche Höhepunkte und kulturelle Besonderheiten.« *Die Kunst*

Die Schweiz
Zwischen Basel und Bodensee – Französische Schweiz – Das Tessin – Graubünden – Vierwaldstätter See – Berner Land – Die großen Städte
Von Gerhard Eckert. 328 Seiten 36 farbigen und 131 einfarbigen Abbildungen, 94 Zeichnungen und Plänen, 28 Seiten praktischen Reisehinweisen, Register
»Auf sechs Routen führt der Autor den Kunstfreund durch die verschiedenen Regionen der Schweiz, wählt aus der Fülle des Gebotenen die wichtigeren Ortschaften aus und beschreibt deren Kirchen, Profanbauten und Museen, in denen die Eigenart einer jeden Kunstlandschaft besonders deutlich wird.« *Frankfurter Allgemeine Zeitung*

Die Pfalz
Die Weinstraße – Der Pfälzer Wald – Wasgau und Westrich
Wanderungen im Garten Deutschlands
Von Peter Mayer. 264 Seiten mit 25 farbigen und 121 einfarbigen Abbildungen, 48 Zeichnungen, Karten und Plänen, Namen-, Orts- und Sachregister, 20 Seiten praktischen Reisehinweisen
»Nichts wird ausgelassen, was unsere Heimat an Kunst, an landschaftlicher Schönheit, an Brauchtum, an Gaumen- und Sinnesfreuden vorzuweisen hat. Ganz vorzügliche Aufnahmen, Karten und Pläne, Register und praktische Reisehinweise schmücken dieses Reisebuch. Man wünscht ihm viele Leser und reichliche Benutzung.« *Die Rheinpfalz*

DuMont Kunst-Reiseführer

Ägypten und Sinai – Geschichte, Kunst und Kultur im Niltal
Vom Reich der Pharaonen bis zur Gegenwart. Von Hans Strelocke

Algerien – Kunst, Kultur und Landschaft
Von den Stätten der Römer zu den Tuareg der zentralen Sahara. Von Hans Strelocke

Belgien – Spiegelbild Europas
Eine Einladung nach Brüssel, Gent, Brügge, Antwerpen, Lüttich und zu anderen Kunststätten. Von Ernst Günther Grimme

Bulgarien
Kunstdenkmäler aus vier Jahrtausenden von den Thrakern bis zur Gegenwart. Von Gerhard Eckert

Dänemark
Land zwischen den Meeren. Kunst – Kultur – Geschichte. Von Reinhold Dey

Deutsche Demokratische Republik
Geschichte und Kunst von der Romanik bis zur Gegenwart. Brandenburg, Mecklenburg, Sachsen-Anhalt, Sachsen, Thüringen. Von Gerd Baier, Elmar Faber und Eckhard Hollmann

Bundesrepublik Deutschland
Das Bergische Land
Kultur, Geschichte, Landschaft zwischen Ruhr und Sieg. Von Bernd Fischer
Bodensee und Oberschwaben
Zwischen Donau und Alpen: Wege und Wunder im ›Himmelreich des Barock‹. Von Karlheinz Ebert
Die Eifel
Entdeckungsfahrten durch Landschaft, Geschichte, Kultur und Kunst – Von Aachen bis zur Mosel. Von Walter Pippke und Ida Pallhuber
Franken – Kunst, Geschichte und Landschaft
Entdeckungsfahrten in einem schönen Land – Würzburg, Rothenburg, Bamberg, Nürnberg und die Kunststätten der Umgebung. Von Werner Dettelbacher
Hessen
Vom Edersee zur Bergstraße. Die Vielfalt von Kunst und Landschaft zwischen Kassel und Darmstadt. Von Friedhelm Häring und Hans-Joachim Klein
Köln
Stadt am Rhein zwischen Tradition und Fortschritt. Von Willehad Paul Eckert

Kölns romanische Kirchen
Architektur, Ausstattung, Geschichte. Von Werner Schäfke (Oktober '84)
Die Mosel
Von der Mündung bei Koblenz bis zur Quelle in den Vogesen. Landschaft, Kultur, Geschichte. Von Heinz Held (November '84)
München
Von der welfischen Gründung Heinrichs des Löwen bis zur Gegenwart: Kunst, Kultur, Geschichte. Von Klaus Gallas
Münster und das Münsterland
Geschichte und Kultur. Ein Reisebegleiter in das Herz Westfalens. Von Bernd Fischer
Zwischen Neckar und Donau
Kunst, Kultur und Landschaft von Heidelberg bis Heilbronn, im Hohenloher Land, Ries, Altmühltal und an der oberen Donau. Von Werner Dettelbacher
Der Niederrhein
Das Land und seine Städte, Burgen und Kirchen. Von Willehad Paul Eckert
Oberbayern
Kultur, Geschichte, Landschaft zwischen Donau und Alpen, Lech und Salzach. Von Gerhard Eckert
Oberpfalz, Bayerischer Wald, Niederbayern
Regensburg und das nordöstliche Bayern. Kunst, Kultur und Landschaft. Von Werner Dettelbacher
Ostfriesland mit Jever- und Wangerland
Über Moor, Geest und Marsch zum Wattenmeer und zu den Inseln Borkum, Juist, Norderney, Baltrum, Langeoog, Spiekeroog und Wangerooge. Von Rainer Krawitz
Die Pfalz
Die Weinstraße – Der Pfälzer Wald – Wasgau und Westrich. Wanderungen im ›Garten Deutschlands‹. Von Peter Mayer
Der Rhein von Mainz bis Köln
Eine Reise durch das Rheintal – Geschichte, Kunst und Landschaft. Von Werner Schäfke
Das Ruhrgebiet
Kultur, Geschichte im Revier zwischen Ruhr und Lippe. Von Thomas Parent
Schleswig-Holstein
Zwischen Nordsee und Ostsee: Kultur – Geschichte – Landschaft. Von Johannes Hugo Koch
Der Schwarzwald
und das Oberrheinland. Wege zur Kunst zwischen Karlsruhe und Waldshut: Ortenau, Breisgau, Kaiserstuhl und Markgräflerland. Von Karlheinz Ebert
Sylt, Amrum, Föhr, Helgoland, Pellworm, Nordstrand und Halligen
Natur und Kultur auf Helgoland und den Nordfriesischen Inseln. Entdeckungsreisen durch eine Landschaft zwischen Meer und Festlandküste. Von Albert am Zehnhoff (DuMont Landschaftsführer)

Der Westerwald
Vom Siebengebirge zum Hessischen Hinterland. Kultur und Landschaft zwischen Rhein, Lahn und Sieg. Von Hermann Joseph Roth

Östliches Westfalen
Vom Hellweg zur Weser. Kunst und Kultur zwischen Soest und Paderborn, Minden und Warburg. Von G. Ulrich Großmann

---

Frankreich

Auvergne und Zentralmassiv
Entdeckungsreisen von Clermont-Ferrand über die Vulkane und Schluchten des Zentralmassivs zum Cevennen-Nationalpark. Von Ulrich Rosenbaum

Die Bretagne
Im Land der Dolmen, Menhire und Calvaires. Von Frank und Almut Rother

Burgund
Kunst, Geschichte, Landschaft. Burgen, Klöster und Kathedralen im Herzen Frankreichs: Das Land um Dijon, Auxerre, Nevers, Autun und Tournus. Von Klaus Bußmann

Côte d'Azur
Frankreichs Mittelmeerküste von Marseille bis Menton. Von Rolf Legler

Das Elsaß
Wegzeichen europäischer Kultur und Geschichte zwischen Oberrhein und Vogesen. Von Karlheinz Ebert

Frankreich für Pferdefreunde
Kulturgeschichte des Pferdes von der Höhlenmalerei bis zur Gegenwart. Camargue, Pyrenäen-Vorland, Périgord, Burgund, Loiretal, Bretagne, Normandie, Lothringen. Von Gerhard Kapitzke (DuMont Landschaftsführer)

Frankreichs gotische Kathedralen
Eine Reise zu den Höhepunkten mittelalterlicher Architektur in Frankreich. Von Werner Schäfke

Korsika
Natur und Kultur auf der Insel der Schönheit. Menhirstatuen, pisanische Kirchen und genuesische Zitadellen. Von Almut und Frank Rother

Languedoc – Roussillon
Von der Rhône zu den Pyrenäen. Von Rolf Legler

Das Tal der Loire
Schlösser, Kirchen und Städte im ›Garten Frankreichs‹. Von Wilfried Hansmann

Die Normandie
Vom Seine-Tal zum Mont St. Michel. Von Werner Schäfke

Paris und die Ile de France
Die Metropole und das Herzland Frankreichs. Von der antiken Lutetia bis zur Millionenstadt. Von Klaus Bußmann

Périgord und Atlantikküste
Kunst und Natur im Lande der Dordogne und an der Côte d'Argent von Bordeaux bis Biarritz. Von Thorsten Droste

Das Poitou
Westfrankreich zwischen Poitiers, La Rochelle und Angôuleme – die Atlantikküste von der Loiremündung bis zur Gironde. Von Thorsten Droste

Savoyen
Vom Genfer See zum Montblanc – Natur und Kunst in den französischen Alpen. Von Ruth und Jean-Yves Mariotte

Südwest-Frankreich
Vom Zentralmassiv zu den Pyrenäen – Kunst, Kultur und Geschichte. Von Rolf Legler

---

Griechenland

Athen
Geschichte, Kunst und Leben der ältesten europäischen Großstadt von der Antike bis zur Gegenwart. Von Evi Melas

Die griechischen Inseln
Ein Reisebegleiter zu den Inseln des Lichts. Kultur und Geschichte. Hrsg. von Evi Melas

Kreta – Kunst aus fünf Jahrtausenden
Minoische Paläste – Byzantinische Kirchen – Venezianische Kastelle. Von Klaus Gallas

Rhodos
Eine der sonnenreichsten Inseln im Mittelmeer – ihre Geschichte, Kultur und Landschaft. Von Klaus Gallas

Alte Kirchen und Klöster Griechenlands
Ein Begleiter zu den byzantinischen Stätten. Hrsg. von Evi Melas

Tempel und Stätten der Götter Griechenlands
Ein Reisebegleiter zu den antiken Kultzentren der Griechen. Hrsg. von Evi Melas

---

Großbritannien

Englische Kathedralen
Eine Reise zu den Höhepunkten englischer Architektur von 1066 bis heute. Von Werner Schäfke

Die Kanalinseln und die Insel Wight
Kunst, Geschichte und Landschaft. Die britischen Inseln zwischen Normandie und Süd-England. Von Bernd Rink

Schottland
Geschichte und Literatur. Architektur und Landschaft. Von Peter Sager

Süd-England
Von Kent bis Cornwall. Architektur und Landschaft, Literatur und Geschichte. Von Peter Sager

Guatemala
Honduras – Belize. Die versunkene Welt der Maya. Von Hans Helfritz

Das Heilige Land
Historische und religiöse Stätten von Judentum, Christentum und Islam in dem zehntausend Jahre alten Kulturland zwischen Mittelmeer, Rotem Meer und Jordan. Von Erhard Gorys

Holland
Kunst, Kultur und Landschaft. Ein Reisebegleiter durch Städte und Provinzen der Niederlande. Von Jutka Rona

Indien
Indien
Von den Klöstern im Himalaya zu den Tempelstätten Südindiens. Von Niels Gutschow und Jan Pieper

Ladakh und Zanskar
Lamaistische Klosterkultur im Land zwischen Indien und Tibet. Von Anneliese und Peter Keilhauer

Indonesien
Indonesien
Ein Reisebegleiter nach Java, Sumatra, Bali und Sulawesi (Celebes). Von Hans Helfritz

Bali
Tempel, Mythen und Volkskunst auf der tropischen Insel zwischen Indischem und Pazifischem Ozean. Von Günter Spitzing

Iran
Kulturstätten Persiens zwischen Wüsten, Steppen und Bergen. Von Klaus Gallas

Irland – Kunst, Kultur und Landschaft
Entdeckungsfahrten zu den Kunststätten der ›Grünen Insel‹. Von Wolfgang Ziegler

Italien
Elba
Ferieninsel im Tyrrhenischen Meer. Macchienwildnis, Kulturstätten, Dörfer, Mineralienfundorte. Von Almut und Frank Rother (DuMont Landschaftsführer)

Das etruskische Italien
Entdeckungsfahrten zu den Kunststätten und Nekropolen der Etrusker. Von Robert Hess und Elfriede Paschinger

Florenz
Ein europäisches Zentrum der Kunst. Geschichte, Denkmäler, Sammlungen. Von Klaus Zimmermanns

Ober-Italien
Kunst, Kultur und Landschaft zwischen den Oberitalienischen Seen und der Adria. Von Fritz Baumgart

Malta und Gozo
Die goldenen Felseninseln – Urzeittempel und Malteserburgen. Von Ingeborg Tetzlaff

Von Pavia nach Rom
Ein Reisebegleiter entlang der mittelalterlichen Kaiserstraße Italiens. Von Werner Goez

Rom
Kunst und Kultur der ›Ewigen Stadt‹ in mehr als 1000 Bildern. Von Leonard von Matt und Franco Barelli

Das antike Rom
Die Stadt der sieben Hügel: Plätze, Monumente und Kunstwerke. Geschichte und Leben im alten Rom. Von Herbert Alexander Stützer

Sardinien
Geschichte, Kultur und Landschaft – Entdeckungsreisen auf einer der schönsten Inseln im Mittelmeer. Von Rainer Pauli

Sizilien
Insel zwischen Morgenland und Abendland. Sikaner/Sikuler, Karthager/Phönizier, Griechen, Römer, Araber, Normannen und Staufer. Von Klaus Gallas

Südtirol
Begegnungen nördlicher und südlicher Kulturtradition in der Landschaft zwischen Brenner und Salurner Klause. Von Ida Pallhuber und Walter Pippke

Toscana
Das Hügelland und die historischen Stadtzentren. Pisa · Lucca · Pistoia · Prato · Arezzo · Siena · San Gimignano · Volterra. Von Klaus Zimmermanns

Japan – Tempel, Gärten und Paläste
Einführung in Geschichte und Kultur und Begleiter zu den Kunststätten Japans. Von Thomas Immoos und Erwin Halpern

Der Jemen
Nord- und Südjemen. Antikes und islamisches Südarabien – Geschichte, Kultur und Kunst zwischen Rotem Meer und Arabischer Wüste. Von Peter Wald

Jugoslawien
Kunst, Geschichte und Landschaft zwischen Adria und Donau. Von Frank Rother

Kenya
Kunst, Kultur und Geschichte am Eingangstor zu Innerafrika. Von Helmtraut Sheikh-Dilthey

Luxemburg
Entdeckungsfahrten zu den Burgen, Schlössern, Kirchen und Städten des Großherzogtums. Von Udo Moll

Marokko – Berberburgen und Königsstädte des Islam
Ein Reisebegleiter zur Kunst Marokkos. Von Hans Helfritz

Mexiko
Mexiko
Ein Reisebegleiter zu den Götterburgen und Kolonialbauten Mexikos. Von Hans Helfritz
Unbekanntes Mexiko
Entdeckungsreisen zu verborgenen Tempelstädten aus vorkolumbischer Zeit. Von Werner Rockstroh (Oktober '84)

Nepal – Königreich im Himalaya
Geschichte, Kunst und Kultur im Kathmandu-Tal. Von Ulrich Wiesner

Österreich
Kärnten und Steiermark
Vom Großglockner zum steirischen Weinland. Geschichte, Kultur und Landschaft ›Innerösterreichs‹. Von Heinz Held
Salzburg, Salzkammergut, Oberösterreich
Kunst und Kultur auf einer Alpenreise vom Dachstein bis zum Böhmerwald. Von Werner Dettelbacher
Tirol
Nordtirol und Osttirol. Kunstlandschaft und Urlaubsland an Inn und Isel. Von Bernd Fischer
Wien und Umgebung
Kunst, Kultur und Geschichte der Donaumetropole. Von Felix Czeike und Walther Brauneis

Pakistan
Drei Hochkulturen am Indus. Harappa – Gandhara – Die Moguln. Von Tonny Rosiny

Portugal
Vom Algarve zum Minho. Von Hans Strelocke

Rumänien
Schwarzmeerküste – Donaudelta – Moldau – Walachei – Siebenbürgen: Kultur und Geschichte. Von Evi Melas

Die Sahara
Mensch und Natur in der größten Wüste der Erde. Von Gerhard Göttler
Sahel   Senegal, Mauretanien, Mali, Niger
Islamische und traditionelle schwarzafrikanische Kultur zwischen Atlantik und Tschadsee. Von Thomas Krings

Die Schweiz
Zwischen Basel und Bodensee · Französische Schweiz · Das Tessin · Graubünden · Vierwaldstätter See · Berner Land · Die großen Städte. Von Gerhard Eckert

Skandinavien – Dänemark, Norwegen, Schweden, Finnland
Kultur, Geschichte, Landschaft. Von Reinhold Dey

Sowjetunion
Kunst in Rußland
Ein Reisebegleiter zu russischen Kunststätten. Von Ewald Behrens
Sowjetischer Orient
Kunst und Kultur, Geschichte und Gegenwart der Völker Mittelasiens. Von Klaus Pander

Spanien
Die Kanarischen Inseln
Inseln des ewigen Frühlings: Teneriffa, Gomera, Hierro, La Palma, Gran Canaria, Fuerteventura, Lanzarote. Von Almut und Frank Rother (DuMont Landschaftsführer)
Katalonien und Andorra
Von den Pyrenäen zum Ebro. Costa Brava – Barcelona – Tarragona – Die Königsklöster. Von Fritz René Allemann und Xenia v. Bahder
Mallorca – Menorca
Ein Begleiter zu den kulturellen Stätten und landschaftlichen Schönheiten der großen Balearen-Inseln. Von Hans Strelocke
Südspanien für Pferdefreunde
Kulturgeschichte des Pferdes von den Höhlenmalereien bis zur Gegenwart. Geschichte der Stierfechterkunst. Von Gerhard Kapitzke
Zentral-Spanien
Kunst und Kultur in Madrid, El Escorial, Toledo und Aranjuez, Avila, Segovia, Alcalá de Henares. Von Anton Dieterich

Sudan
Steinerne Gräber und lebendige Kulturen am Nil. Von Bernhard Streck

Südamerika: präkolumbische Hochkulturen
Ein Reisebegleiter zu den indianischen Kunststätten in Peru, Bolivien und Kolumbien. Von Hans Helfritz

Syrien
Hochkulturen zwischen Mittelmeer und Arabischer Wüste – 5000 Jahre Geschichte im Spannungsfeld von Orient und Okzident. Von Johannes Odenthal

Thailand und Burma
Tempelanlagen und Königsstädte zwischen Mekong und Indischem Ozean. Von Johanna Dittmar

Städte und Stätten der Türkei
Ein Begleiter zu den Kunstwerken Istanbuls und Kleinasiens. Von Kurt Wilhelm Blohm

Tunesien
Karthager, Römer, Araber – Kunst, Kultur und Geschichte am Rande der Wüste. Von Hans Strelocke

USA – Der Südwesten
Indianerkulturen und Naturwunder zwischen Colorado und Rio Grande. Von Werner Rockstroh

»Richtig reisen«

»Richtig reisen«: Algerische Sahara
Reise-Handbuch. Von Ursula und Wolfgang Eckert

»Richtig reisen«: Amsterdam
Von Eddy und Henriette Posthuma de Boer

»Richtig reisen«: Arabische Halbinsel
Saudi-Arabien und Golfstaaten
Reise-Handbuch. Von Gerhard Heck und Manfred Wöbcke

»Richtig reisen«: Australien
Reise-Handbuch. Von Johannes Schultz-Tesmar

»Richtig reisen«: Bahamas
Von Manfred Ph. Obst. Fotos von Werner Lengemann

»Richtig reisen«: Bangkok
Von Stefan Loose und Renate Ramb

»Richtig reisen«: Von Bangkok nach Bali
Thailand – Malaysia – Singapur – Indonesien
Reise-Handbuch. Von Manfred Auer

»Richtig reisen«: Berlin
Von Ursula von Kardorff und Helga Sittl

»Richtig reisen«: Budapest
Von Erika Bollweg

»Richtig reisen«: Cuba
Reise-Handbuch. Von Karl-Arnulf Rädecke (Okt. '84)

»Richtig reisen«: Florida
Von Manfred Ph. Obst. Fotos von Werner Lengemann

»Richtig reisen«: Griechenland
Delphi, Athen, Peloponnes und Inseln
Von Evi Melas

»Richtig reisen«: Griechische Inseln
Reise-Handbuch. Von Dana Facaros

»Richtig reisen«: Großbritannien
England, Wales, Schottland
Von Rolf Breitenstein

»Richtig reisen«: Hawaii
Von Kurt Jochen Ohlhoff

»Richtig reisen«: Holland
Von Helmut Hetzel

»Richtig reisen«: Hongkong
Mit Macau und Kanton. Von Uli Franz

»Richtig reisen«: Ibiza/Formentera
Von Ursula von Kardorff und Helga Sittl

»Richtig reisen«: Irland
Republik Irland und Nordirland
Von Wolfgang Kuballa

»Richtig reisen«: Istanbul
Von Klaus und Lissi Barisch

»Richtig reisen«: Kairo
Von Peter Wald

»Richtig reisen«: Kalifornien
Von Horst Schmidt-Brümmer und Gudrun Wasmuth

»Richtig reisen«: Kanada und Alaska
Von Ferdi Wenger

»Richtig reisen«: Kopenhagen
Von Karl-Richard Könnecke

»Richtig reisen«: Kreta
Von Horst Schwartz

»Richtig reisen«: London
Von Klaus Barisch und Peter Sahla

»Richtig reisen«: Los Angeles
Hollywood, Venice, Santa Monica
Von Priscilla und Matthew Breindel

»Richtig reisen«: Malediven
Reise-Handbuch. Von Norbert Schmidt

»Richtig reisen«: Marokko
Reise-Handbuch. Von Michael Köhler

»Richtig reisen«: Mexiko und Zentralamerika
Von Thomas Binder

»Richtig reisen«: Moskau
Von Wolfgang Kuballa

»Richtig reisen«: München
Von Hannelore Schütz-Doinet und Brigitte Zander

»Richtig reisen«: Nepal
Kathmandu: Tor zum Nepal-Trekking
Von Dieter Bedenig

»Richtig reisen«: Neu-England
Boston und die Staaten Connecticut, Massachusetts, Rhode Island, Vermont, New Hampshire, Maine
Von Christine Metzger

»Richtig reisen«: New Mexico
Santa Fe – Rio Grande – Taos
Von Gudrun Wasmuth u. a.

»Richtig reisen«: New Orleans
und die Südstaaten Louisiana, Mississippi, Alabama, Tennessee, Georgia
Von Hanne Zens, Horst Schmidt-Brümmer und Gudrun Wasmuth

»Richtig reisen«: New York
Von Gabriele von Arnim und Bruni Mayor

»Richtig reisen«: Nord-Indien
Von Henriette Rouillard

»Richtig reisen«: Norwegen
Von Reinhold Dey

»Richtig reisen«: Paris
Von Ursula von Kardorff und Helga Sittl

»Richtig reisen«: Peking und Shanghai
Von Uli Franz

»Richtig reisen«: Rom
Von Birgit Kraatz

»Richtig reisen«: San Francisco
Von Hartmut Gerdes

»Richtig reisen«: Die Schweiz und ihre Städte
Von Antje Ziehr

»Richtig reisen«: Seychellen
Reise-Handbuch. Von Wolfgang Därr

»Richtig reisen«: Südamerika 1
Kolumbien, Ekuador, Peru, Bolivien
Von Thomas Binder

»Richtig reisen«: Südamerika 2
Argentinien, Chile, Uruguay, Paraguay
Von Thomas Binder

»Richtig reisen«: Südamerika 3
Brasilien, Venezuela, die Guayanas
Von Thomas Binder

»Richtig reisen«: Süd-Indien
Von Henriette Rouillard

»Richtig reisen«: Texas
Von Horst Schmidt-Brümmer und Gudrun Wasmuth

»Richtig reisen«: Tunesien
Reise-Handbuch. Von Michael Köhler

»Richtig reisen«: Venedig
Von Eva Bakos

»Richtig reisen«: Wallis
Von Antje Ziehr

»Richtig reisen«: Wien
Wachau, Wienerwald, Burgenland
Von Wolfgang Kuballa und Arno Mayer